U1009698

高等院校经管类专业“十三五”规划教材

新编经济法教程

张文彬　主编

WUHAN UNIVERSITY PRESS
武汉大学出版社

图书在版编目(CIP)数据

新编经济法教程/张文彬主编. —武汉:武汉大学出版社,2018.2
(2021.1 重印)
高等院校经管类专业“十三五”规划教材
ISBN 978-7-307-18761-0

Ⅰ.新… Ⅱ.张… Ⅲ.经济法—中国—高等学校—教材
Ⅳ.D922.29

中国版本图书馆 CIP 数据核字(2018)第 030257 号

责任编辑:胡 荣　　责任校对:李孟潇　　整体设计:韩闻锦

出版发行:**武汉大学出版社** (430072 武昌 珞珈山)
(电子邮箱:cbs22@whu.edu.cn 网址:www.wdp.com.cn)
印刷:武汉科源印刷设计有限公司
开本:787×1092 1/16 印张:17.75 字数:410 千字 插页:1
版次:2018 年 2 月第 1 版 2021 年 1 月第 3 次印刷
ISBN 978-7-307-18761-0 定价:39.00 元

版权所有,不得翻印;凡购买我社的图书,如有质量问题,请与当地图书销售部门联系调换。

前　　言

自20世纪80年代以来，“经济法”一直是财经类专业的核心课程。本书面向非法学专业大学生，适应财经类专业学生职业岗位素质要求，力图使学生在没有其他法律课程学习背景的情况下，对经济法的基本理论和法律规定有较为系统的把握，培养学生法治思维和运用法律知识处理问题的能力，同时为学生参加经济师、会计师、税务师等财经类相关职业资格考试奠定扎实的专业基础。

2017年10月1日《中华人民共和国民法总则》开始实行，《民法总则》在法人分类、诉讼时效、民事行为能力、期间计算等方面都做了调整。本书依据新的法律规定对相关内容进行编撰，具体内容包括：经济法基本理论、企业法、公司法、企业破产法、合同法、工业产权法、产品质量法、消费者权益保护法、反不正当竞争法、反垄断法、票据法、证券法、劳动法、仲裁法与民事诉讼法。本书将合同法、仲裁法与民事诉讼法等重要法律部门列入，目的是为了适应没有先行法律课程学习的财经管理类专业学生的学习需要，也符合面向财经管理类专业经济法教材编纂的惯例。通过这些内容的学习，读者可掌握经济生活中的重要实体法及程序法，同时，可根据各自实际进行针对性教学或学习。

本书在编写上以注重启发学生思考、便于教师教学，精选大量案例，贴近实践，引导学生关心社会、关注经济前沿，具备国际视野，突出法治思维与道德素养的教育养成。

本书编写虽然力求完善，但是经济法体系庞杂，加之编者水平有限，书中疏漏、不妥之处在所难免，敬请读者批评指正，以资修订。

编　者

目　　录

第一章　经济法基础理论

☞【学习目标】

1. 了解法的概念、特征
2. 了解经济法的概念、经济法律关系的概念和构成要素
3. 掌握民事主体的概念、物权、债权的概念
4. 掌握诉讼时效的种类及诉讼时效的中止、中断与延长

第一节　法的基础知识

一、法的内涵

法在古代写作“灋”，会意字，东汉许慎在《说文解字》里说：“灋，刑也。平之如水，从水。廌，所以触不直者去之，从去。”“廌”（音 zhì），即解廌（獬豸），神话传说中的一种神兽，具有很高的智慧，懂人言知人性。它能辨识是非曲直，善恶忠奸，在审理案件时，它能用头上的独角去触理曲的人。古代人们通过“廌”这种传说中的神兽赋予法以下几种内涵：（1）法是一种判断是非曲直、惩治邪恶的（行为）规范，是正义的、公平的。（2）法律是一种活动，是当人们相互间发生争执无法解决时，由廌公平裁判的一种审判活动；是当人们的行为不端、不公正时，由神兽行使处罚的惩罚活动。（3）法律的产生、实施离不开廌这一神兽，它是社会权威力量的代名词，是社会强制力的代表，没有神兽作为切实保障机制，法律没有神圣性，无法发挥出它的功能、威力。

在古代文献中一般称法为刑，法与刑通用。如夏朝之禹刑、商朝之汤刑、周朝之吕刑，春秋战国时期有刑书、刑鼎、竹刑。魏相李悝集诸国刑典，造《法经》六篇，改刑为法。“刑，常也，法也。”“法，刑也。”这里的刑，原为侀，出于井田，含有模范、秩序之意。因此，以刑释法，表明模范遵守法律（秩序）。古代中国法又往往与律通用，“律之与法，文虽有殊，其义不也”（《唐律疏义》）。据史籍记载，商鞅变法，改法为律。从此“律”字广泛使用，其频率高于法，中国古代法典大都称为律，如秦律、汉律、魏律、晋律、隋律、唐律、明律、清律，只有宋代称刑统，元朝称典章。《说文解字》说：“律，均布也。”段玉裁注疏说：“律者，所以范天下之不一而归于一，故曰均布。”律后来引申为规则、有序，范天下之不一而一，成为规范所有人及其行为的准则，即规范天下千差万别的所有人所有事而趋于整齐划一（统一、协调）。

现代我国大多数学者一般使用马克思主义关于法的概念：法是由国家制定或认可，体现统治阶级意志，以国家强制力保证实施的行为规则（规范）的总和。

二、法的基本特征

古代和现代不同国家对法律的定义虽有差异，但是无论哪一种定义中法律都具有以下基本特征：

1. 法是调整人的行为的社会规范，法属于社会规范的范畴

法的规范性体现在：(1) 法在形式上具有规范性、一般性、概括性；(2) 对人们如何行为提出了明确的指向；(3) 法调整人的外部行为，不调整人的内心思想，但可以通过调整人的外部行为来影响人的思想观念。

2. 法是法由国家制定或认可的国家的社会规范

国家创立法的方式有两种：(1) 制定：国家机关通过立法活动制定新法；(2) 认可：国家机关赋予某些既存的社会规范以法律效力，或赋予先前的判决所确认的规范以法律效力。法由国家制定或认可，因此具有高度统一性和普遍适用性。法作为一个整体在本国主权领域内具有普遍约束力，所有国家机关、社会组织和个人都必须守法；法的统一依赖于国家的统一和政治上的安定团结。

3. 法是由国家强制力保证实施的社会规范

(1) 法律是一种特殊的社会规范，即具有规范性、国家意志性、国家强制性、普遍性和程序性的社会规范或行为规范；(2) 有国家强制性。法的强制性体现在法对违法行为的否定和制裁，公民可依法请求国家机关保护其合法权利等。

☞【思考】

《西游记》第十四回《心猿归正　六贼无踪》有孙行者戴花帽一段：(行者) 见那光艳艳的一领绵布直裰，一顶嵌金花帽，行者道："这衣帽是东土带来的？"三藏就顺口儿答应道："是我小时穿戴的。这帽子若戴了，不用教经，就会念经；这衣服若穿了，不用演礼，就会行礼。"行者道："好师父，把与我穿戴了罢。"三藏道："只怕长短不一，你若穿得，就穿了罢。"行者遂脱下旧白布直裰，将绵布直裰穿上，也就是比量着身体裁的一般，把帽儿戴上。三藏见他戴上帽子，就不吃干粮，却默默地念那紧箍咒一遍。行者叫道："头痛，头痛！"那师父不住地又念了几遍，把个行者痛得打滚，抓破了嵌金的花帽。三藏又恐怕扯断金箍，住了口不念。不念时，他就不痛了。伸手去头上摸摸，似一条金线儿模样，紧紧地勒在上面，取不下，揪不断，已此生了根了。请问：

1. 孙行者戴紧箍前后发生了什么变化？
2. 不戴紧箍能不能圆满地取得真经、修成正果？

法律与道德

《吕氏春秋·察微》中有这样一段记载：国之法，鲁人为人臣妾于诸侯，有能赎之者，取其金于府。子贡赎鲁人于诸侯，来而让不取其金。孔子曰："赐失之矣。自今以

往，鲁人不赎人矣。取其金则无损于行，不取其金则不复赎人矣。”子路拯溺者，其人拜之以牛，子路受之。孔子曰：“鲁人必拯溺者矣。”孔子见之以细，观化远也。请问：

1. 你若处于子贡和子路的场景会怎么做？
2. 孔子为什么批评让金的子贡而表扬受牛的子路？
3. 你现在对孔子以及儒家思想有什么新的认识？

第二节　经济法的产生和发展

一、经济法的词源

法国空想社会主义者摩莱里1755年在其著作《自然法典》中使用“经济法”一词，含义仅指分配制度；这是“经济法”最早的语源。摩莱里主要针对当时社会产品分配上的弊端，提出运用“经济法”（也称分配法）来调整社会分配关系。摩莱里所谓的“经济法”仅限于分配领域，但已经含有国家对社会生活进行干预的思想主张。其后法国空想社会主者德萨米1842年在其著作《公有法典》中再次使用“经济法”一词，但含义为公有制、分配制度以及劳动关系等。德萨米在很大程度上继承了摩莱里的经济法思想，并有自己的创见。德萨米主张的“经济法”也主要是对社会分配关系的调整。与摩莱里一样，他的“经济法”主张包含了国家干预社会经济生活的法律思想，但这也仅仅是个人的法律设想，当时并没有这类立法实践。

二、经济法的产生和发展

经济法是经济学与法学交融生长、人类认识深化的结果。经济自由主义与国家干预主义历来是西方市场经济理论中相互对立的两大思潮，经济法是“看不见的手”与“国家之手”相结合的产物，在资本主义从自由竞争发展到垄断阶段以后，市场中“看不见的手”已不能完全适应市场需要，必须运用政府干预经济的手段，来解决垄断资本主义国家市场中所出现的矛盾。由于政府介入经济生活，打破了传统市民生活和政治生活的划分界线，在经济生活中出现了一种运用单纯的公法或私法手段都不能解决的经济关系。这种经济关系需要一个新的法律部门来调整，这为经济法的产生提供土壤和契机。19世纪末叶资本主义经济从自由竞争逐渐走向垄断，社会关系发生较大变化。平等、自由、协商、意思自治为主的经济生活已经被垄断所取代，协商自愿的民商法对此力不从心，国家干预经济成为必然。国家从“消极的守夜人”变为积极的干预者。国家用“看得见的手”弥补市场这只“看不见的手”，以国家的外力介入弥补市场解决不了的问题。

美国1890年通过的规范托拉斯行为的《谢尔曼法》是经济法产生初期的重要立法。现代经济法的概念形成于20世纪初期。1906年，德国学者在《世界经济年鉴》中使用了“经济法”这一名词，用来说明与世界经济有关的各种法规。第一次世界大战开始时，德国政府为了适应战争的需要，加强对重要物资的控制，颁布了大量的法规。1914 年 8 月帝国议会通过了 14 项战争经济法规，其中最重要的是《授权法》，授权参政院在战争期间准予“发布对于防止经济损害所必要的措施”，继之又颁布了《关于限制契约最高价格的通知》（1915）、《确保战时国民粮食措施令》（1916）等。战败后的德国，为了摆脱经济上的困境，制定了一些重要的产业统治法和卡特尔法，如《煤炭经济法》、《防止滥用经济权力法令》，其中 1919 年颁行的《煤炭经济法》是世界上第一个以经济法命名的法规。这些法规，表现为国家行使权力直接干预和操纵经济，试图把实施社会化政策同保护私有财产制度、契约自由原则结合起来。20 世纪 30 年代发生了席卷资本主义世界的经济大危机，美国根据凯恩斯经济思想，推行新政，国家运用经济立法手段，克服危机，恢复经济，其他国家也有同类举措，这类经济法规可称之为危机时策法。“二战”后，日本为消除战时经济困境，解散垄断财团，扶助中小企业的发展，恢复国民经济，大力运用经济立法。这些法规的出现引起了法学界的重视，有关理论也得到了很大发展，研究经济法应是法学中的一门新的学科。

☞【知识拓展】

《谢尔曼法》是 1890 年美国国会制定的第一部反托拉斯法，也是美国历史上第一个授权联邦政府控制、干预经济的法案。该法规定：凡以托拉斯形式订立契约、实行合并或阴谋限制贸易的行为，旨在垄断州际商业和贸易的任何一部分的垄断或试图垄断、联合或共谋犯罪的行为，均属违法。违反该法的个人或组织，将受到民事的或刑事的制裁。该法奠定了反垄断法的坚实基础，至今仍然是美国反垄断的基本准则。但是，该法对什么是垄断行为、什么是限制贸易活动未作出明确解释，为司法解释留下了广泛的空间，而且这种司法解释要受到经济背景的深刻影响。

社会主义经济法是与社会主义公有制经济的确立，与社会主义国家组织经济职能的实施相联而产生的。但是，由于社会主义国家长期实行高度集中的计划经济体制，所以，在这种体制下所施行的经济法规，其性质多属经济行政法规。严格地说，科学意义上的经济法只是在进行经济体制改革、转轨，大力发展市场经济后才开始形成。

中国经济法的产生发展具有鲜明的中国特色。1949 年中华人民共和国成立，为了巩固、发展社会主义公有制，强调中央集权，在高度集中的计划经济体制下，否认商品经济，否认市场的基础性调节作用。所有的经济活动都通过行政体系，运用行政手段实施和完成经济管理活动。经济法与民法、行政法之间关系模糊，经济法律规范中含有大量的行政指令做法，从严格意义上说我国这一时期的经济立法并不是现代意义上的经济法。

十一届三中全会以后确定以经济建设为中心工作，实施改革开放基本国策，逐步重视市场机制和价值规律的作用，并将其引入国家经济管理活动之中。这些法律法规在保证国家统一领导、管理经济生活的条件下，承认企业等主体的经济利益和法律主体地位，保证他们能充分享有和行使法人财产权和经营权，改革开放的脚步催生带动了经济法的发展。2001年12月11日开始我国正式成为世界贸易组织成员国，加入WTO即意味着引进了WTO的一整套制度，因此，我们应适应这种法律环境，获取这种法律环境所带来的利益，建立一套与世界贸易组织规则衔接的国内经济法体系，进一步完善和发展我国社会主义市场经济法制。

三、经济法的概念和调整对象

经济法是指调整国家进行宏观调控和市场规制过程中发生的社会关系的法律规范的总称。简单地说，经济法就是调整宏观调控关系和市场规制关系的法律规范的总称。

我国经济法的调整对象应当是国家为保障社会整体经济利益，实现经济协调发展而规制经济运行行为过程中发生的经济关系。具体表现为国家计划调控关系、财政调控关系、金融调控关系、市场规制关系、社会分配关系等。

四、经济法的渊源和体系

（一）经济法的渊源

经济法的渊源，是指经济法规范的表现形式。经济法的主要渊源包括以下几类。

1. 宪法

宪法由国家最高权力机关——全国人民代表大会制定，是国家的根本大法，具有最高的法律效力。宪法是经济法的最重要渊源。

2. 法律

法律也是经济法的重要渊源。法律包括基本法律（全国人民代表大会制定和修改）、基本法律以外的法律（全国人民代表大会常务委员会制定和修改）。另外，全国人民代表大会及其常务委员会还有权就有关问题作出规范性决议或决定，它们与法律具有同等地位和效力。

3. 行政法规

行政法规是我国最高行政机关国务院根据宪法和法律，或者根据国家立法机关的授权决定，依法制定的规范性文件。

4. 地方性法规

省、自治区、直辖市的人民代表大会及其常务委员会在与宪法、法律和行政法规不相抵触的前提下，可以根据本地区情况制定、发布规范性文件即地方性法规。

5. 行政规章

行政规章分为部门规章（也称部委规章）和政府规章（也称地方规章）两种。政府规章除不得与宪法、法律和行政法规相抵触外，还不得与上级和同级地方性法规相抵触。行政规章在法院审理行政案件时仅起参照作用。

（二）经济法的体系

经济法的体系，通常是指各类经济法规范所构成的和谐统一的整体。由于经济法主要调整两类社会关系，即宏观调控关系和市场规制关系，因而经济法体系也包括两大部分，即宏观调控法和市场规制法。其中，宏观调控法包括三个部门法，即财税调控法、金融调控法和计划调控法，分别简称财税法、金融法和计划法；市场规制法也包括三个部门法，即反垄断法、反不正当竞争法和消费者权益保护法。

此外，由于对一些领域需要进行特别监管，因而如银行监管、证券监管、保险监管、能源监管等得到了进一步强化，这些都是在一般市场规制的基础上发展起来的特别市场规制。相应地，银行、证券、保险、能源等领域的监管法律规范，也都属于市场规制法，只不过是比一般市场规制法更加严格的特别市场规制法，都属于经济法的重要组成部分。

五、经济法律关系

（一）经济法律关系的概念

法律关系，是指经过法律规范调整形成的法律主体之间具有权利和义务内容的社会关系。经济法律关系，是指经济法律规范所确认和调整的经济法主体，在国家管理与协调经济过程中所形成的经济权利和经济义务的关系。

经济关系，是经济法律关系产生的根源和存在的基础。它是在人们的经济实践中由多种经济行为相互作用而形成的、谁也不能任意左右的客观存在的社会关系。它属于第一性，是一种物质关系。它不依任何单个的社会个体的意志为转移，也不依法的存在而存在。

经济法律关系，则是在经济关系基础上经过经济法律、法规“加工”后升华而成的、具有经济权利、经济义务内容和性质的关系。

（二）经济法律关系的构成要素

经济法律关系同一般法律关系一样，也是由主体、内容和客体三种要素构成的，三者相互联结、缺一不可。

1. 经济法律关系的主体

经济法律关系的主体是经济法律关系的参加者、构成者，是经济权利的享有者、经济义务的承担者，是经济法律关系客体中的物的所有者、经营者，是客体中行为的实施者、实现者。因此，主体是经济法律关系的第一要素。在我国依法能够参加经济法律关系的主体范围十分广泛，包括国家机关、企事业单位、社会团体、企业的内部组织、农户、个体经营户和公民个人等经济法主体。

经济法主体资格，是指当事人所具有的参加经济法律关系，享有经济权利和承担经济义务的资格与能力。它是经济法律关系主体参加经济法律关系的基础和前提。只有具备经济法主体资格的当事人，才能参加经济法律关系，才能享有经济权利和承担经济义务。任何组织或个人要想成为经济法律关系主体，必须具备一定的主体资格，即拥有相应的权利能力和行为能力。

权利能力，又称权利义务能力，是指经济法律关系主体能够参与经济法律关系，依法享有一定经济权利和承担一定经济义务的法律资格。自然人的权利能力和组织的权利能力的取得与范围不尽相同。自然人的权利能力始于出生、终于死亡。自然人依法享有民事权利、承担民事义务，自然人的民事权利能力大体上平等。组织的权利能力始于成立、终于终止，每个组织的权利能力大小不一，其权利能力的范围取决于该组织成立的宗旨和义务范围。

行为能力，是指经济法律关系主体能够通过自己的行为实际获取经济权利和改变经济的能力。自然人的行为能力与社会组织的行为能力也不尽相同。自然人是否具有行为能力一般依据两个标准：一是能否认识自己行为的性质、意义与后果；二是能否控制自己行为并对自己的行为负责。而社会组织的行为能力必须与其权利能力相一致，否则，其行为是无效的，并承担相应的法律责任。

2. 经济法律关系的内容

经济法律关系的内容是指经济法律关系主体享有的权利和承担的义务。

（1）经济法主体的权利。这是指经济法主体在国家协调经济运行过程中，依法具有的自己为或不为一定行为，以及要求他人为或不为一定行为的资格。主要内容包括经济职权、财产所有权、经营管理权、债权等权利。

（2）经济法主体的义务。这是指经济法主体为了实现特定的权利主体的权利，在法律规定的范围内所承担的实施或不实施某种经济行为的义务。经济法主体的义务是法律对经济法主体的经济行为给予一定程序的强行限制和约束，这种法定限制和约束是实现权利主体的经济法权利并满足其经济法利益所必需的。经济法主体的义务又可分为法定义务和约定义务。

3. 经济法律关系的客体

经济法律关系的客体是指经济法律关系的主体享有权利和承担义务所共同指向的对象。客体是确立权利义务关系性质和具体内容的依据，也是确定权利行使与否和义务是否履行的客观标准。

（1）物，是指可为人们控制的，具有一定经济价值和实物形态的生产资料和消费资料，包括自然物、人造物财产物品的一般价值表现形式——货币及有价证券。

（2）行为，是指法律关系的主体为达到一定目的所进行的作为（积极行为）或不作为（消极行为），如生产经营行为、经济管理行为、完成一定工作的行为和提供一定劳务的行为等。

（3）非物质财富，也称为精神财富或者精神产品，包括知识产品和道德产品。知识产品也称智力成果，是指人们通过脑力劳动创造的能够带来经济价值的精神财富，如著作、发现、发明、设计等。道德产品是指人们在各种社会活动中所取得的非物化的道德价值，如荣誉称号、嘉奖表彰等。

☞【延伸阅读】

罗琳与《哈利·波特》

《哈利·波特》的作者罗琳，被票选为英国最伟大的在世作家。她原来是位普通英国女教师，从1990年坐火车穿越英格兰时想出的有关小魔法师的点子出发，一路写下来，如今她的小说在全世界卖了3亿多册，个人资产已达10亿美元，在“全球最富有女星排行榜”中排名第二。她非凡的构想，让哈利·波特电影、游戏、玩具、服装等各种相关产业获利上百亿美元。

J. K. 罗琳的版权为其带来巨大财富和名望的同时，也为她带来很多麻烦，各种类型的版权侵权事件不断。罗琳不得不拿起各国版权法所赋予她的权利来维护自己的正当权益。

☞【知识拓展】

自然人民事行为能力的分类

2017年10月1日施行的《民法总则》对自然人民事行为能力作出了新的规定。

1. 完全民事行为能力

十八周岁以上的自然人为成年人。不满十八周岁的自然人为未成年人。成年人为完全民事行为能力人，可以独立实施民事法律行为。十六周岁以上的未成年人，以自己的劳动收入为主要生活来源的，视为完全民事行为能力人。

2. 限制民事行为能力

八周岁以上的未成年人为限制民事行为能力人，实施民事法律行为由其法定代理人代理或者经其法定代理人同意、追认，但是可以独立实施纯获利益的民事法律行为或者与其年龄、智力相适应的民事法律行为。

3. 无民事行为能力

不满八周岁的未成年人为无民事行为能力人，由其法定代理人代理实施民事法律行为。不能辨认自己行为的成年人为无民事行为能力人，由其法定代理人代理实施民事法律行为。八周岁以上的未成年人不能辨认自己行为的，适用上述规定。

不能辨认或者不能完全辨认自己行为的成年人，其利害关系人或者有关组织，可以向人民法院申请认定该成年人为无民事行为能力人或者限制民事行为能力人。有关组织包括：居民委员会、村民委员会、学校、医疗机构、妇女联合会、残疾人联合会、依法设立的老年人组织、民政部门等。被人民法院认定为无民事行为能力人或者限制民事行为能力人的，经本人、利害关系人或者有关组织申请，人民法院可以根据其智力、精神健康恢复的状况，认定该成年人恢复为限制民事行为能力人或者完全民事行为能力人。

六、经济法责任

（一）经济法责任的概念

经济法责任是指经济法律关系的主体因违反经济法律、法规而依法承担的带有否定性、惩罚性的不利后果。

（二）承担经济法责任的条件

1. 主体必须有经济违法行为存在

主体存在经济违法行为是产生经济法责任的前提。经济法主体的违法行为既包括违反法定经济义务的行为，如偷税、抗税、骗税、生产伪劣产品、销售侵权产品等，也包括不正确地行使权利的行为，如错误吊销营业执照、超额罚款、擅自减免税款等；既包括作为的违法行为，如私设金融机构、诈骗贷款等，又包括不作为的经济违法行为，如偷税、玩忽职守等。

2. 主体的违法行为必须给国家、社会或个人造成损害事实

经济法责任既是一种经济责任，又是一种社会责任。因为主体的经济违法行为给国家、社会或个人造成的损害，既包括经济的，也包括人身的；既包括有形的，也包括无形的；既包括现实的，也包括潜在的；既包括对国家和社会的，也包括对个人的。因此经济法律责任从本质上讲具有经济性，但从实现方式来看未必都具有经济性。

3. 主体的经济违法行为与损害事实之间存在因果关系

主体要承担经济法律责任，不仅要有经济违法行为和损害事实，而且要求经济违法行为与损害事实之间必须具有内在的、必然的引起和被引起的关系。无论是管理、调控主体，还是管理和调控的受体其违法行为与损害事实无关，或者说违法行为仅仅是损害事实产生的外部的、偶然的条件，一般就不应要求经济法主体承担经济法律责任。

4. 主体在主观上必须具有故意或者过失

主体承担经济法律责任，不仅要具备客观方面的条件，还必须同时具备主观方面的条件，即要具备法定的故意或者过失的主观因素。所谓故意是指主体对其经济违法行为具备明知的认识因素和希望或者放任的意志因素。所谓过失是指主体对其经济违法行为是当知而因疏忽大意未知或已知但轻信能避免的心理态度。

(三) 法律责任分类

法律责任主要有民事责任、行政责任和刑事责任三类。

1. 民事责任

民事责任形式主要有：承担民事责任的方式主要有：停止侵害；排除妨碍；消除危险；返还财产；恢复原状；修理、重作、更换；继续履行；赔偿损失；支付违约金；消除影响、恢复名誉；赔礼道歉。法律规定惩罚性赔偿的，依照其规定。

2. 行政责任

行政责任包括行政处罚和行政处分。行政处罚是行政主体对行政相对人违反行政法律规范尚未构成犯罪的行为所给予的法律制裁。行政处罚的种类有：警告、罚款；没收违法所得、没收非法财物；责令停产停业；暂扣或者吊销许可证、暂扣或者吊销执照；行政拘留；法律、行政法规规定的其他行政处罚。行政处分是对违反法律规定的国家机关工作人员或被授权、委托的执法人员所实施的内部制裁措施。行政处分种类有：警告、记过、记大过、降级、撤职、开除。

3. 刑事责任

刑事责任，即刑罚，分为主刑和附加刑两类。主刑包括：管制、拘役、有期徒刑、无期徒刑、死刑。附加刑包括：罚金、剥夺政治权利、没收财产、驱逐出境。

☞【知识拓展】

惩罚性赔偿

《中华人民共和国食品安全法》第148条规定："消费者因不符合食品安全标准的食品受到损害的，可以向经营者要求赔偿损失，也可以向生产者要求赔偿损失。接到消费者赔偿要求的生产经营者，应当实行首负责任制，先行赔付，不得推

诿；属于生产者责任的，经营者赔偿后有权向生产者追偿；属于经营者责任的，生产者赔偿后有权向经营者追偿。生产不符合食品安全标准的食品或者经营明知是不符合食品安全标准的食品，消费者除要求赔偿损失外，还可以向生产者或者经营者要求支付价款十倍或者损失三倍的赔偿金；增加赔偿的金额不足一千元的，为一千元。”

第三节　民法相关基础知识

一、法人

（一）法人的概念

法人是具有民事权利能力和民事行为能力，依法独立享有民事权利和承担民事义务的组织。法人是世界各国规范经济秩序以及整个社会秩序的一项重要法律制度。各国法人制度具有共同的特征，但其内容不尽相同。不同的法人形成了不同的法人理论，法人制度理论成为世界各国建立和完善法人制度、规范经济秩序以及整个社会秩序的理论基础。

（二）法人的特征

1. 法人是一种社会组织，是由法律赋予了法律人格的组织

这是法人与自然人的根本区别。它可以是个人的集合体，也可以是财产的集合体。不以组织集合体名义出现在民事主体，不能为法人。

2. 具有民事权利能力和民事行为能力

它可以自己的名义，通过自己的行为享有和行使民事权利，设定和承担民事义务。

3. 依法独立享受民事权利和承担民事义务

它有自己独立的权益，可以自己的名义独立享受权利和承担义务。

4. 独立承担民事责任

可否独立承担民事责任，是区别法人组织和其他组织的重要标志。法人有自己能独立支配的财产，它可以自己的名义，用自己的财产独立承担民事责任。对于自己所负担的债务，它可以自己能独立支配的财产负有限清偿责任。

（三）法人的条件

法人的条件，是指法律规定取得法人资格必须具备的基本条件。不同的法人有不同的条件要求，依据《民法总则》和相关法人理论，我国法人必须具备的基本条件如下：

1. 依法成立

这是指法人必须符合法律规定和依法定程序才能成立。法人资格不是自封的，也不是生而有之的“天赋人权”，而是由法律赋予的。法人成立的合法包括实体合法和程序合法。法定程序也是国家法律对法人资格的确认过程。

2. 有必要的财产和经费

这是法人以自己的名义进行民间活动并对其行为后果独立承担责任的物质基础。这

种财产或经费首先必须是独立的，其次必须具有一定的数额规模。财产可以是实物或者货币，也可是其他权利。经费主要是指国家预算拨款。

3. 有自己的名称、组织机构和场所

法人名称是法人区别于其他法人的标志。法人组织机构是法人对内管理事务，对外代表法人进行民事活动的常设机关。法人场所是法人进行业务活动的地方。

4. 能独立承担民事责任

指具有承担民事责任的独立能力。这是与法人需拥有的独立支配的财产相联系的。法人作为独立的民事体。对自己从事各项活动的后果，必须能以自己的财产独立承担民事责任。法人的设立人、成员以及工作人员对此不承担连带责任。能否独立承担民事责任是法人区别于非法人组织的一个关键特征。

（四）我国法人的分类

按不同标准，对法人可以作不同的分类。大陆法系与英美法系对法人作的分类有所不同。我国现行《民法总则》将法人分为营利法人、非营利法人和特别法人。

1. 营利法人

营利法人是以取得利润并分配给股东等出资人为目的成立的法人，为营利法人。营利法人包括有限责任公司、股份有限公司和其他企业法人等。

2. 非营利法人

非营利法人是为公益目的或者其他非营利目的成立，不向出资人、设立人或者会员分配所取得利润的法人，为非营利法人。非营利法人包括事业单位、社会团体、基金会、社会服务机构等。

3. 特别法人

特别法人包括机关法人、农村集体经济组织法人、城镇农村的合作经济组织法人、基层群众性自治组织法人。

二、民事法律行为

（一）民事法律行为的概念和特征

民事法律行为是公民或者法人设立、变更、终止民事权利和民事义务的合法行为。民事法律行为具有以下特征：（1）民事法律行为是民事法律事实的一种；（2）民事法律行为是民事主体实施的以发生民事法律后果为目的的行为；（3）民事法律行为是一种合法行为；（4）民事法律行为是以意思表示为构成要素的行为。

（二）民事法律行为有效的条件

民事法律行为应当具备下列条件：（1）行为人具备相应的民事行为能力；（2）意思表示真实；（3）不违反法律或者社会公共利益。

民事法律行为可以采用书面形式、口头形式或者其他形式。法律规定用特定形式的，应当依照法律规定。

☞【思考】

12 周岁的未成年人欧阳某某实施了两个行为：一是购买学习用的笔记本；二是将

舅舅赠与自己价值6000元的笔记本电脑转让。

请问：欧阳某某实施的两个民事法律行为是否有效？

三、代理

（一）代理的概念和特征

1. 代理的概念

代理是指代理人在代理权限内，以被代理人的名义与第三人实施法律行为，由此产生的法律后果直接由被代理人承担的一种法律制度。

下列行为不可适用代理：（1）意思表示具有人身性质，必须由表意人亲自作出决定和进行表达的行为，比如，订立遗嘱、收养子女、结婚等；（2）具有人身性质的债务，不得代为履行，比如特定演员受约演出不得由其他人代为演出；（3）当事人约定不得代理的，不能违反约定代理履行；（4）违法行为不得代理。

2. 代理的特征

（1）代理行为是民事法律行为；

（2）代理人以被代理人的名义实施民事法律行为；

（3）代理人在代理权限内独立向第三人进行意思表示；

（4）代理行为的法律后果直接归属于被代理人。

（二）代理的分类

依照代理关系产生、终止的法律事实不同，代理分为法定代理、委托代理和指定代理三类。

1. 法定代理

法定代理是指基于法律的直接规定而发生的代理。《民法通则》规定，未成年人的父母是未成年人的监护人。无民事行为能力人、限制民事行为能力人的监护人是他的法定代理人。

2. 委托代理

委托代理又称授权代理，是指基于被代理人的授权所发生的代理。委托授权为不要式行为。书面的委托形式是授权委托书。委托书授权不明的，被代理人应当向第三人承担民事责任，代理人负连带责任。

3. 指定代理

按照人民法院或者有权机关的指定而产生的代理，为指定代理。在没有法定代理人和委托代理人的情况下，人民法院或者有权机关可以依法为不能亲自处理自己事务的人指定代理人。在指定代理中，依法被指定为代理人的，如无特殊原因不得拒绝担任。代理人享有的代理权由人民法院或者指定机关指定。

（三）无权代理

1. 无权代理概述

无权代理是代理人没有代理权而实施的代理行为。

无权代理的情形一般包括：(1) 没有代理权的代理行为；(2) 超越代理权的代理行为；(3) 代理权终止后的代理行为。

2. 无权代理的后果

在无权代理情况下实施的代理行为，属于效力待定的法律行为。在效力待定的情况下，本人（被代理人）有追认和拒绝追认的权力，追认权性质上属于形成权，故仅凭权利人单方的意思表示即可决定权利人与相对人之间法律关系的变动。一旦本人拒绝追认，无权代理行为就确定地转化为无效民事行为，由各方当事人按照过错程度承担法律责任。

（四）表见代理

1. 表见代理的概念和构成要件

表见代理是被代理人的行为客观上存在使相对人相信其有代理权的情况，且相对人主观上为善意，因而可以向被代理人主张代理的效力。

表见代理与狭义的无权代理存在本质区别，表见代理的构成要件为：(1) 代理人无代理权；(2) 相对人主观上为善意；(3) 客观上有使相对人相信无权代理人具有代理权的情形。

2. 表见代理的效果

《合同法》规定，行为人没有代理权、超越代理权或者终止代理权后仍以被代理人的名义订立合同，相对人有理由相信行为人有代理权的，该代理行为有效。可见，表见代理对于本人来说，产生与有权代理一样的效果，即在相对人与被代理人之间发生法律关系。被代理人应受无权代理人与相对人实施的民事行为的拘束。被代理人不得以无权代理作为抗辩事由，主张代理行为无效。

表见代理对于相对人来说，既可以主张其为狭义无权代理，也可以主张其为表见代理。如果主张狭义无权代理，则相对人可以行使善意相对人的撤销权，从而使整个代理行为无效。因为表见代理制度的目的在于保护善意相对人的利益。故被代理人不得基于表见代理而对相对人主张代理效果，但被代理人可以根据无权代理的规定，对无权代理行为进行追认。

☞【思考】

张某是某公司的代理销售人员，随身携带盖有该企业公章的空白合同书，以便于对外签约。后张某因故意泄露公司商业秘密被开除，但空白合同书该企业未及时收回。后张某以此合同书与他人签订购销协议。

请问：

1. 张某持有盖有该购销协议并与第三人签订合同的性质应如何认定？

2. 张某与第三人签订的合同是否有效？

☞【知识拓展】

《中华人民共和国民法总则》

《中华人民共和国民法总则》已由中华人民共和国第十二届全国人民代表大会第五次会议于2017年3月15日通过，自2017年10月1日起施行。《中华人民共和国民法总则》是民法典的总则编，规定了民事活动的基本原则和一般规定，在民法典中起统领性作用，共分基本规定、自然人、法人、非法人组织、民事权利、民事法律行为、代理、民事责任、诉讼时效、期间计算和附则11章，206条。

四、诉讼时效

（一）诉讼时效的概念

诉讼时效是权利人在法定期间内不行使权利而失去诉讼保护的制度。在法律规定的诉讼时效期间内，权利人提出请求的，人民法院就强制义务人履行所承担的义务。而在法定的诉讼时效期间届满之后，权利人行使请求权的，人民法院将不再予以保护。

诉讼时效期间届满，权利人丧失的是胜诉权，即丧失依诉讼程序强制义务人履行义务的权利。权利人的实体权利并不消灭，债务人自愿履行的，不受诉讼时效限制。

依据新颁布施行的《民法总则》第196条的规定，下列请求权不适用诉讼时效：

（1）请求停止侵害、排除妨碍、消除危险；

（2）不动产物权和登记的动产物权的权利人请求返还财产；

（3）请求支付抚养费、赡养费或者扶养费；

（4）依法不适用诉讼时效的其他请求权。

（二）诉讼时效期间的种类

1. 普通诉讼时效期间

普通诉讼时效期间，也称一般诉讼时效期间，是指由民事普通法规定的具有普遍意义的诉讼时效期间。除法律另有规定外一般诉讼时效为3年。

2. 特别诉讼时效期间

特别诉讼时效期间也称特殊诉讼时效期间，是指由民事普通法或特别法规定的，仅适用于特定民事法律关系的诉讼时效期间。

下列事项的诉讼时效期间为1年：（1）身体受到伤害要求赔偿的；（2）出售质量不合格的商品未声明的；（3）延付或者拒付租金的；（4）寄存财物被丢失或者损毁的。

3. 最长诉讼时效期间

诉讼时效期间，均从权利人知道或者应当知道权利被侵害时起计算。但是从权利被侵害之日起超过20年的，法院不予保护。

（三）诉讼时效期间的中止、中断和延长

1. 诉讼时效期间的中止

诉讼时效的中止是指在诉讼时效期间的最后6个月内，因不可抗力或者其他障碍致使权利人不能行使请求权的，诉讼时效期间暂时停止计算，诉讼时效从中止时效的原因消除之日起继续计算。

中止诉讼时效的事由有两类：一是不可抗力；二是其他障碍。其他障碍包括：(1) 权利被侵害的无民事行为能力人、限制民事行为能力人没有法定代理人，或者法定代理人死亡、丧失代理权、丧失行为能力；(2) 继承开始后未确定继承人或者遗产管理人；(3) 权利人被义务人或者其他人控制无法主张权利；(4) 其他导致权利人不能主张权利的客观情形。

2. 诉讼时效期间的中断

诉讼时效期间的中断是指在诉讼时效期间，当事人提起诉讼、权利人向义务人提出履行请求或者义务人同意履行义务，而使已经过的时效期间全归于无效。从中断时起，诉讼时效期间重新计算。诉讼时效中断的法定事由包括：提起诉讼、申请仲裁。

3. 诉讼时效期间的延长

诉讼时效期间的延长，是指在诉讼时效期间届满后，权利人基于某种正当理由要求法院根据具体情况延长时效期间，经法院审查确认以后决定延长的制度。

☞【思考】

2014 年 6 月 1 日，甲拒绝向乙支付到期租金 1000 元，乙忙于事务一直未向甲主张权利。2017 年 7 月，乙向甲要求支付租金未果遂向法院起诉。法院受理后驳回了乙的诉讼请求。

请问：

1. 乙可以要求法院支持其诉讼请求的最后期限是什么时候？
2. 法院受理乙的起诉是否合法？
3. 你怎么看待法院驳回权利人乙的诉讼请求？
4. 乙是否还享有对甲的债权？

五、除斥期间

(一) 除斥期间的概念和特征

除斥期间是指法院规定某种权利预定存续的期间，债权人在此期间不行使权利，预定期间届满，便可发生该权利消灭的法律后果。除斥期间具有以下特征：(1) 除斥期间一般是不变期间。不因任何事由而中止、中断或者延长。(2) 除斥期间消灭的是权利人享有的实体民事权利本身，如追认权、撤销权、解除权等形成权。(3) 除斥期间规定的是权利人行使某项权利的期限，以权利人不行使该实体民事权利作为适用依据。(4) 除斥期间是自相应的实体权利成立之时起计算。

(二) 除斥期间与诉讼时效的区别

1. 适用对象不同

诉讼时效适用于债权请求权；除斥期间一般适用于形成权，如追认权、解除权、撤销权等。

2. 可以援用的主体不同

诉讼时效须由当事人主张后人民法院才能审查，人民法院不能主动援用。除斥期间无论当事人是否主张，人民法院均可以主动审查。

3. 法律效力不同

诉讼时效届满只是导致胜诉权的消灭，实体权利不消灭；除斥期间届满，实体权利消灭。

4. 期间性质不同

诉讼时效是可变期间，可以因主客观原因中断、中止或延长；除斥期间是不变期间，不适用时效中断、中止和延长的规定。

第四节　物权法律制度

2007年3月16日，第十届全国人民代表大会第五次会议通过了《中华人民共和国物权法》（以下简称《物权法》）并于2007年10月1日正式实施。这部法律的颁布对于促进我国社会经济发展，构建和谐社会，保护公民的合法财产权利必定产生深远的影响。

（一）物权的概念和分类

1. 物权的概念

《物权法》的物指的是有体物，是除人的身体之外，凡能为人力所支配，独立满足人的社会生活需要之物。

物权是指权利人对特定的物享有直接支配和排他的权利，包括所有权、用益物权和担保物权。物权是和债权对应的一种民事权利，它们共同组成民法中最基本的财产权形式。

2. 物权的分类

根据不同的分类标准，物权可作如下分类：

（1）所有权与他物权。所有权是指所有人依法可以对物进行占有、使用、收益和处分的权利。它是物权中最完整、最充分的权利。他物权是指所有权以外的物权，亦称限制物权。它是所有权权能与所有权人发生分离，由所有权人以外的人，即他物权人对物享有一定程度的直接支配权。

（2）用益物权和担保物权。根据设立物权目的的不同，可将他物权分为用益物权和担保物权。用益物权是指以物的使用收益为目的的物权，包括地上权、地役权、永佃权等。担保物权是指以担保债权为目的，即以确保债务的履行为目的的物权，包括抵押权、质权、留置权等。

（3）动产物权和不动产物权。这是按物权的客体为动产或不动产而作的分类。

（二）物权法的基本原则

1. 平等保护原则

《物权法》的平等保护原则是指物权主体在法律地位上是平等的，其享有的所有权和其他物权在受到侵害以后，应当受到物权法的平等保护。

2. 物权法定原则

《物权法》规定，物权的种类和内容，由法律规定。物权法定原则包括两个方面的内容：

（1）物权种类法定。即当事人不得自由创设法律未规定的新种类的物权，如我国规定的担保物权就只能是抵押、质押和留置三种。

（2）物权内容法定。即物权的方式、效力等内容都由法律明文规定，当事人不得在物权中自由创设新的内容，如法律规定动产质押必须移转占有，当事人就不能创设不移转占有的动产质押。

3. 一物一权原则

一物一权原则包括以下几项内容：

（1）一个所有权的客体仅为一个独立物。根据一物一权原则，一个所有权的客体仅为一个独立物，集合物原则上不能成为一个所有权的客体，而应为多个所有权的客体。

（2）一个独立物上只能存在一个所有权。所有权是一种最终支配权，这就要求一物之上只能存在一个所有权，而不能是多重所有。但是一物之上的所有人可以为多人，多人对一物享有所有权，并非多重所有权，所有权仍然是一个，只不过主体为多人。

4. 公示、公信原则

（1）公示原则。所谓公示，是指物权的权利状态必须通过一定的公示方法向社会公开，使第三人在物权变动时，知道权利状态，维护交易安全。《物权法》规定，不动产物权的设立、变更、转让和消灭，应当依照法律规定登记。动产物权的设立和转让，应当依照法律规定交付。

☞【思考】

2017年4月2日，王某与丁某约定：王某将一栋房屋出售给丁某，房价为70万元。丁某支付房屋价款后，王某交付了房屋，但没有办理产权转移登记。丁某接受房屋并进行了装修，于2017年8月2日，出租给杨某，租期为2年。2017年8月10日，王某因病去世，全部遗产由其子小王继承。小王于2017年9月1日将该房屋转卖给杜某，并办理了产权转移登记。请问：

1. 杜某是否有权请求丁某返还房屋？为什么？
2. 杜某什么时候取得房屋的所有权？
3. 丁某是否拥有房屋所有权？其损失应该找谁赔偿？
4. 杨某的房屋租赁合同是否应继续执行？

（2）公信原则。所谓公信，是指当物权依据法律规定进行了公示，即使该公示方法表现出来的物权存在瑕疵，对于信赖该物权存在并已从事物权交易的人，法律承认其法律效果，以保护交易安全。公信原则赋予公示的内容具有公信力。

☞【思考】

甲有祖传名画一幅，乙、丙均欲购买。甲先与乙达成协议，以5万元价格出售给乙，乙交给了甲 5000 元定金，双方约定次日交齐全款后交货。丙于当晚即携款至甲处，想以 6 万元价格购买。甲欣然应允，并即交货付款。请问：

1. 丙能否取得该画的所有权？
2. 乙能否要求甲将画从丙处取回，履行付款交画的约定？
3. 甲对乙应承担何种责任？

☞【知识拓展】

18 世纪中叶英国首相老威廉皮特说：即使是最穷的人，在他的寒舍里也敢于对抗国王的权威。风可以吹进这所房子，雨可以打进这所房子，房子甚至会在风雨中飘摇，但是国王不能踏进这所房子，他的千军万马不敢进入这间门槛已经破烂的房子。这就是“风能进，雨能进，国王不能进”的典故来源。1993 年诺贝尔经济学奖得主道格拉斯·C. 诺斯在《西方世界的兴起》一书中明确地提出了“有效率的经济组织是经济增长的关键”、“有效率的组织需要在制度上作出安排和确定所有权以便造成一种刺激，将个人的经济努力变成私人收益率接近社会收益率的活动”。我国先贤孟子也提出：民之为道也，有恒产者有恒心，无恒产者无恒心。综上这些论述说明一个国家持续的经济繁荣必须建立在正视人的合理欲求的基础之上。

第五节 债权法律制度

一、债的概念和特征

《民法总则》第 118 条规定民事主体依法享有债权。债权是因合同、侵权行为、无因管理、不当得利以及法律的其他规定，权利人请求特定义务人为或者不为一定行为的权利。

通说认为债是特定当事人之间请求为一定给付的民事法律关系。在债的关系中，一方享有请求对方为一定给付的权利，即债权，该方当事人称为债权人；另一方负有向对方为一定给付的义务，即债务，该方当事人称为债务人。债作为民事法律关系的一种，除具有民事法律关系的共同属性外，还有其自身特征：

（一）债反映财产流转关系

首先，债是一种财产法律关系。民法调整平等主体之间的财产关系和人身关系，其结果表现为财产法律关系和人身法律关系。债的关系是建立于债权人与债务人之间的利益关系，这种利益关系或者直接表现为财产性质，或者最终与财产利益相关。债的关系所包含的债权、债务，最终都能以货币衡量评价。因此，债是一种财产法律关系。

其次，债反映的是财产流转关系。财产关系依其形态分为财产归属利用关系和财产流转关系。前者为静态的财产关系，后者为动态的财产关系。物权关系、知识产权关系反映财产的归属和利用关系，其主要目的是保护财产的静态的安全；债的关系反映的是财产利益从一个主体移转到另一主体的财产流转关系，目的在于保护财产的动态的安全。

（二）债为特定主体之间的法律关系

法律关系有的发生于特定主体与不特定主体之间，有的发生于特定主体与特定主体之间。债的关系是特定主体之间的法律关系，其权利主体（债权人）和义务主体（债务人）都是特定的。换言之，债权人只能向特定的债务人主张权利，债务人也只对特定的债权人承担义务。这种权利义务的相对性，是债的关系与物权关系、知识产权关系以及继承权等关系的重要区别（在后者，只有权利主体是特定的，义务主体则为不特定的人）。需要指出的是，债的主体的特定化，并不排除在特殊情形下债的效力及于当事人之外的第三人（例如债权人代位权），也不排除债的主体的变更（债权人更换和债务人替代）。

（三）债的客体是债务人的特定行为

作为债的关系的要素之一，债的客体，即债权债务指向的对象，是债务人应为的一定行为（作为或不作为），统称为给付。债的关系通常与一定的财物、智力成果或者劳务相联系，但债的客体并非财物、智力成果或劳务，而是债务人应当履行的交付财物、转让智力成果、提供劳务等行为。换言之，债的客体是给付，而财物、智力成果、劳务等则是给付的对象或给付标的。此点也与物权关系、知识产权关系不同。物权以物为客体，知识产权则以知识产品为客体。

（四）债的目的须通过债务人的特定行为实现

民事法律关系是当事人实现其特定利益的法律手段，但不同法律关系的目的不尽相同，权利人实现其利益的方式也有所不同。债的目的是一方从另一方取得一定的财产利益。这一目的，只能通过债务人的给付才能实现，没有债务人为其应为的特定行为，债权人的权利（利益）便不能实现。而在物权关系、知识产权关系中，权利人可以直接通过自己的行为实现其权利，无须借助于义务人的行为来实现法律关系的目的。

（五）债的发生具有任意性和多样性

债的关系可因合法行为而发生，也可因不法行为而发生。对于合法行为设定的债，法律并不限定其种类，而是任由当事人自行设定。而物权关系、知识产权关系一般只能因合法行为而发生，并且其类型具有法定性，当事人不得任意设定法律未做规定的物权和知识产权。

二、债的要素

债的要素，即债的构成所必须具备的要件，包括债的主体、债的内容和债的客体。

（一）债的主体

债的主体也称债的当事人，是指参与债的关系的双方当事人，即债权人和债务人。其中，享有权利的一方当事人称为债权人，负有义务的一方当事人称为债务人。债权人和债务人是相互对立、相互依存的，缺少任何一方，债的关系便不能成立和存续。在债的关系中，每一方主体，都可以为一人或数人。在某些债中，债的一方当事人仅享有权利而不负担义务，即仅充任债权人，而在多数情况下，债的当事人双方都既享有权利，又负担义务，既是债权人，又是债务人。

（二）债的内容

债的内容，是指债的主体所享有的权利和负担的义务，即债权和债务。

1. 债权

债权是债权人享有的请求债务人为特定行为（给付）的权利。债权具有以下特征：

（1）债权为请求权。民事权利依其内容和效力的不同，可分为支配权、请求权、抗辩权、形成权等类型。债权是典型的请求权，债权人取得其利益，只能通过请求债务人给付来完成。债权人既不能直接支配债务人应给付的特定物，也不能直接支配债务人的人身。但债权与请求权并不相等。一方面，民法上的请求权不仅表现为债权的请求权，还包括物权请求权、知识产权请求权、人身权请求权等；另一方面，债权的内容除请求权外，尚有受领、选择、解除等内容。

（2）债权为相对权。债是特定主体之间的法律关系，债权人只能向特定的债务人主张权利，即请求特定债务人为给付，对于债务人以外的第三人，债权人不得主张权利。因此，债权为相对权，或称为对人权。此点区别于物权、知识产权、人身权等以不特定人为义务人的民事权利（称为绝对权或对世权）。需指出的是，债权虽为相对权，但与其他民事权利一样具有不可侵害性，第三人不法侵害债权时，应负侵权的民事责任。

（3）债权具有相容性和平等性。债权的相容性和平等性，是指同一标的物上可以成立内容相同的数个债权，并且其相互间是平等的，在效力上不存在排他性和优先性。因此，在债务人破产时，债务人的各个普通债权人不论其债权发生先后，均可按比例参加破产财产的分配。与此相反，物权具有排他性和优先性，即在同一物上不能成立内容不相容的数个物权（尤指所有权），同一物上有数个物权（尤指担保物权关系）时，其效力有先后之分。

（4）债权为有期限权利。一方面，债权多具有请求期限，在请求期限到来之前，债权人不能随时请求债务人履行债务，债务人也不负履行债务的义务；另一方面，债权有一定的存续期限，期限届满，债权即归于消灭。而所有权和人格权则不同。所有权为永久性权利，人格权也不得附有期限。

通说认为债权包含以下三项权能：

（1）给付请求权。债的关系有效成立后，债权人享有请求债务人依照债权的内容实行给付的权利。如前所述，债权人利益的实现，并非基于其直接支配债务人的人身或财产，而需借助于债务人自主实施的给付行为。债权人欲实现其利益，必先向债务人请求给付。因此，给付请求权是债权的第一权能，从债权效力的角度而言，为债权的请求力。

（2）给付受领权。债务人履行债务时，债权人有权予以接受，并永久保持因债务人的履行所得的利益。接受债务人的履行并永久保持因债务人的履行所得利益，是债权的本质所在，也是债权人所追求的最终结果。此项权能体现在债的效力上，为债权的保持力。

(3) 保护请求权。债务人不履行其债务时，债权人可请求有关国家机关予以保护，强制债务人履行债务。此项权能，在债的效力上表现为债权的强制执行力。

在债权的上述三项权能中，给付请求权具有形式上的意义，给付受领权具有最终的实质性意义，保护请求权则是债权人在债务人不履行债务时借助于国家强制力实现债权的法律手段。

2. 债务

债务是指债务人依当事人约定或法律规定应为特定行为的义务。债务的内容可表现为实施特定的行为（作为义务），也可以表现为不实施特定的行为（不作为义务）。

债务的本质，是债务人负担的不利益。债务的履行，一方面使债权人的利益得以实现，另一方面又使债务人失去既有利益，处于不利益状态。多数情况下，债的当事人同时既为债权人，又为债务人，一方面通过债权的实现获得利益，另一方面又因履行债务失去既有的利益，通过这种平等互利的对待给付分别获得各自利益的满足。

债务的内容具有特定性。债务的内容或者由当事人协商确定，或者由法律直接规定。在每一个具体的债的关系中，债务都有具体和确定的标的及其质量、数量、履行期限等内容。债务的内容一经特定化，非经当事人协商或依法律规定，不得随意加以变更。

债务包括给付义务和附随义务。给付义务包括主给付义务和从给付义务。主给付义务，是指债所固有的和必备的并用以决定债的类型的基本义务。如买卖合同中，出卖人所负的交付出卖物及转移其所有权的义务，买受人负有支付价款的义务，均属主给付义务。从给付义务，是指不具有独立意义，仅具有辅助主给付义务的功能，其存在的目的不在于决定债的类型而在于确保债权人利益能够获得最大满足。从给付义务的发生，有的是基于法律的明文规定，有的是基于当事人的约定，有的是基于诚实信用原则。所谓附随义务，是指在债的关系发展过程中，债务人在给付义务之外，基于诚实信用原则，根据债的性质、目的和交易习惯而应履行的义务，如照顾义务、保管义务、协助义务、保密义务、保护义务等。

债务与责任既有区别又有密切联系。理论上，债务是债务人应为特定行为的义务，责任是债务履行和满足债权人利益的担保，前者是一种法律义务，后者是一种法的强制。但法律义务是必须履行的义务，若不履行，必将发生法律上的责任，而责任则须以义务的存在为前提，其发生以义务的违反为条件，无义务即无责任。可以说债务是一种潜在的强制，责任是一种现实的强制。

(三) 债的客体

债的客体也称债的标的，是指债务人依当事人约定或法律规定应为或不应为的特定行为，统称为给付。

债的标的不同于标的物。前者是指债的关系的构成要素，即给付本身，属行为范畴；后者则是债务人的行为所作用的对象，即给付的对象。债的标的为一切债的关系所必备，而标的物则仅在交付财物、交付金钱的债中存在，在单纯提供劳务的债中，其本身即足以完成给付，不必另有标的物。作为债的客体，给付应具备以下要件：

(1) 合法。以违法行为为给付的，在当事人之间不能发生债权债务关系。给付违反公共秩序和善良风俗的，也属无效。

（2）确定。给付如果不能确定，债权债务将无法实现。因此，法律要求给付于债成立时已经确定，或于债务履行时能够确定。不能确定的，债的关系无效。

（3）适格。适格是指依事物的性质适于作为债的标的。一般而言，债的标的须与人的有意识的行为有关，与人的意识无关的事物（如做梦）或者与人的行为无关的事物（如内心意识）不得作为债的标的。债的标的须具有法律意义，宗教事务（如诵经）或单纯的社交事务（如宴客）不得作为标的。就个别债的关系而言，其标的须适于该具体的债的性质。

给付的形态，主要有以下几种：

（1）交付财物。此为最常见的给付方式。在买卖、互易、租赁、保管等合同之债以及返还侵占物、返还不当得利等债的关系中，均以财物的交付为给付的具体形态。

（2）支付金钱。金钱在法律上被视为特殊的物，在债的履行以及不履行时的责任构成上具有自身特点，故应作为给付的独立形态。在转移财产、提供劳务等合同之债以及侵权和违约赔偿等领域，支付金钱得到广泛应用。

（3）移转权利。此处所谓移转权利，是指不伴随物的交付而单独将某项权利移转于他人，如债权、知识产权、名称权、股权的移转。

（4）提供劳务或服务。提供劳务，有的表现为以自己的劳力供债权人消费（如雇用），有的表现为以自己的设备为债权人提供服务（如运送物品），有的是以自己的知识或技能为他人提供服务（如技术指导、疾病诊治）。劳务的提供，多与债务人的人身不可分离，因而法律禁止以人身奴役性和违背善良风俗的劳务提供作为债的标的。

（5）提交工作成果。即债务人以自己的劳力、技术、智能等为债权人完成一定的工作，并向债权人提交工作成果，如加工承揽、建筑安装、技术开发等。

（6）不作为。不作为即不为一定的行为，包括单纯的不作为和容忍。例如不为营业竞争、不泄露商业秘密等。

三、债的发生原因

债的发生原因也称债的发生根据，是指引起债的关系产生的法律事实。

可引起债的产生的法律事实主要有以下几种：

（一）合同

合同是平等主体的自然人、法人、其他组织之间设立、变更、终止民事权利义务关系的协议。合同依法成立后，即在当事人之间产生债权债务关系，因此合同是债的发生根据。基于合同所产生的债，称为合同之债。合同之债是当事人在平等基础上自愿设立的，是民事主体开展各种经济交往的法律表现，也是债的最常见、最主要的表现形式。

（二）侵权行为

侵权行为是指不法侵害他人的合法民事权益的行为。依法律规定，侵权行为发生后，加害人负有赔偿受害人损失等义务，受害人享有请求加害人赔偿损失等权利。这种特定主体之间的权利义务关系，即侵权行为之债。侵权行为之债是除合同之债以外的另一类较为常见的债，它由非法行为引起，依法律规定而产生，以损害赔偿为主要内容。

（三）无因管理

无因管理，是指没有法定的或约定的义务，为避免他人利益受损失而为他人管理事务或提供服务的行为。无因管理一经成立，在管理人和本人之间即发生债权债务关系，管理人有权请求本人偿还其因管理而支出的必要费用，本人有义务偿还，此即无因管理之债。无因管理之债与合同之债一样，都是因合法行为而发生的，二者的根本区别在于合同之债为意定之债，无因管理之债为法定之债。

（四）不当得利

不当得利，是指没有合法根据而获得利益并使他人利益遭受损失的事实。依法律规定，取得不当利益的一方应将所获利益返还于受损失的一方，双方因此形成债权债务关系，即不当得利之债。不当得利之债与侵权行为之债、无因管理之债同属法定之债，其特点在于，它既不像合同之债那样基于当事人的合意而成立，也不像侵权行为之债那样因不法行为而发生，或像无因管理之债那样因合法的事实行为而发生，而是基于当事人之间的利益发生不当变动的法律事实（事件）而发生。

（五）其他原因

除上述发生原因外，债的关系还可因其他法律事实而产生。例如，因缔约过失，可在缔约当事人之间产生债权债务关系；因拾得遗失物，可在拾得人与遗失物的所有人之间产生债权债务关系；因防止、制止他人合法权益受侵害而实施救助行为，可在因此而受损的救助人与受益人之间产生债的关系。

☞【思考】

吴某承包村集体组织的鱼塘，就在鱼将要出塘上市之际，吴某不幸出车祸死亡，吴某的一子一女都在外地工作，没有精力照管鱼塘。吴某的同村好友谭某便主动担负起照管鱼塘的任务，并组织人员将鱼打捞上市出卖，获得收益 10 万元，其中应向村里上缴 1 万元，谭某组织人员打捞和卖鱼所花劳务费及其他必要费用共计 5000 元。现谭某要求吴某的继承人支付 5000 元费用，并要求平分所剩 8.5 万元款项。请问：

1. 谭某是否有权利要求吴某的继承人支付 5000 元必要费用？
2. 谭某要求平分所剩 8.5 万元款项的要求是否合法？

第二章　企　业　法

☞【学习目标】

1. 掌握个人独资企业和合伙企业的概念、特征

2. 熟悉个人独资企业、合伙企业的设立条件，外商投资企业的设立条件程序、组织机构设置

3. 理解并掌握普通合伙企业与有限合伙企业的法律特征

第一节　个人独资企业法

一、个人独资企业的概念和特征

（一）个人独资企业的概念

个人独资企业，是指依照《中华人民共和国个人独资企业法》的规定在中国境内设立，由一个自然人投资，财产为投资人个人所有，投资人以其个人财产对企业债务承担无限责任的经营实体。

（二）个人独资企业的特征

1. 投资人方面要求

个人独资企业是由一个自然人投资设立的。设立个人独资企业只能是一个自然人投资设立，这里的自然人为具有中国国籍的自然人。国家机关、企事业单位等组织以及法律、行政法规禁止从事营利活动的人，不得作为个人独资企业的投资人。

2. 产权关系和组织管理方面

个人独资企业的全部财产为投资人个人所有，投资人是企业财产的唯一所有者。在组织管理方面，个人独资企业的内部机构设置简单，经营管理方式灵活。

3. 投资人承担无限责任

投资人对个人独资企业债务承担无限责任。当个人独资企业的财产不足以清偿债务时，投资人应当以其个人财产进行清偿。

4. 法律地位

个人独资企业不具有法人资格。个人独资企业虽然有资金、名称或商号，并以企业名义从事民事行为和参加诉讼活动，但它不具有独立的法人地位，只是自然人进行商业活动的一种特殊形态。

二、个人独资企业法

(一) 个人独资企业法的概念

个人独资企业法是调整在国家协调经济运行过程中发生的关于个人独资企业的法律关系的法律规范的总称。为了规范个人独资企业这一市场主体的行为，保护个人独资企业投资人和债权人的合法权益，维护社会经济秩序，1999 年 8 月 30 日通过了《中华人民共和国个人独资企业法》(以下简称《个人独资企业法》)，自 2000 年 1 月 1 日起施行。该法是我国第一部规范个人独资企业的法律。

(二) 个人独资企业法的立法宗旨和适用范围

1. 个人独资企业法的立法宗旨

(1) 规范个人独资企业的行为。

(2) 保护个人独资企业投资人和债权人的合法权益。

(3) 维护社会经济秩序，促进社会主义市场经济的发展。

2. 个人独资企业法的适用范围

个人独资企业法只适用于一个自然人依法设立的个人独资企业，不适用于具有独资特征的全民所有制企业、国有独资企业和外商独资企业等商业主体。

三、个人独资企业的设立

(一) 个人独资企业设立的条件

1. 投资人为一个自然人

个人独资企业的投资人只能是自然人且只能是一个自然人，该自然人应该理解为“一个中国人”，不包括港澳台同胞和外国国籍的自然人。

2. 有合法的企业名称

个人独资企业的名称应当与其责任形式及营业相符合，遵守企业名称登记管理规定。个人独资企业只能使用一个名称，在个人独资企业名称中不得使用“有限”、“有限责任”、“公司”等字样。

3. 有投资人申报的出资

投资人可以个人财产出资，也可以家庭共有财产出资。以家庭共有财产出资的，投资人应当在设立或者变更申请书中予以说明。投资人可以货币、实物、知识产权、土地使用权或者其他财产权利出资。个人独资企业没有最低注册资本金要求，仅要求投资人有自己申报的出资即可。

4. 有固定的生产经营场所和必要的生产经营条件

个人独资企业虽然内部机构设置简单，经营管理方式灵活；但是必须要有固定的生产经营场所和必要的生产经营条件，这些是个人独资企业开展经营活动的物质基础。

5. 有必要的从业人员

要求个人独资企业有与其生产经营范围、规模相适用的从业人员；但是，对从业人员的具体数量、从业素质，《个人独资企业法》没有具体规定。

（二）个人独资企业设立的程序

个人独资企业设立的程序包括申请、核准登记等程序。

1. 提出申请

申请设立个人独资企业，应当由投资人或者其委托的代理人向个人独资企业所在地的登记机关提交下列文件：

（1）设立申请书。应当载明下列事项：①企业的名称和住所；②投资人的姓名和居所；③投资人的出资额和出资方式；④经营范围。

（2）投资人身份证明。

（3）生产经营场所使用证明等文件。

委托代理人申请设立登记时，应当出具投资人的委托书和代理人的合法证明。个人独资企业不得从事法律、行政法规禁止经营的业务；从事法律、行政法规规定须报经有关部门审批的业务，应当在申请设立登记时提交有关部门的批准文件。

2. 核准登记

登记机关应当在收到设立申请文件之日起 15 日内，对符合本法规定条件的，予以登记，发给营业执照；对不符合《个人独资企业法》规定条件的，不予登记，并应当给予书面答复，说明理由。个人独资企业的营业执照的签发日期，为个人独资企业成立日期。在领取个人独资企业营业执照前，投资人不得以个人独资企业名义从事经营活动。

个人独资企业设立分支机构，应当由投资人或者其委托的代理人向分支机构所在地的登记机关申请登记，领取营业执照。分支机构经核准登记后，应将登记情况报该分支机构隶属的个人独资企业的登记机关备案。分支机构的民事责任由设立该分支机构的个人独资企业承担。

☞【思考】

2016 年 8 月，某公安局工作人员秦某出资 30 万元，设立一家个人独资企业，取名为味之味餐饮有限责任公司。开业经营三个月后取得了良好的经济效益，秦某决定再开设两个分店经营，以总店的名义开展经营活动，分店没有再办理任何登记手续。请问：

1. 秦某是否符合开办个人独资企业的主体资格？

2. 秦某为企业起的名称是否符合规定？

3. 假如秦某具备开办个人独资企业的主体资格，其是否有权开分店？开设分店应履行什么程序？

四、个人独资企业的变更

个人独资企业变更，是指个人独资企业存续期间登记事项发生的变更，如企业名称、住所、经营范围、经营期限等方面发生的改变。个人独资企业存续期间登记事项发生变更的，应当在作出变更决定之日起的 15 日内依法向登记机关申请办理变更登记。个人独资企业登记事项发生变更时，未按《个人独资企业法》规定办理有关变更登记的，责令限期办理变更登记；逾期不办理的，处以2000元以下的罚款。

☞【知识拓展】

个人独资企业与个体工商户

个人独资企业与个体工商户存在着诸多相似之处，但也有明显的区别：

1. 出资人不同

个人独资企业的出资人只能是一个自然人；个体工商户既可以由一个自然人出资设立，也可以由家庭共同出资设立。

2. 承担责任的财产范围不同

个人独资企业的出资人在一般情况下仅以其个人财产对企业债务承担无限责任，只是在企业设立登记时明确以家庭共有财产作为个人出资的才会依法以家庭共有财产对企业债务承担无限责任。根据《中华人民共和国民法通则》的规定，个体工商户的债务如属个人经营的，以个人财产承担，家庭经营的，则以家庭财产承担。

3. 适用的法律不同

个人独资企业适用《中华人民共和国个人独资企业法》；个体工商户主要适用《中华人民共和国民法通则》。

4. 法律地位不同

个人独资企业是以企业的形态存在于市场主体之中，而个体工商户是以公民的形式；区分两者的关键在于是否进行了独资企业登记，并领取独资企业营业执照。

五、个人独资企业的事务管理

（一）个人独资企业事务管理的方式

个人独资企业事务管理有以下三种方式：

（1）自行管理。由个人独资企业投资人本人对个人独资企业的经营事务直接进行管理。

（2）委托管理。由个人独资企业投资人委托其他具有民事行为能力的人负责企业的事务管理。

（3）聘任管理。由个人独资企业投资人聘用其他具有民事行为能力的人负责企业的事务管理。

投资人委托或者聘用他人管理个人独资企业事务，应当与受托人或者被聘用的人签订书面合同，明确委托的具体内容和授予的权利范围。

受托人或者被聘用的人员应当履行诚信、勤勉义务，按照与投资人签订的合同负责个人独资企业的事务管理。投资人委托或聘用人员管理个人独资企业事务时违反双方订立的合同，给投资人造成损害的，应承担民事赔偿责任。

投资人对受托人或者被聘用的人员职权的限制，不得对抗善意第三人个人独资企业的投资人与受托人或者被聘用的人员之间有关权利义务的限制，只对受托人或者被聘用的人员有效，对善意第三人并无约束力，受托人或者被聘用的人员超出投资人的限制与善意第三人进行的有关业务交往，应当对个人独资企业有效。

（二）受托人或者被聘用人员的义务

根据《个人独资企业法》的规定，投资人委托或者聘用的管理个人独资企业事务的人员不得有下列行为：

（1）利用职务上的便利，索取或者收受贿赂；

（2）利用职务或者工作上的便利侵占企业财产；

（3）挪用企业的资金归个人使用或者借贷给他人；

（4）擅自将企业资金以个人名义或者以他人名义开立账户储存；

（5）擅自以企业财产提供担保；

（6）未经投资人同意，从事与本企业相竞争的业务；

（7）未经投资人同意，同本企业订立合同或者进行交易；

（8）未经投资人同意，擅自将企业商标或者其他知识产权转让给他人使用；

（9）泄露本企业的商业秘密；

（10）法律、行政法规禁止的其他行为。

六、个人独资企业的权利、义务

（一）个人独资企业的权利

根据《个人独资企业法》的规定，个人独资企业存续期间享有下列权利：

（1）个人独资企业可以依法申请贷款。

（2）个人独资企业可以依法取得土地使用权。

（3）个人独资企业拒绝摊派权。任何单位和个人不得违反法律、行政法规的规定，以任何方式强制个人独资企业提供财力、物力、人力；对于违法强制提供财力、物力、人力的行为，个人独资企业有权拒绝。

（4）法律、行政法规规定的其他权利。

（二）个人独资企业的义务

根据《个人独资企业法》的规定，个人独资企业的主要义务有：

（1）个人独资企业从事经营活动须遵守法律、行政法规，遵守诚实信用原则，不得损害社会公共利益。

（2）个人独资企业应当依法设置会计账簿，进行会计核算。

（3）个人独资企业招用职工的，应当依法与职工签订劳动合同，保障职工的劳动安全，按时、足额发放职工工资。

（4）个人独资企业应当按照国家规定参加社会保险，为职工缴纳社会保险费。

七、个人独资企业投资人的权利和责任

根据《个人独资企业法》的规定，个人独资企业投资人的权利主要有：个人独资企业投资人对本企业的财产享有所有权，其有关权利可以依法进行转让或继承。这表明个人独资企业的财产与投资人个人财产没有明确的界限。

个人独资企业财产不足以清偿债务的，投资人应当以其个人的其他财产予以清偿。个人独资企业投资人在申请企业设立登记时明确以其家庭共有财产作为个人出资的，应当依法以家庭共有财产对企业债务承担无限责任。

八、个人独资企业的解散

个人独资企业的解散是指个人独资企业终止活动使其民事主体资格消灭的行为。个人独资企业有下列情形之一时，应当解散：

（1）投资人决定解散；

（2）投资人死亡或者被宣告死亡，无继承人或者继承人决定放弃继承；

（3）被依法吊销营业执照；

（4）法律、行政法规规定的其他情形。

九、个人独资企业的清算

个人独资企业解散时，应当进行清算。《个人独资企业法》对个人独资企业的清算作出如下规定：

（一）清算人的产生

个人独资企业解散，由投资人自行清算或者由债权人申请人民法院指定清算人进行清算。原则上，个人独资企业的清算由投资人作为清算人自行清算；但经过债权人申请，人民法院可以指定投资人以外的人为清算人。

（二）通知和公告债权人

投资人自行清算的，应当在清算前15日内书面通知债权人，无法通知的，应当予以公告。债权人应当在接到通知之日起30日内，未接到通知的应当在公告之日起60日内，向投资人申报其债权。

（三）财产清偿顺序

个人独资企业解散的，财产应当按照下列顺序清偿：

（1）所欠职工工资和社会保险费用；

（2）所欠税款；

（3）其他债务。

清算期间，个人独资企业不得开展与清算目的无关的经营活动。在按上述规定清偿债务前，投资人不得转移、隐匿财产。个人独资企业财产不足以清偿债务的，投资人应当以其个人的其他财产予以清偿。

（四）责任消灭制度

个人独资企业解散后，原投资人对个人独资企业存续期间的债务仍应承担偿还责任，但债权人在5年内未向债务人提出偿债请求的，该责任消灭。

（五）注销登记程序

个人独资企业清算结束后，投资人或者人民法院指定的清算人应当编制清算报告，并于15日内到登记机关办理注销登记。注销登记一旦完成，个人独资企业主体资格即告消灭。

十、个人独资企业的法律责任

（一）个人独资企业违反个人独资企业法的法律责任

违反《个人独资企业法》规定的有：（1）提交虚假文件或采取其他欺骗手段，取得企业登记的，责令改正，处以5000元以下的罚款；情节严重的，并处吊销营业执照。（2）个人独资企业使用的名称与其在登记机关登记的名称不相符合的，责令限期改正，处以2000元以下的罚款。（3）涂改、出租、转让营业执照的，责令改正，没收违法所得，处以3000元以下的罚款；情节严重的，吊销营业执照。伪造营业执照的，责令停业，没收违法所得，处以5000元以下的罚款。构成犯罪的，依法追究刑事责任。（4）个人独资企业成立后无正当理由超过6个月未开业的，或者开业后自行停业连续6个月以上的，吊销营业执照。未领取营业执照，以个人独资企业名义从事经营活动的，责令停止经营活动，处以3000元以下的罚款。（5）侵犯职工合法权益，未保障职工劳动安全，不缴纳社会保险费用的，按照有关法律、行政法规予以处罚，并追究有关责任人员的责任。

（二）投资人、委托人或聘用人员违反个人独资企业法的法律责任

违反《个人独资企业法》规定的有：（1）投资人委托或者聘用的人员管理个人独资企业事务时违反双方订立的合同，给投资人造成损害的，承担民事赔偿责任。（2）侵犯个人独资企业财产权益的，责令退还侵占的财产；给企业造成损失的，依法承担赔偿责任；有违法所得的，没收违法所得；构成犯罪的，依法追究刑事责任。（3）个人独资企业及其投资人在清算前或清算期间隐匿或转移财产，逃避债务的，依法追回其财产，并按照有关规定予以处罚；构成犯罪的，依法追究刑事责任。（4）应当承担民事赔偿责任和缴纳罚款、罚金，其财产不足以支付的，或者被判处没收财产的，应当先承担民事赔偿责任。

（三）登记机关及直接责任人员违反个人独资企业法的法律责任

违反《个人独资企业法》规定的有：（1）登记机关对不符合规定条件的个人独资企业予以登记，或者对符合规定条件的企业不予登记的，对直接责任人员依法给予行政处分；构成犯罪的，依法追究刑事责任。（2）登记机关的上级部门的有关主管人员强令登记机关对不符合规定条件的企业予以登记，或者对符合规定条件的企业不予登记的，或者对登记机关的违法登记行为进行包庇的，对直接责任人员依法给予行政处分；构成犯罪的，依法追究刑事责任。（3）登记机关对符合法定条件的申请不予登记或者超过法定时限不予答复的，当事人可依法申请行政复议或提起行政诉讼。

☞【思考】

2016年7月，马某大学毕业后决定自主创业，开设一家个人独资企业，主要经营房地产中介业务，投资6万元，聘请了3名员工。由于资金紧张，马某以为自己企业规模小，没有给员工缴纳社会保险费。经营半年后该企业效益良好，于是丁某找到马某希望加入该个人独资企业，马某同意。丁某随后投入资金6万元。后来，由于经营不善企业负债15万元，马某决定解散该企业，但是因为企业财产不足清偿，被债权人、企业

员工起诉到法院。请问：

1. 该个人独资企业的设立是否合法？

2. 马某允许丁某作为合伙投资人加入企业是否合法？

3. 马某没有给员工签订劳动合同和缴纳社会保险费是否合法？为什么？如果不合法，应当承担怎样的法律责任？

4. 马某是否可以决定解散个人独资企业？

5. 马某是否需要以自己的其他财产偿还企业债务？

第二节　合伙企业法

一、合伙企业的概念与分类

合伙企业是指依法设立，由两个或两个以上合伙人订立合伙协议，共同出资、合伙经营、共享收益、共担风险的营利性组织。

合伙企业分为普通合伙企业与有限合伙企业。

普通合伙企业是指自然人、法人和其他组织通过订立合伙协议，依法在中国境内设立的，全体合伙人均为普通合伙人，各合伙人对合伙企业债务承担无限连带责任的营利性经济组织。

有限合伙企业是指由普通合伙人和有限合伙人组成，其中普通合伙人对合伙企业债务承担无限连带责任，有限合伙人以其认缴的出资额为限对合伙企业债务承担责任的营利性经济组织。

二、合伙企业的特征

合伙企业作为企业的一种组织形式，具有如下法律特征：

（一）合伙企业是不具备法人资格的营利性经济组织

合伙企业是非法人组织，不具有法人资格，这种法律属性构成了合伙企业与企业法人的根本区别；合伙企业的营利性又使得它与其他具有合伙形式但不以营利为目的的合伙组织相区别。

（二）全体合伙人订立书面合伙协议

合伙企业是由全体合伙人根据共同意志而自愿组成的经济组织。合伙人可以根据他们之间的合意，在合伙协议中规定各自的权利与义务关系。

（三）合伙人共同出资、合伙经营、共享收益、共担风险

合伙企业的资本是由全体合伙人共同出资构成。共同出资的特点决定了合伙人原则上均享有平等的参与执行合伙事务的权利，也决定了对于合伙经营的收益和风险，由合伙人共享、共担。

（四）合伙人对合伙企业的债务承担具有特殊性

在合伙企业中，合伙企业分为普通合伙企业和有限合伙企业，所以二者在债务的承担上也有一定的区别。普通合伙人对合伙企业债务承担无限连带责任，有限合伙人则以其认缴的出资额为限对合伙企业债务承担责任。

三、《合伙企业法》概况

合伙企业法有狭义和广义之分。狭义的合伙企业法，是指由国家最高立法机关依法制定的，规范合伙企业合伙关系的专门法律，即《中华人民共和国合伙企业法》（以下简称《合伙企业法》），该法于1997年2月23日由第八届全国人民代表大会常务委员会第二十四次会议通过，2006年8月27日第十届全国人民代表大会常务委员会第二十三次会议修订。广义的合伙企业法，是指国家立法机关或者其他有权机关依法制定的，调整合伙企业合伙关系的各种法律规范的总称。因此，除了《合伙企业法》外，国家有关法律、行政法规和规章中关于合伙企业的法律规范，都属于广义合伙企业法的范畴。

四、普通合伙企业的设立

普通合伙企业是指自然人、法人和其他组织通过订立合伙协议，依法在中国境内设立的全体合伙人均为普通合伙人，各合伙人对合伙企业债务承担无限连带责任的营利性经济组织。

（一）设立条件

根据我国《合伙企业法》的规定，普通合伙企业的设立应具备下列条件：

1. 有两个以上合伙人

合伙人可以是自然人、法人或其他组织。合伙企业合伙人至少为两人以上，对于合伙企业合伙人数的最高限额，我国《合伙企业法》未作规定，完全由设立人根据所设企业的具体情况决定。合伙人为自然人的，应当具备完全民事行为能力。法律、行政法规规定的禁止从事营利性活动的人，不得成为合伙企业的合伙人，同时《合伙企业法》还规定，国有独资公司、国有企业、上市公司以及公益性的事业单位、社会团体不得成为普通合伙人。

2. 有书面合伙协议

合伙协议是指两个以上合伙人签订的以各自提供资金、实物、技术，共同经营、共同劳动等为内容的合同。合伙协议应载明下列内容：

（1）合伙企业的名称和主要经营场所的地点；

（2）合伙目的和合伙企业的经营范围；

（3）合伙人的姓名及其住所；

（4）合伙人的出资方式、数额和缴付出资的期限；

（5）利润分配和亏损分担的办法；

（6）合伙企业事务的执行；

（7）入伙与退伙；

(8) 争议解决办法；

(9) 合伙企业的解散与清算；

(10) 违约责任。

合伙协议必须采用书面形式。合伙协议经全体合伙人签名、盖章后生效。

3. 有各合伙人认缴或者实际缴付的出资

合伙协议生效后，合伙人应当按照合伙协议的规定缴纳出资。合伙人可以用货币、实物、知识产权、土地使用权或其他财产权利出资，也可以用劳务出资。合伙人以货币、实物、知识产权、土地使用权或者其他财产权利出资，需要评估作价的，可以由全体合伙人协商确定，也可以由全体合伙人委托法定评估机构评估。合伙人以劳务出资的，其评估办法由全体合伙人协商确定，并在合伙协议中载明。合伙人应当按照合伙协议约定的出资方式、数额和缴付期限，履行出资义务。以非货币财产出资的，依照法律、行政法规的规定，需要办理财产转移手续的，应当依法办理。

4. 有合伙企业的名称和生产经营场所

合伙企业作为市场主体，同自然人一样需要有一个自己的称谓，以便于各种经济往来。按照《合伙企业法》的规定，合伙企业的名称中应当标明“普通合伙”字样。企业名称在申请登记时，由企业名称的登记机关核定，经核准登记注册后方可使用，在规定的范围内享有使用权。

作为一个营利性的经济组织，开展经济活动必须有自己的立足之地，即经营场所和其他的经营条件，如办公设备、厂房、一定数量的从业人员等。只有这样，其他市场主体才能同其进行业务往来，才能认可其经营行为，也便于管理机关依法进行监督管理。

5. 法律、行政法规规定的其他条件

法律、行政法规对特定合伙企业设立有特殊规定的，依照其规定。

(二) 设立登记

根据《合伙企业法》和国务院发布的《合伙企业登记管理办法》的规定，合伙企业的设立登记，应按如下程序进行：

1. 申请人向企业登记机关提交相关文件

申请人设立合伙企业，应向企业登记机关提交以下文件：全体合伙人签署的设立登记申请书；全体合伙人的身份证明；全体合伙人指定的代表或者共同委托的代理人的委托书；合伙协议；出资权属证明；经营场所证明；国务院工商行政管理部门规定提交的其他文件。

2. 企业登记机关核发营业执照

申请人提交的登记申请材料齐全，符合法定形式，企业登记机关应自受理申请之日起20日内，作出是否登记的决定。对符合《合伙企业法》规定条件的，予以登记，发给营业执照；对不符合规定条件的，不予登记，并应当给予书面答复，说明理由。

合伙企业的营业执照签发日期，为合伙企业成立日期。合伙企业领取营业执照前，合伙人不得以合伙企业名义从事合伙事务。

五、合伙企业的财产

（一）合伙企业财产的构成

根据《合伙企业法》的规定，合伙人的出资、以合伙企业名义取得的收益和依法取得的其他财产，均为合伙企业的财产。合伙企业的财产由三部分构成：

1. 合伙人的出资

这些出资形成合伙企业的原始财产。

2. 以合伙企业名义取得的收益

主要包括合伙企业的公共积累资金、未分配的盈余、合伙企业债权、合伙企业取得的工业产权和非专利技术等财产权利。

3. 依法取得的其他财产

根据法律、行政法规的规定合法取得的其他财产，如合法接受的赠与财产等。

（二）合伙人财产份额的转让

合伙人财产份额的转让，是合伙企业的合伙人之间或向合伙人以外的人转让其在合伙企业中的全部或者部分财产份额的行为。

除合伙协议另有约定外，合伙人向合伙人以外的人转让其在合伙企业中的全部或者部分财产份额时，必须经其他合伙人一致同意。如果合伙协议有另外的约定，则无须经其他合伙人一致同意，应按照合伙协议的规定。

合伙人之间转让合伙企业中的全部或者部分财产份额时，应当通知其他合伙人。

☞【思考】

甲、乙、丙三人分别出资10万元成立普通合伙企业。后甲因家中急需用钱，想把自己份额的一半5万元予以转让，甲通知了乙、丙后，乙表示愿意以4万元买下，丙未表态。丁知道后愿意以5万元买下甲的份额。丙见丁想买，随即向甲表示愿意以5万元买下甲的份额。请问：

1. 甲是否可以转让自己在合伙企业中的投资份额？
2. 甲能否在不告知乙和丙的情况下直接转让给丁？
3. 本案例中甲应将其份额转让给谁？

请问：根据《合伙企业法》的规定，甲应将份额转让给谁？

六、合伙企业的事务执行

（一）合伙事务执行的形式

合伙人对执行合伙事务享有同等的权利。合伙事务的执行可以采取灵活的方式，只要全体合伙人同意即可。根据《合伙企业法》的规定，合伙人对合伙事务的执行有三种方式：

1. 合伙人共同执行

合伙人对合伙企业事务的执行享有同等的权利，合伙人共同执行合伙企业的事务，是合伙事务执行的基本形式，尤其是涉及合伙企业重大事务时，更应由全体合伙人共同决定。

《合伙企业法》规定，除合伙协议另有约定外，合伙企业的下列事项应当经全体合伙人一致同意：

（1）改变合伙企业名称；

（2）改变合伙企业的经营范围、主要经营场所的地点；

（3）处分合伙企业的不动产；

（4）转让或处分合伙企业的知识产权和其他财产权利；

（5）以合伙企业名义为他人提供担保；

（6）聘任合伙人以外的人担任合伙企业的经营管理人员。

2. 一个或数个合伙人执行

合伙人可以按照合伙协议的约定或者经全体合伙人决定，委托一个或者数个合伙人对外代表合伙企业，执行合伙事务，其他合伙人不再执行合伙事务。不执行合伙事务的合伙人有权监督执行合伙事务合伙人执行合伙事务的情况。

3. 聘任合伙人以外的人执行合伙企业事务

合伙企业可以根据合伙协议或经全体合伙人同意，聘任合伙人以外的人执行合伙企业事务，担任合伙企业的经营管理人员。被聘任的管理人员不具有合伙人资格，其应当在合伙企业授权范围内履行职务，超越合伙企业授权范围履行职务，或者在履行职务过程中因故意或者重大过失给合伙企业造成损失的，依法承担赔偿责任。

（二）合伙人在执行合伙事务中的权利和义务

1. 合伙人的权利

根据《合伙企业法》的规定，合伙人在执行合伙事务的权利主要包括以下内容：（1）合伙人对执行合伙企业事务享有同等的权利，各合伙人无论其出资多少，都有平等地执行合伙企业事务的权利；（2）执行合伙事务的合伙人对外代表合伙企业；（3）不执行合伙事务的合伙人有监督的权利；（4）合伙人有查阅合伙企业会计账簿等财务资料的权利；（5）合伙人有提出异议的权利和撤销委托的权利。《合伙企业法》还规定，合伙人分别执行合伙事务的，执行事务的合伙人可以对其他合伙人执行的事务提出异议。受委托执行合伙事务的合伙人不按照合伙协议或者全体合伙人的决定执行事务的，其他合伙人可以决定撤销该委托。

2. 合伙人的义务

根据《合伙企业法》的规定，合伙人在执行合伙事务的义务主要包括以下内容：（1）合伙事务执行人向不参加执行事务的合伙人报告企业经营状况和财务状况；（2）合伙人不得自营或者同他人合作经营与本合伙企业相竞争的业务；（3）合伙人不得同本合伙企业进行交易；（4）合伙人不得从事损害本合伙企业利益的活动。如果合伙人违反上述义务给合伙企业造成损失的，依法承担赔偿责任。

（三）合伙事务执行的办法

由合伙协议对决议办法作出约定。至于在合伙协议中所约定决议办法是采取全体合伙人一致通过，还是采取2/3以上多数通过，或者采取其他办法，由全体合伙人视所决议的事项而作出约定。

实行合伙人一人一票并经全体合伙人过半数通过的表决办法。对各合伙人，无论出资多少和以何物出资，表决权数应以合伙人的人数为准，即每一合伙人对合伙企业有关事项均有同等的表决权，使用经全体合伙人过半数通过的表决办法。

按照《合伙企业法》的规定作出决议。

（四）合伙企业的损益分配

合伙企业的利润分配，按照合伙协议的约定办理；合伙协议未约定的或者约定不明确的，由合伙人协商决定；协商不成的，由合伙人按照实缴出资比例分配；无法确定出资比例的，由合伙人平均分配。合伙协议不得约定将全部利润分配给部分合伙人。合伙企业年度的或者一定时期的利润分配的具体方案，由全体合伙人协商决定或者按合伙协议约定的办法决定。

合伙企业的亏损分担，按照合伙协议的约定办理；合伙协议未约定或约定不明确的，由合伙人协商决定；协商不成的，由合伙人按照实缴出资比例分担；无法确定出资比例的，由合伙人不均分担。合伙协议不得约定由部分合伙人承担全部亏损。

☞【思考】

甲、乙、丙3人各出资10万元组成一合伙企业，合伙协议中规定甲分配收益或分担风险3/5，乙、丙各自分配收益或分担风险1/5，争议由合伙人通过协商或调解解决。该合伙企业的负责人是甲，对外代表合伙企业，经营绿化苗木的生产和销售，经营期限3年，名称为某某市远东绿化有限责任公司。请问：

1. 三人约定不按照投资比例分配收益及分担风险是否合法？
2. 合伙企业名称中有“有限责任公司”字样是否合法？
3. 乙、丙在执行合伙企业事务时有什么权利？

七、合伙企业与第三人的关系

（一）合伙人对外行为的效力

合伙企业对合伙人执行合伙企业事务以及对外代表合伙企业权利的限制，不得对抗善意第三人。善意第三人又称善意取得人，是指不知道或不能知道自己取得的财产是无权让与人所让与并且是有偿取得的人。《合伙企业法》允许合伙人对外代表合伙企业执行合伙企业事务，但也规定了某一类合伙企业事务必须经全体合伙人一致同意。未经同意，任何一个合伙人不得单独决定并执行此类事务，如处分合伙企业的不动产、改变合伙企业名称、以合伙企业的名义为他人提供担保等。

（二）合伙企业的债务清偿与合伙人的关系

合伙企业清偿到期债务应先以合伙企业的全部财产进行清偿，合伙企业不能清偿到期债务的，合伙人承担无限连带责任。无限责任，是指当合伙企业的全部财产不足以清偿到期债务时，各合伙人承担合伙企业债务不以出资额为限。连带责任，是指合伙企业的债权人可以向任何一个合伙人主张债权，该合伙人不得拒绝。合伙人由于承担无限连带责任，有权向其他合伙人追偿，其他合伙人对已经履行了合伙企业全部债务的合伙人，承担按份之债。合伙企业的债权人向合伙人主张债权时，合伙人不得以其出资的份额大小、合伙协议的特别规定、合伙企业债务另有保证人或已经清偿其应当承担的数额相对抗。合伙人由于承担连带责任，所清偿数额超过《合伙企业法》规定的其亏损分配比例的，有权向其他合伙人追偿。

（三）合伙人的债务清偿与合伙企业的关系

（1）合伙企业中某一个合伙人的债权人，不得以该债权抵销其对合伙企业的债务，即合伙人个人的债务与合伙企业的债权各自独立，不得相互抵销。

（2）合伙人个人负有债务的，其债权人不得代为行使该合伙人在合伙企业中的权利。因为合伙企业是基于合伙人之间人身信任关系建立的，其权利不是单一的财产权。

（3）合伙人个人财产不足以清偿其个人所负债务的，该合伙人只能以其从合伙企业中分取的收益用于清偿；债权人也可以依法请求人民法院依法强制执行，将该合伙人在合伙企业中的财产份额用于清偿。对该合伙人的财产份额，其他合伙人有优先购买权。其他合伙人未购买，并不同意将该财产份额转让给他人的，依照《合伙企业法》的规定为该合伙人办理退伙结算，或者办理削减该合伙人相应财产份额的结算。

八、入伙与退伙

（一）入伙

入伙，是指在合伙企业存续期间，合伙人以外的第三人加入合伙，从而取得合伙人资格。

1. 入伙的条件和程序

《合伙企业法》规定，新合伙人入伙，除合伙协议另有约定外，应当经全体合伙人一致同意，并依法订立书面入伙协议。订立入伙协议时，原合伙人应当向新合伙人如实告知原合伙企业的经营状况和财务状况。

2. 新合伙人的权利和责任

一般来讲，入伙的新合伙人与原合伙人享有同等权利，承担同等责任。但是，如果原合伙人愿意以更优越的条件吸引新合伙人入伙，或者新合伙人愿意以较为不利的条件入伙，也可以在入伙协议中另行约定。关于新合伙人对入伙前合伙企业的债务承担问题，《合伙企业法》规定，新合伙人对入伙前的债务承担无限连带责任。

（二）退伙

退伙，是指合伙人退出合伙企业，从而丧失合伙人资格。

1. 退伙形式

合伙人退伙，可以分为声明退伙和法定退伙两种情况。

（1）声明退伙又称自愿退伙，是指基于合伙人的自愿而退伙。声明退伙包括协议退伙和通知退伙。

关于协议退伙，《合伙企业法》规定，合伙协议约定合伙企业的经营期限的，有下列情形之一时，合伙人可以退伙：①合伙协议约定的退伙事由出现；②经全体合伙人同意退伙；③发生合伙人难以继续参加合伙企业的事由；④其他合伙人严重违反合伙协议约定的义务。

关于通知退伙，《合伙企业法》规定，合伙协议未约定合伙企业经营期限的，合伙人可以退伙，但必须在不给合伙企业的事务执行造成不利影响的情况下，并应当提前30天通知其他合伙人。合伙企业设立后应当保持相对稳定性，合伙人不得擅自退伙。否则，应当赔偿由此给其他合伙人造成的损失。

（2）法定退伙，是指并非基于合伙人的自愿而是由于法律明确规定的事由而退伙。法定退伙分为当然退伙和除名退伙。

关于当然退伙，合伙人有下列情形之一的，可以退伙：①作为合伙人的自然人死亡或者被依法宣告死亡；②个人丧失偿债能力；③作为合伙人的法人或者其他组织被依法吊销营业执照、责令关闭、撤销或者被宣告破产；④法律规定或者合伙协议约定合伙人必须具有相关资格而丧失该资格；⑤合伙人在合伙企业中的全部财产份额被人民法院强制执行。当然退伙以退伙事由实际发生之日为退伙生效日。

关于除名退伙，合伙人有下列情形之一的，经其他合伙人一致同意，可以决议将其除名：①未履行出资义务；②因故意或重大过失给合伙企业造成损失；③执行合伙企业事务时有不正当行为；④合伙协议约定的其他事由。对合伙人的除名决议应当书面通知被除名人。被除名人自接到除名通知之日起，除名生效，被除名人退伙。被除名人对除名决议有异议的，可以在接到除名通知之日起30日内，向人民法院起诉。

2. 退伙的法律效力

（1）财产继承。合伙人死亡或者被宣告死亡的，对该合伙人在合伙企业中的财产份额享有合法继承权的继承人，按照合伙协议的约定或者经全体合伙人一致同意，从继承开始之日起，取得该合伙企业的合伙人资格。

有下列情形之一的，合伙企业应当向合伙人的继承人退还被继承合伙人的财产份额：①继承人不愿意成为合伙人；②法律规定或者合伙协议约定合伙人必须具备相关资格，而该继承人未取得该资格；③合伙协议约定不能成为合伙人的其他情形。合伙人的继承人为无民事行为能力人或限制民事行为能力人的，经全体合伙人一致同意，可以依法成为有限合伙人，普通合伙企业依法转为有限合伙企业。全体合伙人未能一致同意的，合伙企业应当将被继承合伙人的财产份额退还该继承人。

（2）退伙结算。合伙人退伙，其他合伙人应当与该合伙人按照退伙时合伙企业的财产状况进行结算，退还退伙人的财产份额。退伙人对给合伙企业造成的损失负有赔偿责任的，相应扣减其应当赔偿的数额。退伙时有未了结的合伙企业事务的，待了结后进行结算。退还的具体办法，由合伙人协议约定或者由全体合伙人决定，可以退还货币，也可以退还实物。

退伙人对基于其退伙前的原因发生的合伙企业债务，承担无限连带责任。合伙人退伙时，合伙企业的财产少于合伙企业债务的，退伙人应当依法分担亏损。

九、特殊的普通合伙企业

（一）特殊的普通合伙企业的概念

特殊普通合伙企业是指以专门知识和技能为客户提供有偿服务的专业服务机构，这些服务机构可以设立为特殊的普通合伙企业。例如律师事务所、会计师事务所、医师事务所、设计师事务所等。特殊的普通合伙企业必须在其企业名称中标明“特殊普通合伙”字样，以区别于普通合伙企业。

特殊的普通合伙仅适用于以专门知识和技能（如法律知识与技能、医学和医疗知识与技能、会计知识与技能等）为客户提供有偿服务的机构，是因为这些专门知识和技能通常只为少数的、受过专门知识教育与培训的人才所掌握，而在向客户提供专业服务时，个人的知识、技能、职业道德、经验等往往起着决定性的作用，与合伙企业本身的财产状况、声誉、经营管理方式等都没有直接的和必然的联系，合伙人个人的独立性极强。

（二）特殊的普通合伙企业的责任形式

1. 责任承担

在特殊的普通合伙企业的合伙人中，一个合伙人或者数个合伙人在执业活动中因故意或者重大过失造成合伙企业债务的，应当承担无限责任或者无限连带责任，而其他合伙人以其在合伙企业中的财产份额为有限承担责任。合伙人在执业活动中非因故意或者重大过失造成的合伙企业债务以及合伙企业的其他债务，由全体合伙人承担无限连带责任。为了保护债权人利益，《合伙企业法》规定，特殊的普通合伙企业应当建立执业风险基金、办理职业保险。执业风险基金用于偿付合伙人执业活动造成的债务。执业风险基金应当单独立户管理。具体管理办法由国务院规定。

特殊的普通合伙企业的合伙人在因故意或者重大过失而造成合伙企业债务时，首先以合伙企业的财产承担对外清偿责任，不足时由有过错的合伙人承担无限责任或者无限连带责任，没有过错的合伙人不再承担责任。当以合伙企业的财产承担对外责任后，有过错的合伙人应当按照合伙协议的约定对给合伙企业造成的损失承担赔偿责任。特殊的普通合伙企业，是以专业知识和专门技能为客户提供有偿服务的专业服务机构。特殊的普通合伙企业名称中应当标明“特殊普通合伙”字样。

2. 责任追偿

合伙人执业活动中因故意或者重大过失造成合伙企业债务，以合伙企业财产对外承担责任后，该合伙人应当按照合伙协议的约定对给合伙企业造成的损失承担赔偿责任。

☞【思考】

甲、乙、丙三人各出资50万元成立一特殊普通合伙制律师事务所。甲在为一客户孙某提供投融资法律服务过程中，因重大过失导致客户将800万元资金投入到已经被注销的公司中，客户损失800万元。请问：

1. 该律师事务所是否应以注册资金150万元赔付孙某损失？

2. 剩余650万元损失应由谁赔付？

3. 事后乙和丙能否向甲要求偿还各自赔付的50万元？

十、有限合伙企业

（一）有限合伙企业的概念和特征

有限合伙企业，是指由有限合伙人和普通合伙人共同组成，普通合伙人对合伙企业债务承担无限连带责任，有限合伙人以其认缴的出资额为限对合伙企业债务承担责任的合伙组织。有限合伙企业与普通合伙企业相比较，具有以下显著特征：（1）在经营管理上，有限合伙企业中，有限合伙人不执行合伙事务，而由普通合伙人从事具体的经营管理。（2）在风险承担上，有限合伙企业中，不同类型的合伙人所承担的责任存在差异，其中有限合伙人以其各自的出资额为限承担有限责任，普通合伙人之间承担无限连带责任。

（二）有限合伙企业的设立

1. 有限合伙企业的人数

有限合伙企业由 2 个以上 50 个以下合伙人设立，但是法律另有规定的除外，有限合伙企业至少应当有 1 个普通合伙人。

2. 有限合伙企业协议

合伙协议除符合普通合伙企业合伙协议的规定外，还应当载明下列事项：

（1）普通合伙人和有限合伙人的姓名或者名称、住所；

（2）执行事务合伙人应具备的条件和选择程序；

（3）执行事务合伙人权限与违约处理办法；

（4）执行事务合伙人的除名条件和更换程序；

（5）有限合伙人入伙、退伙的条件、程序以及相关责任；

（6）有限合伙人和普通合伙人相互转变程序。

3. 有限合伙企业合伙人的出资

有限合伙人可以用货币、实物、知识产权、土地使用权或者其他财产权利作价出资。有限合伙人不得以劳务出资。有限合伙人应当按照合伙协议的约定按期足额缴纳出资；未按期足额缴纳的，应当承担补缴义务，并对其他合伙人承担违约责任。

4. 有限合伙企业名称

有限合伙企业的名称中应当标明“有限合伙”字样，而不能标明“普通合伙”、“特殊普通合伙”、“有限公司”、“有限责任公司”等字样。

5. 有限合伙企业的设立登记

有限合伙企业登记事项中应当载明有限合伙人的姓名或者名称及认缴的出资数额。

（三）有限合伙企业的事务执行

有限合伙企业由普通合伙人执行合伙企业事务，执行事务合伙人可以要求在合伙协议中确定执行事务的报酬及报酬提取方式。有限合伙人不执行合伙企业事务，不得对外代表有限合伙企业。有限合伙人的下列行为，不视为执行合伙企业事务：

（1）参与决定普通合伙人入伙、退伙；

（2）对企业的经营管理提出建议；

（3）参与选择承办有限合伙企业审计业务的会计师事务所；

（4）获取经审计的有限合伙企业财务会计报告；

（5）对涉及自身利益的情况时，查阅有限合伙企业财务会计账簿等财务资料；

（6）在有限合伙企业中的利益受到侵害时，向有责任的合伙人主张权利或者提起诉讼；

（7）执行事务合伙人怠于行使权力时，督促其行使权力或者为了本企业的利益以自己的名义提起诉讼；

（8）依法为本企业提供担保。

（四）有限合伙人的权利

与普通合伙人不同，有限合伙人可以同本有限合伙企业进行交易；可以自营或者同他人合作经营与本有限合伙企业相竞争的业务。但是，合伙协议可以约定禁止有限合伙人的上述行为。

☞【思考】

朱某是一名从事加工销售的个体工商户，同时其也是一名餐饮合伙企业的有限合伙人。日常交易中朱某将自己生产的一些食品以市场价格销售给了合伙企业。有些合伙人认为朱某作为企业的合伙人不能与企业进行交易。朱某认为自己是以正常价格进行的交易，订立合伙协议时也并未禁止或限制合伙人与本企业交易。请问：

1. 本案中朱某的行为是否合法？

2. 假如朱某利用自己为合伙人的身份将自己生产的食品高价卖给合伙企业是否合法？其应承担什么责任？

（五）有限合伙企业的财产转让

有限合伙人可以按照合伙协议的约定向合伙人以外的人转让其在有限合伙企业中的财产份额，但应当提前30日通知其他合伙人。有限合伙人对外转让其在有限合伙企业的财产份额时，有限合伙企业的其他合伙人有优先购买权。

有限合伙人可以将其在有限合伙企业中的财产份额出质，但是合伙协议另有约定的除外。

在利润分配方面，有限合伙企业不得将全部利润分配给部分合伙人，但是合伙协议另有约定的除外。

（六）有限合伙企业的入伙与退伙

1. 入伙

有限合伙企业成立后，合伙人以外的人可以作为有限合伙人加入合伙企业。新入伙的有限合伙人入伙应当符合两个条件：一是须经全体合伙人的同意，二是新入伙的有限合伙人与原合伙人须订立书面合伙协议。

《合伙企业法》规定，新入伙的有限合伙人对入伙前有限合伙企业的债务，以其认缴的出资额为限承担责任。

2. 退伙

（1）有限合伙人的当然退伙。《合伙企业法》规定，有限合伙人出现下列情形时当然退伙：①作为合伙人的自然人死亡或者被依法宣告死亡。②作为合伙人的法人或者其他组织被依法吊销营业执照、责令关闭、撤销或者被宣告破产。③法律规定或者合伙协议约定合伙人必须具有相关资格而丧失该资格。④合伙人在合伙企业中的全部财产份额被人民法院强制执行。

（2）有限合伙人丧失民事行为能力的处理。作为有限合伙人的自然人在有限合伙企业存续期间丧失民事行为能力的，其他合伙人不得因此要求其退伙。

（3）有限合伙人退伙后的责任承担。有限合伙人退伙后，对基于其退伙前的原因发生的有限合伙企业债务，以其退伙时从有限合伙企业取回的财产承担责任。

3. 有限合伙人继承人的权利

作为有限合伙人的自然人死亡、被依法宣告死亡或者作为有限合伙人的法人及其他组织终止时，其继承人或者权利承受人可以依法取得该有限合伙人在有限合伙企业中的资格。

（七）有限合伙人与普通合伙人的转变

《合伙企业法》规定，有限合伙人与普通合伙人的转变可以在下列情形中发生：（1）除合伙协议另有约定外，普通合伙人转变为有限合伙人，或者有限合伙人转变为普通合伙人，应当经全体合伙人一致同意；（2）有限合伙人转变为普通合伙人的，对其作为有限合伙人期间有限合伙企业发生的债务承担无限连带责任；（3）普通合伙人转变为有限合伙人的，对其作为普通合伙人期间有限合伙企业发生的债务承担无限连带责任。

十一、合伙企业的解散

合伙企业的解散是指合伙企业因某些法律事实的发生而使其民事主体资格归于消灭的行为。根据《合伙企业法》的规定，合伙企业有下列情形之一时，应当解散：

（1）合伙期限届满，合伙人决定不再继续经营；

（2）合伙协议约定的解散事由出现；

（3）全体合伙人决定解散；

（4）合伙人已不具备法定人数满30天；

（5）合伙协议约定的合伙目的已经实现或者无法实现；

（6）依法被吊销营业执照、责令关闭或者被撤销；

（7）法律、行政法规规定的其他原因。

十二、合伙企业的清算

合伙企业的清算是指合伙企业宣告解散后，为了终结合伙企业现存的各种法律关系，依法清理合伙企业债权债务的行为。

（一）清算人的确定

清算人是在合伙企业解散过程中依法产生的专门负责清理合伙企业债权债务的人员。合伙企业解散，应当由清算人进行清算。清算人由全体合伙人担任，经全体合伙人过半数同意，可以自合伙企业解散事由出现后15日内指定一个或数个合伙人，或者委托第三人担任清算人；自合伙企业解散事由出现之日起15日内未确定清算人的，合伙人或者其他利害关系人可以申请人民法院指定清算人。

（二）通知和公告债权人

清算人自被确定之日起10日内，将合伙企业解散事项通知债权人，并于60日内在报纸上公告。债权人应当自接到通知书之日起30日内，未接到通知书的自公告之日起45日内，向清算人申报债权。债权人申报债权，应当说明债权的有关事项，并提供证明材料，清算人应当对债权进行登记。

（三）清算人职责

清算人在清算期间执行下列事务：清理合伙企业财产，分别编制资产负债表和财产清单；处理与清算有关的合伙企业未了结的事务；清缴所欠税款；清理债权债务；处理合伙企业清偿债务后的剩余财产；代表合伙企业参与民事诉讼活动。

（四）财产清偿顺序

清算人在明确合伙企业财产后，应当清偿债务。合伙企业财产按下列顺序清偿：（1）支付清算费用；（2）所欠职工工资、社会保险费用、法定补偿金；（3）所欠税款；（4）合伙企业的债务。清偿债务后的剩余财产，按照《合伙企业法》关于利润分配和亏损分担的规定进行分配。

（五）合伙企业注销登记

清算结束，清算人应当编制清算报告，经全体合伙人签名、盖章后，在15日内向企业登记机关报送清算报告，办理合伙企业注销登记。

☞【思考】

2016年1月，甲、乙、丙共同设立一家普通合伙企业。合同协议约定：甲以现金人民币5万元出资，乙以房屋作价人民币8万元出资，丙以劳务作价人民币4万元出资；各合伙人按相同比例分配盈利、分担亏损。合伙企业成立后，为扩大经营，于2016年7月向银行贷款人民币5万元，期限为1年。2016年9月，甲提出退伙，鉴于当时合伙企业盈利，乙、丙表示同意。同月，甲办理了退伙结算手续。2016年10月，丁入伙。丁入伙后，因经营环境变化，企业严重亏损。2017年1月，乙、丙、丁决定解散合伙企业，并将合伙企业现有财产价值人民币3万元予以分配，但对未到期的银行贷款未予清偿。2017年7月银行贷款到期后，银行找合伙企业清偿债务，发现该企业已经解散，遂向甲要求偿还全部贷款，甲称自己早已退伙，不负责清偿债务。银行向丁要求偿还全部贷款，丁称该笔贷款是在自己入伙前发生的，不负责清偿。银行向乙要求偿还全部贷款，乙表示只按照合伙协议约定的比例清偿相应数额。银行向丙要求偿还全部贷款，丙则表示自己是以劳务出资的，不承担偿还贷款义务。请问：

1. 甲、乙、丙、丁各自的主张能否成立？并说明理由。
2. 合伙企业所欠银行贷款应如何清偿？
3. 在银行贷款清偿后，甲、乙、丙、丁内部之间应如何分担清偿责任？

第三节 外商投资企业法

一、外商投资企业和外商投资企业法

外商投资企业是指在中国境内依照中国法律设立的、由外国投资者和中国投资者共同投资或者由外国投资者单独投资的企业。外商投资企业主要包括中外合资经营企业（以下简称合营企业）、中外合作经营企业（以下简称合作企业）和外商独资企业，通称为“三资”企业。

外商投资企业法是调整国家协调经济运行过程中发生的关于外商投资企业的经济关系的法律规范的总称。我国的外商投资企业立法主要有《中华人民共和国中外合资经营企业法》、《中华人民共和国中外合作经营企业法》、《中华人民共和国外资企业法》。

二、中外合资经营企业与中外合资经营企业法

（一）中外合资经营企业

中外合资经营企业（以下简称合营企业）是由外国公司、企业和其他经济组织或者个人按照平等互利的原则，经中国政府批准，依法在中国境内，同中国的公司、企业或者其他经济组织共同举办的，具有中国法人资格的企业。中外合资经营企业属于股权式的企业，中外投资者双方共同投资、共同经营，并按照出资比例来确定投资者的风险、责任和利润分配，各自的权利和义务十分明确。实践中，那些投资多、技术性强、合作时间长的项目多选择此种形式。

（二）中外合资经营企业法

中外合资经营企业法是调整中外合资经营企业在设立、管理、经营和终止过程中发生的经济关系的法律规范的总称。1979 年 7 月 1 日，第五届全国人民代表大会第二次会议通过了《中华人民共和国中外合资经营企业法》（以下简称《中外合资经营企业法》）。1990 年 4 月 4 日第七届全国人民代表大会第三次会议和 2001 年 3 月 15 日第九届全国人民代表大会第四次会议两次作出修改《中外合资经营企业法》的决定。国务院于 1983 年 9 月 20 日发布了《中华人民共和国中外合资经营企业法实施细则》，并分别于 1986 年 1 月 15 日、1987 年 12 月 21 日、2001 年 7 月 22 日三次作出修订。

（三）中外合资经营企业的设立

1. 合营企业的设立条件

申请设立合营企业，必须符合下列一项或多项要求：采用先进技术设备和科学管理方法，能增加产品品种，提高产品质量和产量，节约能源和材料；有利于企业技术改造，能做到投资少、见效快、收益大；能扩大产品出口，增加外汇收入；能培训技术人员和经营管理人员。

申请设立合营企业有下列情况之一的，不予批准：有损中国主权的；违反中国法律的；不符合中国国民经济发展要求的；造成环境污染的；签订的协议、合同、章程明显

属不公平，损害合营一方权益的。

2. 设立合营企业的审批机关

设立合营企业的审批机关是中华人民共和国对外贸易经济合作部和国务院授权的省、自治区、直辖市人民政府或者国务院有关部门（以下简称审批机关）。

3. 合营企业的设立程序

（1）立项申请。由中国合营者向企业主管部门呈报拟与外国合营者设立合营企业的项目建议书和初步可行性报告，经企业主管部门审查同意并转报审批机构批准后，合营各方才能进行正式谈判，编制可行性研究报告，签订合营企业协议、合同和章程。

（2）洽谈签约。合营各方在平等互利、协商一致的基础上签订协议、合同和章程。合营企业协议是合营各方对设立合营企业的某些要点和原则达成一致意见而订立的文件。合营企业合同是合营各方为设立合营企业就相互权利、义务关系达成一致意见而订立的文件。合营企业章程是合营各方按照合营企业合同规定的原则，经合营各方一致同意，规定合营企业的宗旨、组织原则和经营管理方法等事项的文件。合营企业的合同和章程是合营企业设立的必备文件。

（3）审查批准。合营企业合同签字后，由中国合营者报送国家对外经济贸易主管部门审查批准。审查批准机关自接到文件之日起 3 个月内决定批准或不批准。经批准的，发给批准证书。

（4）登记注册。领取批准证书后，合营企业应在 30 天内按照国家有关规定，向工商行政管理机关办理登记手续。合营企业的营业执照签发日期，即为该合营企业的成立日期。

（四）中外合资经营企业的资本

1. 合营企业的注册资本和投资总额

合营企业的注册资本是指记载在合营企业合同、章程上并经有关主管机关核准登记的合营各方认缴的出资额之和。在合营企业的注册资本中，外国合营者的投资比例一般不低于 25%，上限不限，允许外国投资者多占股权。合营企业的注册资本一般应当以人民币表示，也可以用合营各方约定的外币表示。合营一方向第三者转让其全部或部分出资，须经合营他方同意和审批机关批准，且合营他方在同等条件下有优先购买权。

合营企业的投资总额是指合营各方按照合营企业合同、章程规定的生产规模需要投入的基本建设资金和生产流动资金的总和。它由注册资本和借入资本两部分构成。合营企业的注册资本与投资总额必须保持一个适当的、合理的比例。具体要求如下：

（1）中外合资经营企业的投资总额在 300 万美元以下（含 300 万美元）的，其注册资本至少应占投资总额的 7/10。

（2）中外合资经营企业的投资总额在 300 万美元以上至 1000 万美元（含 1000 万美元）的，其注册资本至少应占投资总额的 1/2，其中投资总额在 420 万美元以下的，注册资本不得低于 210 万美元。

（3）中外合资经营企业的投资总额在 1000 万美元以上至 3000 万美元（含 3000 万美元）的，其注册资本至少应占投资总额的 2/5，其中投资总额在 1250 万美元以下的，注册资本不得低于 500 万美元。

（4）中外合资经营企业的投资总额在3000万美元以上的，其注册资本至少应占投资总额的1/3，其中投资总额在3600万美元以上的，注册资本不得低于1200万美元。

2. 合营企业的出资方式

合营各方可以下列方式出资：

（1）货币出资。货币出资是指中外合营者以人民币和外币出资。外国合营者出资的外币，按缴款当日中国人民银行公布的基准汇率折算成人民币或者套算成约定的外币。中国合营者出资的人民币现金，需要折算成外币的，按缴款当日中国银行公布的基准利率折算。

（2）实物出资。合营各方以自己所有的且未设立任何担保物权的建筑物、厂房、机器设备或其他物料折价投资。作为外国合营者出资的机器设备或其他物料，必须符合下列条件：

①为合营企业生产所不可缺少的；各方可以现金、实物、工业产权等进行投资。

②中国不能生产，或虽能生产，但价格过高，或在技术性能和供应时间上不能保证需要的。

③作价不得高于同类机器设备或其他物料当时的国际市场价格。

（3）工业产权、专有技术出资。合营各方以自己所有的专利、商标和专有技术的使用权作价投资。外国合营者出资的工业产权或专有技术，必须符合下列条件之一：

①能生产中国急需的新产品或出口适销产品的；

②能显著改进现有产品的性能、质量，提高生产效率的；

③能显著节约原材料、燃料、动力的。

（4）场地使用权出资。中国合营者可以场地使用权作价投资。如果土地使用权未作为中国合营者出资的部分，合营企业应向中国政府缴纳土地使用费。

合营企业任何一方不得用以合营企业名义取得的贷款，租赁的设备或者其他财产以及合营者以外的他人财产作为自己的出资，也不得以合营企业的财产和权益或者合营他方的财产和权益为其出资担保。

3. 合营企业的出资期限

合营各方应当在合营合同中订明出资期限，并且应当按照合营合同规定的期限缴清各自的出资。合营合同规定一次缴清出资的，合营各方应当从营业执照签发之日起6个月内缴清；合营合同规定分期缴付出资的，合营各方第一期出资，不得低于各自认缴出资额的15%，并且应当在营业执照签发之日起3个月内缴清。

☞【思考】

中国甲企业与某国乙企业共同投资设立一家中外合资经营企业，注册资本为1000万美元，合营合同规定投资者采取分期出资方式，外方出资200万美元，外方投资应在取得营业执照后6个月内缴清。请问：

1. 本案合营中外方出资是否符合法律规定？

2. 合营合同规定的外方投资的缴清期限是否符合规定？

（五）中外合资经营企业的组织机构

1. 合营企业的董事会

合营企业的组织形式是有限责任公司，最高权力机构是董事会，合营企业没有股东会。

董事会人数组成由合营各方协商，在合同、章程中确定，但不得少于3人。董事名额的分配由合营各方参照出资比例协商确定。董事任期4年，经合营各方继续委派可连任。董事会设董事长1人、副董事长1~2人，由合营各方协商确定或由董事会选举产生。中外合营者的一方担任董事长的，由他方担任副董事长。董事长是合营企业的法定代表人。

董事会的职权是按合营企业章程规定，讨论决定合营企业的一切重大问题。董事会会议每年至少召开一次，由董事长负责召集并主持。合营企业董事会不是依据投资比例、由投资占多数比例的一方作出决定，而是采用平等协商的方式对重大问题作出决策。下列事项由出席董事会会议的董事一致通过方可作出决议：合营企业章程的修改；合营企业的中止、解散；合营企业注册资本的增加、转让；合营企业与其他经济组织的合并。

2. 合营企业的经营管理机构

合营企业的经营管理机构，负责企业的日常经营管理工作。经营管理机构设总经理1人，副总经理若干人。总经理、副总经理由董事会聘任，可以由中国公民担任，也可以由外国公民担任。总经理执行董事会的各项决议，组织领导合营企业的日常经营管理工作。在董事会授权范围内，总经理对外代表合营企业，对内任免下属人员，执行董事会授予的其他职权。

（六）中外合资经营企业主要的经营管理制度

1. 中外合资经营企业的计划、购买和销售

合营企业按照合同规定的经营范围和生产规模所制订的生产经营计划，由董事会批准执行，报企业主管部门备案。企业主管部门和各级计划部门，不得对合营企业下达指令性生产经营计划。合营企业在批准的经营范围内所需的机器设备、原材料、燃料、配套运输工具等物资，按照公平合理的原则，有权自行决定在国内市场或者国际市场购买。合营企业在国内购买物资的价格，除国家另有规定外，应与国内企业同等看待，并以人民币支付。合营企业生产的产品，中国政府鼓励合营企业向国际市场销售，也可在中国国内市场销售。

2. 中外合资经营企业的财务管理制度

合营企业的财务会计制度，应根据中国有关法律和财务会计制度的规定，结合合营企业的情况加以制定，并报当地财政部门、税务机关备案。

3. 中外合资经营企业的劳动管理

合营企业在用工方面享有自主权，同时也要遵守中国的法律和行政法规的规定。

4. 中外合资经营企业的纠纷解决

合营各方发生纠纷，董事会不能协商解决时，由中国仲裁机构进行调解或仲裁，也可由合营各方协议在其他仲裁机构仲裁。合营各方没有在合同中订立仲裁条款的或者事

后没有达成书面仲裁协议的，可以向人民法院起诉。

（七）中外合资经营企业的期限、解散与清算

1. 合营企业的期限

合营企业的合营期限，可按不同行业、不同情况作不同的约定，一般项目的合营期限原则上为10~30年，投资大、周期长、利润低的项目可在30年以上。限制类的中外合资经营项目，必须约定企业经营期限。约定合营期限的企业，合营各方同意延长合营期限的，应当在距合营期限届满6个月前向审查批准机关提出申请。审查批准机关应自接到申请之日起1个月内决定批准或不批准。

2. 合营企业的解散

合营企业发生下列情况之一时解散：

（1）合营期限届满；

（2）企业发生严重亏损，无力继续经营；

（3）合营一方不履行合营企业协议、合同、章程规定的义务，致使企业无法继续经营；

（4）因自然灾害、战争等不可抗力遭受严重损失无法继续经营；

（5）合营企业未达到其经营目的，同时又无发展前途；

（6）合营企业合同、章程所规定的其他解散原因已经出现。

上述第（2）、（3）、（4）、（5）、（6）种情况发生，应由董事会提出解散申请书，报审批机构批准。上述第（3）种情况下，不履行合营企业协议、合同、章程规定的义务一方，应对合营企业由此造成的损失负赔偿责任。

3. 合营企业的清算

合营企业解散时要进行清算。合营企业应当按照《外商投资企业清算办法》的规定成立清算委员会，由清算委员会负责清算事宜。清算委员会的成员一般从合营企业的董事中选任，董事不能担任或不适合担任清算委员会成员时，合营企业可聘请中国的注册会计师或律师担任。清算期间，清算委员会代表该合营企业起诉和应诉。

合营企业以其全部资产对其债务承担责任。清偿债务后的剩余财产按合营各方的出资比例进行分配，但合营企业的协议、合同和章程另有规定的除外。

清算工作结束后，由清算委员会提出清算结束报告，提请董事会会议通过后，报告原审批机构，并向原登记管理机构办理注销登记手续，缴销营业执照。合营企业解散后，各项账册及文件应由原中国合营者保存。

☞【思考】

某地一矿山企业欲引进国外先进技术生产多晶硅，经过与德国一公司协商达成中外合资经营协议。该协议的主要内容如下：投资总额为1200万美元，其中注册资本450万美元；甲方以货币、厂房、设备出资，总计出资额为350万美元，外方向银行贷款100万美元作为出资，该贷款由合营企业提供担保。请问：

1. 合资经营协议中德方的出资比例是否合法？

2. 合资经营协议中注册资本数额是否合乎规定？

3. 外方由合营企业提供担保向银行贷款100万美元作为出资是否合法？

三、中外合作经营企业与中外合作经营企业法

中外合作经营企业法是指调整中外合作经营企业在设立、管理、经营和终止过程中发生的经济关系的法律规范的总称。1988年4月13日第七届全国人民代表大会第一次会议通过了《中华人民共和国中外合作经营企业法》（以下简称《中外合作经营企业法》），2000年10月31日第九届全国人民代表大会常务委员会第十八次会议作出修改《中外合作经营企业法》的决定。国务院于1995年8月7日批准了《中华人民共和国中外合作经营企业法实施细则》。

（一）中外合作经营企业

中外合作经营企业是指中国合作者和外国合作者，依法在中国境内以合作企业合同为基础而共同举办的企业。中外合作经营企业属于契约式企业，双方通过合作经营企业合同约定各自的权利和义务，合作方式较灵活。中外合作经营企业具有以下特征：

（1）中外合作经营企业属于契约式的合营企业。中外合作者的投资或者提供的合作条件，不折算成股份，即各方的投资不作价、不计股，中外合作者按何种比例进行收益或者产品的分配、风险和亏损的分担，由合作企业合同约定。合作企业称为契约式合营，而合资企业称为股权式合营，也可以是非法人企业，而中外合资经营企业都具有法人资格。

（2）中外合作经营企业的组织机构与管理方式灵活多样，可以是董事会制，也可以是联合管理委员会制，还可以委托第三方管理。

（3）中外合作经营企业一般采取让外方先行回收投资的做法，外方承担的风险相对较小，但合作期满企业的资产均归中方所有。

（二）中外合作经营企业的设立

1. 合作企业的设立条件

国家鼓励举办产品出口的或者技术先进的生产型合作企业。有下列情形之一的，不予批准：有损国家主权或者社会公共利益的；危害国家安全的；对环境造成污染的；有违反法律、行政法规或者国家产业政策的其他情形的。

2. 设立合作企业的程序

（1）立项申请。由中国合作者向审批机关提出举办合作企业的申请。

（2）洽谈签约。申请获准后，由中外合作者进行可行性研究、谈判，在平等互利、协商一致的基础上签订合作经营合同。

（3）审查批准。中外合作者将签订的协议、合同、章程等报送主管部门审查批准。审查批准机关自接到文件之日起45天内决定是否予以批准。

（4）登记注册。领取批准证书后，合作企业应在30天内向工商行政管理机关申请登记，领取营业执照。营业执照签发日期为合作企业成立日期。

（三）中外合作经营企业的投资、合作条件

1. 合作企业的注册资本

合作企业的注册资本，是指为设立合作企业，在工商行政管理机关登记的合作各方认缴的出资额之和。注册资本以人民币表示，也可以用合作各方约定的一种可自由兑换的外币表示。合作企业的注册资本在合作期限内不得减少。但是，因投资总额和生产经营规模等变化，确需减少的，须经审查批准机关批准。

2. 合作各方的出资方式

合作各方向合作企业的投资或者提供的条件可以是货币，也可以是实物或者工业产权、专有技术、土地使用权等财产权利。中国合作者的投资或者提供的合作条件，属于国有资产的，应当依照有关法律、行政法规的规定进行资产评估。在合作企业的约定合作期限届满时，合作企业的全部固定资产无偿归中国合作者所有，外国合作者可以在合作期限内先行收回投资。

3. 合作各方的出资比例和期限

在依法取得中国法人资格的合作企业中，外国合作者的投资一般不低于合作企业注册资本的25%。在不具有法人资格的合作企业中，对合作各方向合作企业投资或者提供合作条件下的具体要求，由国务院审批机关规定。

合作各方应当根据合作企业的生产经营需要，依照有关法律、行政法规的规定，在合作企业合同中约定合作各方向合作企业投资或者提供合作条件的期限。

(四) 中外合作经营企业的组织与管理形式

中外合作经营企业的组织形式有两种：法人型的合作企业和合伙型的合作企业。申请具有法人资格的合作企业，其组织形式为有限责任公司。不具有法人资格的合作企业，其合作各方应根据其认缴的出资额或提供的合作条件，在合同中约定各自承担债务责任的比例，但不得影响合作各方连带责任的履行。

中外合作经营企业的组织机构主要有三种形式：董事会管理制、联合管理制和委托管理制。

1. 董事会管理制

具备法人资格的合作企业实行董事会制。董事会是合作企业的最高权力机构，决定合作企业的重大问题。董事会的组成和董事名额的分配由合作各方参照出资比例协商确定。董事长可以由中方或外方担任，是合作企业的法定代表人。合作企业实行董事会领导下的总经理负责制，董事会决定任命或聘用总经理负责合作企业的日常管理工作，总经理对董事会负责。

2. 联合管理制

不具有法人资格的合作企业常采用联合管理制。由中外合作各方选派代表，组成一个统一的联合管理机构，它是合作企业的最高权力机构，有权决定企业的重大问题。联合管理机构可以任命或聘用总经理负责合作企业的日常管理工作，总经理对联合管理机构负责。联合管理机构中的主任和副主任，分别由中外合作者担任。

3. 委托管理制

委托管理制是合作企业委托一方或合作者以外的第三方对合作企业进行管理的方式。合作企业成立后改为委托第三方经营管理的，须经董事会或者联合管理机构一致同意，报审查批准机关批准，并向工商行政管理机关办理变更登记手续。委托一方管理的，合作他方不参与经营管理活动；委托第三方管理的，须与受托方订立委托管理合同，由受托方独立行使企业经营管理权，合作各方只参加产品分配与利润分配。

（五）中外合作经营企业的经营管理

1. 中外合作经营企业的计划

合作企业按照经批准的经营范围和生产经营规模，自行制订生产经营计划。政府部门不得强令合作企业执行政府部门确定的生产经营计划。

2. 中外合作经营企业的物资购买

合作企业可在批准的经营范围内，进口本企业需要的物资，出口本企业生产的产品。所需的原材料、燃料等物资，可以在国内市场或者国际市场购买。

3. 中外合作企业的产品销售

合作企业可以在经批准的经营范围内，出口本企业生产的产品。国家鼓励合作企业向国际市场销售其产品。合作企业可以自行向国际市场销售其产品，也可以委托国外的销售机构或者中国的外贸公司代销或者经销其产品。

4. 中外合作经营企业的收益分配与投资回收

合作企业的合作各方，依照合作企业合同的约定，分配收益或产品，承担风险和亏损。在收益分配上，中外合作者可以采用分配利润、分配产品或合作各方共同商定的其他方式分配收益。

合作企业允许在一定条件下，外国合作者先行收回其投资。外方先行收回投资的条件是合作期满时，合作企业全部固定资产归中国合作者所有。双方在按照投资或提供合作条件进行分配的基础上，在合作合同中约定扩大外国合作者的利润、产品分成比例，或者加速固定资产折旧费的回收方法来使外国合作者先行收回投资。如果税前收回投资，须经财政税务机关按照国家有关税收的规定审查批准。合作企业的亏损未弥补前，外国合作者不得先行收回投资。

（六）中外合作经营企业终止与清算

1. 合作企业的解散

合作企业发生下列情况之一时解散：

（1）合作期限届满；

（2）企业发生严重亏损，或者因不可抗力遭受严重损失，无力继续经营；

（3）中外合作者一方或者数方不履行合作企业合同、章程规定的义务，致使企业无法继续经营；

（4）合作企业合同、章程中规定的其他解散原因已经出现。

合作企业违反法律、行政法规，被依法责令关闭。

上述第（2）、（4）项所列情况发生，应当由合作企业的董事会或者联合管理委员会作出决定，报审查批准机关批准。上述第（3）项所列情况下，不履行合作企业合同、章程规定义务者应对履行合同的他方因此遭受的损失承担赔偿责任。履行合同者有权向审查批准机关提出申请，解散合作企业。

2. 中外合作经营企业的清算

合作企业期满或者提前终止时，应当依照法定程序对资产和债权、债务进行清算。

中外合作经营企业应当依照合作企业合同的约定，确定合作企业财产的归属。

四、外资企业与外资企业法

（一）外资企业

1. 外资企业的概念和法律特征

外资企业又称外商独资经营企业，是指依照中国法律在中国境内设立的全部资本由外国投资者投资的企业。外资企业不包括外国企业和其他经济组织在中国境内设立的分支机构。

外资企业有如下法律特征：

（1）外资企业是依照中国有关法律在中国设立的企业，具有中国国籍。

（2）外资企业的全部资本由外国投资者（包括外国企业、其他经济组织或个人）投资，中国企业或其他经济组织不提供任何注册资本。

（3）外资企业的组织形式为有限责任公司。外国投资者以其认缴的出资额为限对企业承担责任，外资企业以其全部资产对其债务承担责任。

（4）外资企业是一个独立的经济组织或者法人实体，自主经营、自负盈亏，不同于外国的企业和其他经济组织在中国境内的分支机构。外资企业符合中国法律关于法人条件的规定的，依法取得中国法人资格。

2. 外资企业的设立

（1）设立外资企业的条件

外资企业设立的条件是必须有利于中国国民经济的发展。国家鼓励举办产品出口或者技术先进的外资企业。

（2）设立外资企业的程序

①申请。拟设立的外资企业向审批机关报送设立企业申请书、可行性研究报告、企业章程、资讯证明文件等。

②审批。设立外资企业的申请，一般由国家对外贸易经济合作部审查批准。审批机关应当在收到申请设立外资企业全部文件之日起90天内决定批准或者不批准。

③登记。设立外资企业的申请经审批机关批准后，外国投资者应自收到批准证书之日起30天内向工商行政管理机关申请登记，领取营业执照。外资企业的营业执照签发日期为该企业成立的日期。

（3）外资企业的注册资本

外资企业的注册资本是指为设立外资企业在工商行政管理机关登记的资本总额，即外国投资者认缴的全部出资额。外资企业的注册资本要与其经营规模相适应，注册资本与投资总额的比例应当符合中国法律的有关规定。外资企业在经营期内不得减少其注册资本。外资企业注册资本的增加、转让，须经审批机关批准，并向工商行政管理机关办理变更登记手续。

（4）外资企业的出资方式

外国投资者可以用可自由兑换的外币出资，也可以用机器设备、工业产权、专有技术等作价出资。经审批机关同意，外国投资者也可以用其从中国境内举办的其他外商投资企业获得的人民币利润出资。

外国投资者缴付出资的期限应当在设立外资企业申请书和外资企业章程中载明。外国投资者可以分期缴付出资。第一期应在营业执照签发之日起 90 天内缴清，出资不得少于认缴出资额的 15%；最后一期出资应在营业执照签发之日起 3 年内缴清。外国投资者缴付每期出资后，外资企业应当聘请中国的注册会计师验证，并出具验资报告，报审批机关和工商行政管理机关备案。

☞【思考】

外国某公司欲在中国设立一外商独资企业，该外商独资企业于 2014 年 8 月 8 日领取营业执照。请问：

1. 该公司第一期出资应最迟在什么时间缴付？

2. 最后一期出资应最迟在什么时间缴付？

3. 外资企业的经营管理

外资企业的经营管理（包括生产计划、物资购买、产品销售、财会制度、劳动管理等）与合营企业的相关规定大致相同。

4. 外资企业的期限、解散和清算

（1）外资企业的期限

外资企业的经营期限由外国投资者申报，由审查批准机关批准。经营期限需要延长的，应当在期满 180 天以前向审查批准机关提出申请。审查批准机关应当在接到申请之日起 30 天内决定批准或者不批准。

（2）外资企业的解散

外资企业有下列情形之一的应予解散：

①经营期限届满；②经营不善、严重亏损，外国投资者决定解散；③因自然灾害、战争等不可抗力而遭受严重损失，无法继续经营；④破产；⑤违反中国法律、法规，危害社会公共利益被依法撤销；⑥外资企业章程规定的其他解散事由已经出现。

外资企业如存在前面第②、③、④项所列情形，应当自行提交终止申请书，报审批机关批准。审批机关作出核准的日期为企业的终止日期。

（3）外资企业的清算

外资企业解散时应当进行清算。清算程序和相关规定与合营企业清算大致相同。

外资企业清算结束之前，外国投资者不得将企业的资金汇出或者携出中国境外，不得自行处理企业的财产。

外资企业清算结束，其资产净额和剩余财产超过注册资本的部分视同利润，应当依照中国税法缴纳所得税。

外资企业清算结束后应向工商行政管理机关办理注销登记手续。

（二）外资企业法

外资企业法是调整外资企业设立、管理、经营、终止过程中所发生的经济关系的法律规范的总称。1986 年 4 月 12 日第六届全国人民代表大会第四次会议通过《中华人民共和国外资企业法》（以下简称《外资企业法》），2000 年 10 月 31 日第九届全国人民代表大会第十八次会议作出修改的决定，对《外资企业法》进行了修订。国务院于 1990 年 10 月 28 日批准了《中华人民共和国外资企业法实施细则》，于 2001 年 4 月 12 日对其做了修订。

第三章　公　司　法

☞【学习目标】

1. 了解公司与公司法的概念和特征、公司类型、公司的合并、分立、解散与清算等

2. 熟悉公司的财务会计制度以及公司法人财产权和股东权利，公司法人人格否认制度，公司的权利能力和行为能力

3. 掌握公司的设立条件、组织机构，公司董事、监事、高级管理人员的资格和义务，公司股份、债券的发行与转让

第一节　公司法概述

一、公司的概念和特征

《中华人民共和国公司法》（以下简称《公司法》）规定，公司是指依法设立的，以营利为目的的，由股东投资形成的企业法人。

公司是在企业发展过程中，为了适应社会化大生产和市场经济的发展需要而形成的一种企业组织形式，是以资本的联合为基本设立条件。

公司具有以下法律特征：

（一）依法设立

依法设定，是指公司必须依法定条件、法定程序设立。一方面要求公司的章程、资本、组织机构、活动原则等必须合法；另一方面要求公司设立必须经过法定程序，进行工商登记。公司通常依《公司法》设立，但还须依公司登记管理法定程序设立，特殊公司的设立还必须符合其他法律的规定。

（二）以营利为目的

以营利为目的，是指公司设立以经营并获取利润为目的，且股东出资设立公司的目的也是为了营利，即从公司经营中取得利润。因此，营利目的不仅要求公司本身为营利而活动，而且要求公司有利润时应当分配给股东。如果其经营利润不进行分配，而是用于社会公益等其他目的，则不属于以营利为目的的公司性质。

（三）以股东投资行为为基础设立

根据《公司法》的规定，公司设立必须具备的法定条件之一是达到法定的注册资本，而注册资本来源于股东的投资，即由股东按法定和章程约定的出资方式及约定比例

出资形成，因此没有股东的投资行为就不能设立公司。

（四）具有法人资格

公司是企业法人，主要是独立的法人财产和独立承担民事责任。《公司法》规定的有限责任公司和股份有限公司都具有法人资格，股东以其认缴的出资额或者认购的股份为限对公司承担有限责任，公司要以全部财产对公司的经营活动包括法定代表人、工作人员和代理人代表公司进行的经营活动产生的债务承担责任。

二、公司的种类

按照不同的标准，从不同的角度可以对公司作不同的分类。

（一）有限责任公司、股份有限公司、无限公司、两合公司

这是以公司资本结构和股东对公司债务承担责任的方式为标准划分的。

有限责任公司是指股东以其认缴的出资额为限对公司承担责任，公司以其全部财产对公司的债务承担责任的公司。

股份有限公司是指将公司全部资本分为等额股份，股东以其认购的股份为限对公司承担责任，公司以其全部财产对公司的债务承担责任的公司。无限公司是无限责任公司的简称，它是由两个以上的股东组成的、全体股东对公司的债务负连带无限责任的公司。两合公司是指由无限责任股东与有限责任股东共同组成，无限责任股东对公司债务负连带无限责任，有限责任股东对公司债务仅以其出资额为限承担有限责任的公司。

我国《公司法》规定的公司形式为有限责任公司和股份有限公司。

（二）人合公司、资合公司与人合兼资合公司

这是以公司的信用基础为标准划分的。

人合公司是指以股东个人的财力、能力和信誉作为信用基础的公司，其典型的形式为无限公司。

资合公司是指以资本的结合作为信用基础的公司，其典型的形式为股份有限公司。

人合兼资合公司是指同时以公司资本和股东个人信用作为公司的信用基础的公司，其典型的形式为两合公司。

（三）母公司与子公司

这是以公司之间的控制与依附关系为标准划分的。

母公司是指拥有另一公司一定比例以上的股份，或通过协议方式能够对另一公司的经营实行实际控制的公司。母公司也称为控制公司。

子公司是指与母公司相对应，其一定比例以上的股份被另一公司所拥有或通过协议受到另一公司实际控制的公司。公司可以设立子公司，子公司具有法人资格，依法独立承担民事责任。

（四）总公司与分公司

这是以公司内部的管辖关系为标准划分的。

总公司是相对于其分支机构而言，有权管理公司的全部内部组织如各个分部门、分公司、科室、工厂、门市部等的总机构。

分公司实际上并不是法律意义上的公司，而只是公司的组成部分或业务活动机构，

没有独立的法人资格，其民事责任由公司承担。

（五）本国公司与外国公司

这是以公司的国籍为标准划分的。

凡是依照中国法律在中国境内登记设立的公司，都是中国公司。凡是依照外国法律在中国境外登记成立的公司，则是外国公司。外国公司在我国从事经营活动，须向我国主管机关提出申请，通过设立分支机构，以该外国公司法人身份进行活动及承担民事责任。

三、公司法

公司法是规定公司法律地位，调整公司组织关系，规范公司在设立、变更与终止的法律规范的总称。公司法的概念有广义和狭义之分。狭义的公司法，仅指《公司法》这一形式意义上的规范性文件；广义的公司法，则是调整公司组织关系、规范公司行为的法律规范的总称，其表现形式不仅包括《公司法》，还包括《公司登记管理条例》等。

我国《公司法》由第八届全国人大常委会第五次会议于 1993 年 12 月 29 日通过，自 1994 年 7 月 1 日起施行。全国人大常委会于 1999 年、2004 年对《公司法》进行了两次小的修改，2005 年 10 月 27 日第十届全国人大常务委员会第十八次会议对《公司法》进行了较大规模的修订并自 2006 年 1 月 1 日起施行。2013 年底，十二届全国人大常委会第六次会议对《公司法》作出修改，修改后的《公司法》，于 2014 年 3 月 1 日起正式施行。

四、公司法的基本原则

公司法的基本原则是社会主义市场经济体制下公司运行规律的反映，是贯彻于公司运行始终、调整公司内外部关系的根本准则，其效力贯穿于公司法的始终。其具体种类包括：股东有限责任原则、利益均衡原则、分权制衡原则、自治原则、股东股权平等原则。

（一）股东有限责任原则

股东有限责任是指股东以投资（出资额或者股份）为限对公司承担责任，公司以其全部财产对外承担责任。股东有限责任是现代公司法律的基石，现代公司法律制度的形成与建立以及各项具体制度的完善，都与股东有限责任密切相关。

股东责任有限有利于鼓励和吸引投资，但是也存在被不良股东利用的制度漏洞。为了防止法人的资格权利被滥用造成他人或该法人、公共利益受损，公司法律规定了可以对法人资格进行否认的情形，即公司股东应当遵守法律、行政法规和公司章程，依法行使股东权利，不得滥用股东权利损害公司或者其他股东的利益；不得滥用公司法人独立地位和股东有限责任损害公司债权人的利益。公司股东滥用股东权利给公司或者其他股东造成损失的，应当依法承担赔偿责任。公司股东滥用公司法人独立地位和股东有限责任，逃避债务，严重损害公司债权人利益的应当对公司债务人承担连带责任。这就是学界所称的法人人格否认制度，也叫刺破公司面纱制度。

（二）利益均衡原则

围绕公司这一市场经济主体，存在着股东、债权人、职工以及其他社会公众的利益之分和不同的利益主体。利益均衡原则是指公司制度的安排及实现，是基于现代市场经济条件下对影响公司及社会发展的多种利益关系进行分析、均衡。通过制度化的规定确定各种利益的地位，使公司这一企业法律形态发挥出较佳的社会效益，抑制其负面作用。

（三）分权制衡原则

分权制衡原则是指公司有效运转的制度安排与实现，是以对公司各种权力合理分配、相互制衡为出发点而进行配置的原则。分权制衡会形成权责分明、管理科学、激励和约束相结合的内部管理体制，是公司运作的精髓。分权制衡是从权力层面认识公司法的基本原则，是利益均衡原则在制度层面的直接体现。

（四）自治原则

自治原则是指出资人自己进行重大决策，选择公司的管理者；公司作为独立的市场主体，依照公司章程自主经营、自负盈亏，不受非法干预。自治原则符合市场主体在市场中的运动规律，出资人对自己的决策、选择行为负责；公司以章程为基础，自主应对市场的变化，对由此产生的一切后果负责。自治原则充分体现了公司作为市场主体的主体特性。

（五）股东股权平等原则

股东股权平等是指股东基于自己的出资（出资额或者股份）为基础而享有平等待遇的原则。出资的性质一致、数额相同，在公司运转中得到平等对待。股东股权平等并不排除股权内容的不同。股东各按其交纳的出资额或所持的股份数额享有权利、承担义务。股权可以划分为普通股、特别股，享有不同股权的股东，享有的权利和承担的义务是有区别的。

☞【知识拓展】

公司的历史沿革

在公司出现以前个人独资企业是最典型的企业形式；与独资企业并存的是各种合伙组织，当时的合伙组织中最典型的就是家族经营团体。在公司产生以前，合伙组织都没有取得法人的地位。最早产生的公司是无限公司。但是，无限公司与合伙没有本质上的区别，只是取得了法人地位的合伙组织而已。1555年，英国女皇特许与俄国公司进行贸易，从而产生了第一个现代意义上的股份有限公司。一般认为英国东印度公司和荷兰东印度公司就是最早的股份有限公司。1807年，《法国商法典》第一次对股份有限公司作了完备、系统的规定。有限责任公司最早产生于19世纪末的德国。有限公司基本吸收了无限公司、股份有限公司的优点，避免了两者的不足，尤其适用于中小企业。最早的有限责任公司立法为1892年德国的《有限责任公司法》。之后1919年的法国，1938年的日本也相继制定了《有限公司法》。

在整个19世纪后半叶中国已经出现上百家类似公司的企业，但当时既没有近代的民商法，更没有专门的公司法，在法律上仍然沿用清初订立的“诸法合体，民刑不分”的《大清律例》。从清末变法修律到民国，中国先后出现了四部公司法，分别是清政府于1904年颁行的《公司律》、北洋政府于1914年颁行的《公司条例》、南京国民政府于1929年颁行的《公司法》，以及抗战胜利后的1946年，南京国民政府颁行的《公司法》。公司法的颁行为早期中国公司的发育、演进提供了一个基本规范的制度环境。

第二节 有限责任公司

一、有限责任公司的设立

（一）有限责任公司设立的条件

根据《公司法》的规定，设立有限责任公司，应当具备下列条件：

1. 股东符合法定人数

有限责任公司由50个以下股东出资设立。股东既可以是自然人，也可以是法人。

2. 有符合公司章程规定的全体股东认缴的出资额

（1）注册资本，是指公司向公司登记机关登记的出资额，即经登记公司登记确认的资本。有限责任公司的注册资本为在公司登记机关登记的全体股东认缴的出资额。法律、行政法规以及国务院决定对有限责任公司注册资本实缴、注册资本最低限额另有规定的，从其规定。

（2）股东出资方式。股东可以用货币出资，也可以用实物、知识产权、土地使用权等可以用货币估价并可以依法转让的非货币财产作价出资。但是，法律、行政法规规定不得作为出资的财产除外。对作为出资的非货币财产应当评估作价，核实财产，不得高估或者低估作价。股东以非货币财产出资的，应当依法办理其财产权的转移手续。

3. 股东共同制定公司章程

有限责任公司章程应当载明下列事项：①公司名称和住所；②公司经营范围；③公司注册资本；④股东的姓名或者名称；⑤股东的出资方式、出资额和出资时间；⑥公司的机构及其产生办法、职权、议事规则；⑦公司法定代表人；⑧股东会会议认为需要规定的其他事项。

4. 有公司名称，建立符合有限责任公司要求的组织机构

公司设立自己的名称时，必须符合法律、法规的规定，并应当经过公司登记管理机关进行预先核准登记。公司应当设立符合有限责任公司要求的组织机构，即股东会、董事会或者执行董事、监事会或者监事等。

5. 有公司住所

公司以其主要办事机构所在地为住所。经公司登记机关登记的公司住所只能有一个。

（二）有限责任公司设立的程序

1. 订立公司章程

公司章程由全体股东共同制定，并将要设立的公司基本情况以及各方面的权利义务加以明确规定。

2. 名称预先核准

设立有限责任公司，应当由全体股东指定的代表或共同委托的代理人向公司登记机关申请名称预先核准。申请名称冠以“中国”、“中华”、“国家”、“全国”、“国际”字词的，须提交国务院的批准文件复印件。名称经核准登记，发给《公司名称预先核准通知书》，保留期为 6 个月。预先核准的公司名称在保留期内，不得用于从事经营活动，不得转让。

3. 股东缴纳出资

股东应当按期足额缴纳公司章程中规定的各自所认缴的出资额。股东以货币出资的，应当将货币出资足额存入为设立有限责任公司而在银行开设的账户；以非货币财产出资的，应当依法办理其财产权的转移手续。股东不按照规定缴纳出资的，除应当向公司足额缴纳外，还应当向已按期足额缴纳出资的股东承担违约责任。

4. 申请设立登记

股东认足公司章程规定的出资后，由全体股东指定的代表或者共同委托的代理人向公司登记机关报送公司登记申请书、公司章程等文件，申请设立登记。公司经核准登记后，领取公司营业执照，公司企业法人营业执照签发日期为公司成立日期。

有限责任公司成立后，发现作为设立公司出资的非货币财产的实际价额显著低于公司章程所定价额的，应当由交付该出资的股东补足其差额，公司设立时的其他股东承担连带责任。

二、有限责任公司的组织机构

（一）股东会

1. 股东会的性质和组成

股东会是由全体股东组成的非常设机构，是公司最高权力机关。股东会对外不代表公司，对内不执行业务，但公司的其他机构必须执行股东会的决议，对股东会负责。

2. 股东会的职权

（1）决定公司的经营方针和投资计划。

（2）选举和更换由非职工代表担任的董事、监事，决定有关董事、监事的报酬事项。

（3）审议批准董事会的报告。

（4）审议批准监事会或者监事的报告。

（5）审议批准公司的年度财务预算方案、决算方案。

（6）审议批准公司的利润分配方案和弥补亏损方案。

（7）对公司增加或者减少注册资本作出决议。

（8）对发行公司债券作出决议。

（9）对公司合并、分立、变更公司形式、解散和清算等事项作出决议。

（10）修改公司章程。

（11）公司章程规定的其他职权。

3. 股东会的会议制度

（1）股东会会议形式。股东会会议分为定期会议和临时会议。定期会议应当按照公司章程的规定按时召开。代表 1/10 以上表决权的股东、1/3 以上的董事、监事会或者不设监事会的公司的监事提议召开临时会议的，应当召开临时会议。

（2）股东会的召开。首次股东会会议由出资最多的股东召集和主持，依法行使职权。以后的股东会会议，公司设立董事会的，由董事会召集，董事长主持；董事长不能履行职务或者不履行职务的，由副董事长主持；副董事长不能履行职务或者不履行职务的，由半数以上董事共同推荐一名董事主持。公司不设董事会的，股东会会议由执行董事召集和主持。董事会或者执行董事不能履行或者不履行召集股东会会议职责的，由监事会或者不设监事会的公司的监事召集和主持；监事会或者监事不召集和主持的，代表 1/10 以上表决权的股东可以自行召集和主持。

（3）召开股东会会议，应当于会议召开 15 日前通知全体股东；但是，公司章程另有规定或者全体股东另有约定的除外。股东会应当对所议事项的决定作成会议记录，出席会议的股东应当在会议记录上签名。

（4）股东会议事方式和表决程序。股东会会议由股东按照出资比例行使表决权，但是，公司章程另有规定的除外。股东会的议事方式和表决程序，除《公司法》有规定的外，由公司章程规定。

（5）股东会会议作出修改公司章程、增加或减少注册资本的决议，以及公司合并、分立、解散或者变更公司形式的决议，必须经代表 2/3 以上表决权的股东通过。

（二）董事会

1. 董事会的性质和组成

董事会是由股东会选举产生的行使公司经营管理权的执行机关，对股东会负责。董事会是公司常设机关。

有限责任公司设董事会，其成员为 3~13 人。两个以上的国有企业或者其他两个以上的国有投资主体投资所设立的有限责任公司，其董事会成员中应当有公司职工代表，其他有限责任公司董事会成员中也可以有公司职工代表。董事会中的职工代表由公司职工通过职工代表大会、职工大会或者其他形式民主选举产生。

董事会设董事长 1 人，可以设副董事长。董事长、副董事长的产生办法由公司章程规定。

股东人数较少或者规模较小的有限责任公司，可以设 1 名执行董事，不设立董事会，执行董事可以兼任公司经理。执行董事的职权由公司章程规定。

董事任期由公司章程规定，但每届任期不得超过 3 年。董事任期届满，连选可以连任。

2. 董事会职权

（1）召集股东会会议，并向股东会报告工作。

（2）执行股东会的决议。

（3）决定公司的经营计划和投资方案。

（4）制订公司的年度财务预算方案、决算方案。

（5）制订公司的利润分配方案和弥补亏损方案。

（6）制订公司增加或者减少注册资本以及发行公司债券的方案。

（7）制订公司合并、分立、变更公司形式、解散的方案。

（8）决定公司内部管理机构的设置。

（9）决定聘任或者解聘公司经理及其报酬事项，并根据经理的提名决定聘任或者解聘公司副经理、财务负责人及其报酬事项。

（10）制订公司的基本管理制度。

（11）公司章程规定的其他职权。

3. 董事会的会议制度

（1）董事会的召开。董事会会议由董事长召集和主持；董事长不能履行职务或者不履行职务的，由副董事长召集和主持，副董事长不能履行职务或者不履行职务的，由半数以上董事共同推举 1 名董事召集和主持。

（2）董事会议事方式和表决程序。董事会的议事方式和表决程序，除《公司法》有规定的外，由公司章程规定。董事会应当对所议事项的决定作成会议记录，出席会议的董事应当在会议记录上签名。

（3）董事会决议的表决，实行一人一票。

（三）监事会

1. 监事会的性质和组成

监事会是对公司董事和高级管理人员的经营管理行为及公司的财务进行专门监督的常设机构。

有限责任公司设立监事会，其成员不得少于 3 人。股东人数较少或者规模较小的有限责任公司，可以设 1~2 名监事，不设立监事会。监事会应当包括股东代表和适当比例的公司职工代表，其中职工代表的比例不得低于1/3，具体比例由公司章程规定。监事会中的职工代表由公司职工通过职工代表大会、职工大会或者其他形式民主选举产生。监事会设主席 1 人，由全体监事过半数的监事选举产生。监事会主席召集和主持监事会会议；监事会主席不能履行职务或者不履行职务的，由半数以上监事共同推举 1 名监事召集和主持监事会会议。董事、高级管理人员不得兼任监事。

监事的任期每届为 3 年。监事任期届满，连选可以连任。

2. 监事会的职权

监事会、不设监事会的公司监事行使下列职权：

（1）检查公司财务。

（2）对董事、高级管理人员执行公司职务的行为进行监督，对违反法律、行政法规、公司章程或者股东会决议的董事、高级管理人员提出罢免的建议。

（3）当董事、高级管理人员的行为损害公司的利益时，要求董事、高级管理人员予以纠正。

（4）提议召开临时股东会会议，在董事会不履行规定的召集和主持股东会会议职责时召集和主持股东会会议。

（5）向股东会会议提出提案。

（6）依照《公司法》的规定，对董事、高级管理人员提起诉讼。

（7）公司章程规定的其他职权。

监事可以列席董事会会议，并对董事会决议事项提出质询或者建议。监事会、不设监事会的公司监事发现公司经营情况异常，可以进行调查；必要时，可以聘请会计师事务所等协助其工作，费用由公司承担。

监事会、不设监事会的公司监事行使职权所必需的费用，由公司承担。

3. 监事会的会议制度

监事会每年度至少召开 1 次会议，监事可以提议召开临时监事会会议。监事会的议事方式和表决程序，除《公司法》有规定的外，由公司章程规定。监事会决议应当经半数以上监事通过。监事会应当对所议事项的决定作成会议记录，出席会议的监事应当在会议记录上签名。

三、一人有限责任公司的特别规定

（一）一人有限责任公司的概念

一人有限责任公司，是指只有一个自然人股东或者一个法人股东的有限责任公司。

一人有限责任公司是独立的企业法人，具有完全的民事权利能力、民事行为能力和民事责任能力，是有限责任公司中的特殊类型。

（二）一人有限责任公司的特别规定

《公司法》规定，一人有限责任公司的设立和组织机构适用特别规定，没有特别规定的，适用有限责任公司的相关规定。这些特别规定具体包括：

1. 再投资限制

一个自然人只能投资设立一个一人有限责任公司，该一人有限责任公司不能投资设立新的一人有限责任公司。

2. 对投资人的披露义务

一人有限责任公司应当在公司登记中注明自然人独资或者法人独资，并在公司营业执照中载明。

3. 股东决策的形式要求

一人有限责任公司不设股东会。法律规定的股东会职权由股东行使，当股东行使相应职权作出决定时，应当采用书面形式，并由股东签字后置备于公司。

4. 法定强制审计要求

一人有限责任公司应当在每一会计年度终了时编制财务会计报告，并经会计师事务所审计。

5. 法人人格否定制度

一人有限责任公司的股东不能证明公司财产独立于股东自己财产的，应当对公司债务承担连带责任。

四、国有独资公司的特别规定

（一）国有独资公司的概念

国有独资公司是指国家单独出资、由国务院或者地方人民政府委托本级人民政府国有资产监督管理机构履行出资人职责的有限责任公司。

（二）国有独资公司的特别规定

《公司法》规定，国有独资公司的设立和组织机构适用特别规定，没有特别规定的，适用有限责任公司的相关规定。这些特别规定具体包括：

1. 公司章程

国有独资公司章程由国有资产监督管理机构制定，或者由董事会制定报国有资产监督管理机构批准。

2. 股东权的行使

国有独资公司不设股东会，由国有资产监督管理机构行使股东会职权。国有资产监督管理机构可以授权公司董事会行使股东会的部分职权，决定公司的重大事项，但公司的合并、分立、解散、增减注册资本和发行公司债券，必须由国有资产监督管理机构决定，其中，重要的国有独资公司合并、分立、解散、申请破产的，应当由国有资产监督管理机构审核后，报本级人民政府批准。上述所称重要的国有独资公司，按照国务院的规定确定。

3. 董事会

国有独资公司设立董事会，依照法律规定的有限责任公司董事会的职权和国有资产监督管理机构的授权行使职权。董事会成员中应当有公司职工代表。董事会成员由国有资产监督管理机构委派，但是，董事会成员中的职工代表由公司职工代表大会选举产生。董事每届任期不得超过 3 年。董事会设董事长 1 人，可以设副董事长。董事长、副董事长由国有资产监督管理机构从董事会成员中指定。国有独资公司的董事长、副董事长、董事、高级管理人员，未经国有资产监督管理机构同意，不得在其他有限责任公司、股份有限公司或者其他经济组织兼职。

4. 经理

国有独资公司设经理，由董事会聘任或者解聘。国有独资公司经理的职权与一般有限责任公司经理的职权相同。经国有资产监督管理机构同意，董事会成员可以兼任经理。

5. 监事会

国有独资公司设监事会，其成员不得少于 5 人，其中职工代表的比例不得低于1/3，具体比例由公司章程规定。监事会成员由国有资产监督管理机构委派；但是，监事会中的职工代表由公司职工代表大会选举产生。监事会主席由国有资产监督管理机构从监事会成员中指定。

五、有限责任公司的股权转让

（一）股东的股权

公司股东是持有公司股份或者出资的人，股东的股权是基于股东资格而享有的权利，根据《公司法》的规定，公司股东依法享有资产受益、参与重大决策和选择管理者等权利。

1. 股东权分类

（1）以股东权行使的目的是为股东个人利益还是涉及全体股东共同利益为标准，可以将股东权分为共益权和自益权。共益权包括股东会或股东大会参加权、提案权、质询权，在股东会或股东大会的表决权等权利；自益权包括股利分配请求权、剩余财产分配权、新股认购优先权等。

（2）以股权行使的条件为标准划分，分为单独股东权和少数股东权。单独股东权是指每一单独股份均享有的权利，即只持有一股股份的股东也可单独行使的权利，如自益权、表决权等。少数股东权是指须单独或共同持有占股本总额一定比例以上股份方可行使的权利，如请求召开临时股东会或股东大会的权利等。

2. 股东滥用股东权的责任

股东滥用股东权利应承担以下责任：

（1）公司股东滥用股东权利给公司或者其他股东造成损失的，应依法承担赔偿责任。

（2）公司股东滥用公司法人独立地位和股东有限责任，逃避债务，严重损害公司债权人利益的，应当对公司债务承担连带责任。

《公司法》规定，公司的控股股东、实际控制人、董事、监事、高级管理人员不得利用其关联关系损害公司利益，违反规定给公司造成损失的，应当承担赔偿责任。

☞【知识拓展】

控股股东、实际控制人、高级管理人员、关联关系的界定

控股股东，是指其出资额占有限责任公司资本总额50%以上或者其持有的股份占股份有限公司股本总额50%以上的股东，以及出资额或者持有股份的比例虽然不足50%，但依其出资额或者持有的股份所享有的表决权已足以对股东会、股东大会的决议产生重大影响的股东。

实际控制人，是指虽不是公司的股东，但通过投资关系、协议或者其他安排，能够实际支配公司行为的人。

高级管理人员，是指公司的经理、副经理、财务负责人、上市公司董事会秘书和公司章程规定的其他人员。

关联关系，是指公司控股股东、实际控制人、董事、监事、高级管理人员与其直接或者间接控制的企业之间的关系，以及可能导致公司利益转移的其他关系。但是，国家控股的企业之间不因为同受国家控股而具有关联关系。

（二）有限责任公司股东转让股权

1. 股东之间转让股权

《公司法》规定，有限责任公司的股东之间可以相互转让其全部或者部分股权。

2. 股东向股东以外的人转让股权

《公司法》规定，股东向股东以外的人转让股权，应当经其他股东过半数同意。股东应就其股权转让事项书面通知其他股东征求同意，其他股东自接到书面通知之日起满30日未答复的，视为同意转让。其他股东半数以上不同意转让的，不同意的股东应当购买该转让的股权；不购买的，视为同意转让。但是，公司章程对股权转让另有规定的，从其规定。

经股东同意转让的股权，在同等条件下，其他股东有优先购买权。两个以上股东主张行使优先购买权的，协商确定各自的购买比例；协商不成的，按照转让时各自的出资比例行使优先购买权。

3. 人民法院强制转让股东股权

人民法院依照法律规定的强制执行程序转让股东的股权时，应当通知公司及全体股东，其他股东在同等条件下有优先购买权。其他股东自人民法院通知之日起满20日不行使优先购买权的，视为放弃优先购买权。人民法院依照法律规定的强制执行程序转让股东的股权，是指人民法院依照民事诉讼法等法律规定的执行程序，强制执行生效的法律文书时，以拍卖、变卖或者其他方式转让有限责任公司股东的股权。

（三）有限责任公司股东退出公司

1. 股东退出公司的法定条件

《公司法》规定，有下列情形之一的，对股东会该项决议投反对票的股东可以请求公司按照合理的价格收购其股权，退出公司：

（1）公司连续5年不向股东分配利润，而公司该5年连续盈利，并且符合《公司法》规定的分配利润条件的。

（2）公司合并、分立、转让主要财产的公司章程规定的营业期限届满或者章程规定的其他解散事由出现，股东会会议通过决议修改章程使公司存续的。

2. 股东退出公司的法定程序

（1）请求公司收购其股权。股东要求退出公司时，首先应当请求公司收购其股权。股东请求公司收购其股权时，其所要求的价格应当是合理的价格，这样才能既满足股东的要求，保护要求退出公司的股东的权益，又不损害公司和其他股东的权益。

（2）依法向人民法院提起诉讼。股东请求公司收购其股权，应当尽量通过协商的方式解决。但如果协商不成，既有可能影响请求收购的股东的权益，又可能影响公司的生产经营活动。为此，《公司法》规定，自股东会会议决议通过之日起60日内，股东与公司不能达成股权收购协议的，股东可以自股东会会议决议通过之日起90日内向人民法院提起诉讼。

第三节 股份有限公司

一、股份有限公司的设立

（一）股份有限公司的设立方式

股份有限公司可以采取发起设立或募集设立的方式。发起设立，是指由发起人认购公司应发行的全部股份而设立公司。募集设立，是指由发起人认购公司应发行股份的一部分，其余股份向社会公开募集或者向特定对象募集而设立公司。

（二）股份有限公司的设立条件

1. 发起人符合法定人数

发起人是指依法筹办创立股份有限公司事务的人。发起人既可以是自然人，也可以是法人；既可以是中国公民，也可以是外国公民。

设立股份有限公司，应当有2人以上200人以下为发起人，其中须有半数以上的发起人在中国境内有住所。

股份有限公司发起人承担公司筹办事务。发起人应当签订发起人协议，明确各自在公司设立过程中的权利和义务。

2. 有符合公司章程规定的全体发起人认购的股本总额或者募集的实收股本总额

（1）注册资本。法律、行政法规以及国务院决定对股份有限公司注册资本实缴、注册资本最低限额另有规定的，从其规定。

①股份有限公司采取发起设立方式设立的，注册资本为在公司登记机关登记的全体发起人认购的股本总额。在发起人认购的股份缴足前，不得向他人募集股份。

②股份有限公司采取募集方式设立的，注册资本为在公司登记机关登记的实收股本总额，已由股东认购但实际并未缴纳的部分，不得计入公司的注册资本额中。全部发起人认购的股份不得少于公司股份总数的35%。

（2）出资方式。发起人可以用货币出资，也可以用实物、知识产权、土地使用权等可以用货币估价并可以依法转让的非货币财产作价出资。但是，法律、行政法规规定不得作为出资的财产除外。

（3）出资的缴纳。以发起设立方式设立股份有限公司的，发起人应当书面认足公司章程规定其认购的股份，并按照公司章程规定缴纳出资。以非货币财产出资的，应当依法办理其财产权的转移手续。

3. 股份发行、筹办事项符合法律规定

我国公司法和证券法对股份发行有严格的要求，这些要求有实体方面的要求，也有程序方面的要求。股份发行涉及社会利益，因此，是强行性规范，发起人必须遵守。股份发行、筹办的具体事项都要符合法律规定。

4. 发起人制定公司章程，采用募集方式设立的须经创立大会通过

对于以发起设立方式设立的股份有限公司，由全体发起人共同制定公司章程。对于以募集设立方式设立的股份有限公司，发起人制定的公司章程，还应当经有其他认股人参加的创立大会通过。

5. 有公司名称，建立符合股份有限公司要求的组织机构

公司名称，是公司设立的必要条件，公司对该名称享有专用权。股份有限公司是典型的企业法人，同时又是大企业的组织形式，因此法律对其组织机构要求比较严格。

6. 有公司住所

公司住所，是公司固定的地理位置。公司以其主要办事机构所在地为住所。

（三）股份有限公司的设立程序

1. 发起设立股份有限公司的程序

股份公司的发起设立程序与有限责任公司的设立程序相似，主要包括：

（1）发起人制订发起协议；

（2）发起人制定公司章程；

（3）法律、行政法规规定设立公司必须报经批准的，应在公司登记前依法办理批准手续；

（4）发起人认足公司章程规定的出资；

（5）选举董事会和监事会；

（6）依照公司章程规定，选举由董事长或经理担任的公司法定代表人；

（7）申请设立登记；

（8）领取营业执照。

2. 募集设立股份有限公司的程序

股份有限公司募集设立主要包括：

（1）发起人制订发起协议、认购股份。

（2）发起人制定公司章程，章程须经创立大会通过才有约束力。

（3）法律、行政法规规定设立公司必须报经批准的，应在公司登记前依法办理批准手续。

（4）向社会公开募集股份。发起人向社会公开募集股份，必须公告招股说明书，并制作认股书。认股人按照所认购股数缴纳股款。公开募股应当由依法设立的证券公司承销，签订承销协议，同时与银行签订代收股款协议。

（5）召开创立大会。发起人应当自股款缴足之日起 30 日内主持召开公司创立大会。发行的股份超过招股说明书规定的截止期限尚未募足的，或者发行股份的股款缴足后，发起人在 30 日内未召开创立大会的，认股人可以按照所缴股款并加算银行同期存款利息，要求发起人返还。

发起人应当在创立大会召开 15 日前将会议日期通知各认股人或者予以公告。创立大会应有代表股份总数过半数的发起人、认股人出席，方可举行。

创立大会行使下列职权：①审议发起人关于公司筹办情况的报告；②通过公司章程；③选举董事会成员；④选举监事会成员；⑤对公司的设立费用进行审核；⑥对发起人用于抵作股款的财产的作价进行审核；⑦发生不可抗力或者经营条件发生重大变化直接影响公司设立的，可以作出不设立公司的决议。创立大会对上述所列事项作出决议，必须经出席会议的认股人所持表决权的半数以上通过。

发起人、认股人缴纳股款或者交付抵作股款的出资后，除未按期募足股份、发起人未按期召开创立大会或者创立大会决议不设立公司的情形外，不得抽回其股本。

（6）申请设立登记。董事会于创立大会结束后 30 日内，向公司登记机关申请设立登记。

（7）领取营业执照。

（四）股份有限公司发起人的责任

根据《公司法》的规定，股份有限公司的发起人应当承担下列责任：

1. 公司成立后的资本补足责任

股份有限公司成立后，发起人未按照公司章程的规定缴足出资的，应当补缴；其他发起人承担连带责任。股份有限公司成立后，发现作为设立公司出资的非货币财产的实际价额显著低于公司章程所定价额的，应当由交付该出资的发起人补足其差额；其他发起人（不包括认股人）承担连带责任。

2. 公司成立后的损害赔偿责任

在公司设立过程中，由于发起人的过失致使公司利益受到损害的，应当对公司承担赔偿责任。

3. 公司不能成立的责任

公司不能成立时，发起人对设立行为所产生的债务和费用负连带责任，对认股人已缴纳的股款，负返还股款并加算银行同期存款利息的连带责任。

二、股份有限公司的组织机构

股份有限公司的组织机构由股东大会、董事会、监事会等组成。

（一）股东大会

1. 股东大会的性质和组成

股份有限公司的股东大会由全体股东组成，是公司的最高权力机构。公司的一切重大事项都须由股东大会作出决议。

2. 股东大会的职权

股份有限公司股东大会的职权与有限责任公司股东会的职权的规定基本相同。

此外，根据中国证券监督管理委员会发布的《上市公司章程指引》的规定，上市公司的股东大会还有权对公司聘用、解聘会计师事务所作出决议；审议代表公司发行在外有表决权股份总数的5%以上的股东的提案；审议法律、法规和公司章程规定应当由股东大会决定的其他事项。

3. 股东大会的形式

股份有限公司的股东大会分为年会和临时股东大会两种。

（1）年会是指依照法律和公司章程的规定每年按时召开的股东大会。《公司法》规定，股东大会应当每年召开1次年会。

（2）临时股东大会是指股份有限公司在出现召开临时股东大会的法定事由时，应当在法定期限2个月内召开的股东大会。《公司法》规定，有下列情形之一的，应当在2个月内召开临时股东大会：

①董事人数不足《公司法》规定人数或者公司章程所定人数的2/3时；

②公司未弥补的亏损达实收股本总额的1/3时；

③单独或者合计持有公司10%以上股份的股东请求时；

④董事会认为必要时；

⑤监事会提议召开时；

⑥公司章程规定的其他情形。

4. 股东大会的会议制度

（1）股东大会的召开。股东大会会议由董事会召集，董事长主持，董事长不能履行职务或者不履行职务的，由副董事长主持，副董事长不能履行职务或者不履行职务的，由半数以上董事共同推举 1 名董事主持。董事会不能履行或者不履行召集股东大会会议职责的，监事会应当及时召集和主持，监事会不召集和主持的，连续 90 日以上单独或者合计持有公司 10%以上股份的股东可以自行召集和主持。

召开股东大会会议，应当将会议召开的时间、地点和审议的事项于会议召开 20 日前通知各股东。临时股东大会应当于会议召开 15 日前通知各股东。发行无记名股票的，应当于会议召开 30 日前公告会议召开的时间、地点和审议事项。

单独或者合计持有公司 10%以上股份的股东，可以在股东大会召开 10 日前提出临时提案并书面提交董事会，董事会应当在收到提案后 2 日内通知其他股东，并将该临时提案提交股东大会审议。临时提案的内容应当属于股东大会职权范围，并有明确议题和具体决议事项。股东大会不得对上述通知中未列明的事项作出决议。无记名股票持有人出席股东大会会议的，应当于会议召开 5 日前至股东大会闭会时将股票交存于公司。

（2）股东大会的决议。股东出席股东大会会议，所持每一股份有一表决权。股东可以委托代理人出席股东大会会议，代理人应当向公司提交股东授权委托书，并在授权范围内行使表决权。公司持有的本公司股份没有表决权。

股东大会作出决议，必须经出席会议的股东所持表决权过半数通过。但是，股东大会作出修改公司章程、增加或者减少注册资本的决议，以及公司合并、分立、解散或者变更公司形式的决议，必须经出席会议的股东所持表决权的 2/3 以上通过。

为保护中小股东的合法权益，《公司法》规定，股东大会选举董事、监事，可以依照公司章程的规定或者股东大会的决议，实行累积投票制。累积投票制，是指股东大会选举董事或者监事时，每一股份拥有与应选董事或者监事人数相同的表决权，股东拥有的表决权可以集中使用。

股东大会应当对所议事项的决定作成会议记录，主持人、出席会议的董事应当在会议记录上签名。会议记录应当与出席股东的签名册及代理出席的委托书一并保存。

（二）董事会、经理

1. 董事会的性质和组成

股份有限公司的董事会是股东大会的执行机构，对股东大会负责。

股份有限公司设董事会，其成员为 5~19 人。董事会成员中可以有公司职工代表，董事会中的职工代表由公司职工通过职工代表大会、职工大会或者其他形式民主选举产生。

股份有限公司的董事任期由公司章程规定，但每届任期不得超过 3 年。董事任期届满，连选可以连任。

2. 董事会的职权

股份有限公司董事会的职权与有限责任公司董事会的职权的规定基本相同。

3. 董事会的会议制度

（1）董事会的召开。董事会设董事长 1 人，可以设副董事长。董事长和副董事长由董事会以全体董事的过半数选举产生。董事长召集和主持董事会会议，检查董事会决议的实施情况。副董事长协助董事长工作，董事长不能履行职务或者不履行职务的，由副董事长履行职务；副董事长不能履行职务或者不履行职务的，由半数以上董事共同推举 1 名董事履行职务。

董事会每年度至少召开 2 次会议，每次会议应当于会议召开 10 日前通知全体董事和监事。代表 1/10 以上表决权的股东、1/3 以上董事或者监事会，可以提议召开董事会临时会议。董事长应当自接到提议后 10 日内，召集和主持董事会会议。董事会召开临时会议，可以另定召集董事会的通知方式和通知时限。

（2）董事会的决议。董事会会议应有过半数的董事出席方可举行。董事会作出决议，必须经全体董事的过半数通过。董事会决议的表决，实行一人一票，即每个董事只能享有一票表决权。

董事会会议，应由董事本人出席；董事因故不能出席，可以书面委托其他董事代为出席，委托书中应载明授权范围。董事会应当对会议所议事项的决定作成会议记录，出席会议的董事应当在会议记录上签名。

董事应当对董事会的决议承担责任。董事会的决议违反法律、行政法规或者公司章程、股东大会决议，致使公司遭受严重损失的，参与决议的董事对公司负赔偿责任。但经证明在表决时曾表明异议并记载于会议记录的，该董事可以免除责任。

4. 经理

股份有限公司设经理，由董事会决定聘任或者解聘。股份有限公司经理的职权与有限责任公司经理的职权的规定基本相同。公司董事会可以决定由董事会成员兼任公司经理。

（三）监事会

1. 监事会的性质和组成

股份有限公司依法应当设立监事会，监事会为公司的监督机构。

股份有限公司监事会成员不得少于 3 人，应当包括股东代表和适当比例的公司职工代表，其中职工代表的比例不得低于 1/3，具体比例由公司章程规定。监事会中的职工代表由公司职工代表大会、职工大会或者其他形式民主选举产生。

董事、高级管理人员不得兼任监事。监事的任期每届为 3 年。监事任期届满，连选可以连任。

2. 监事会的职权

股份有限公司监事会的职权与有限责任公司监事会的职权的规定基本相同。

监事可以列席董事会会议，并对董事会决议事项提出质询或者建议。监事会发现公司经营情况异常，可以进行调查；必要时，可以聘请会计师事务所等协助其工作，费用由公司承担。

监事会行使职权所必需的费用，由公司承担。

3. 监事会的会议制度

监事会设主席 1 人，可以设副主席。监事会主席和副主席由全体监事过半数选举产生。监事会主席召集和主持监事会会议；监事会主席不能履行职务或者不履行职务的，由监事会副主席召集和主持监事会会议；监事会副主席不能履行职务或者不履行职务的，由半数以上监事共同推举 1 名监事召集和主持监事会会议。

监事会每 6 个月至少召开 1 次会议。监事可以提议召开临时董事会会议。监事会的议事方式和表决程序，除《公司法》有规定的外，由公司章程规定。监事会应当对所议事项的决定作成会议记录，出席会议的监事应当在会议记录上签名。

三、上市公司组织机构的特别规定

上市公司，是指其股票在证券交易所上市交易的股份有限公司。

（一）增加股东大会特别决议事项

上市公司在 1 年内购买、出售重大资产或者担保金额超过公司资产总额 30%的，应当由股东大会作出决议，并经出席会议的股东所持表决权的 2/3 以上通过。

（二）上市公司设立独立董事

上市公司设立独立董事。独立董事是指不在公司担任除董事外的其他职务，并与其受聘的上市公司及其主要股东不存在可能妨碍其进行独立客观判断的关系的董事。独立董事除应履行董事的一般职责外，主要职责在于对控股股东及其选任的上市公司的董事、高级管理人员以及其与公司进行的关联交易等进行监督。

担任独立董事应当符合下列基本条件：（1）根据法律、行政法规及其他有关规定，具备担任上市公司董事的资格；（2）具有所要求的独立性；（3）具备上市公司运作的基本知识，熟悉相关法律、行政法规、规章及规则；（4）具有 5 年以上法律、经济或者其他履行独立董事职责所必需的工作经验；（5）公司章程规定的其他条件。

下列人员不得担任独立董事：（1）在上市公司或者其附属企业任职的人员及其直系亲属、主要社会关系（直系亲属是指配偶、父母、子女等；主要社会关系是指兄弟姐妹、岳父母、儿媳女婿、兄弟姐妹的配偶、配偶的兄弟姐妹等）；（2）直接或间接持有上市公司已发行股份 1%以上或者是上市公司前 10 名股东中的自然人股东及其直系亲属；（3）在直接或间接持有上市公司已发行股份 5%以上的股东单位或者在上市公司前 5 名股东单位任职的人员及其直系亲属；（4）最近 1 年内曾经具有前三项所列举情形的人员；（5）为上市公司或者其附属企业提供财务、法律、咨询等服务的人员；（6）公司章程规定的其他人员；（7）中国证监会认定的其他人员。

（三）上市公司设立董事会秘书

董事会秘书是指掌管董事会文件并协助董事会成员处理日常事务的人员，既不能代表董事会，也不能代表董事长。上市公司董事会秘书是公司的高级管理人员。

（四）增设关联关系董事的表决权排除制度

上市公司董事与董事会会议决议事项所涉及的企业有关联关系的，不得对该项决议行使表决权，也不得代理其他董事行使表决权。该董事会会议由过半数的无关联关系董事出席即可举行，董事会会议所作决议须经无关联关系董事过半数通过。出席董事会的无关联关系董事人数不足 3 人的，应将该事项提交上市公司股东大会审议。

第四节　股份有限公司的股份发行和转让

一、股份有限公司的股份发行和转让

（一）股份发行

股份发行，是指股份有限公司为募集资本而出售和分配股份的法律行为。

1. 股份和股票

股份有限公司的基本特征之一，就是注册资本划分为金额相等的股份，公司股份总额就是公司的资本总额。股份的表现形式是股票，股票是股份有限公司向股东签发的证明股东所持股份的有价证券。股票是证权证券、要式证券、流通证券。

2. 股票的种类

依据不同的标准可以将股票作如下分类：

（1）依股份所表示的股东权的内容不同为标准，可将股份分为普通股和特别股依是否在股票票面和股东名册上记载股东姓名、名称为标准，可将股份分为记名股和无记名股。《公司法》规定，公司发行的股票可以为记名股票，也可以为无记名股票。

（2）依股票是否载有一定金额为标准，可分为额面股和无额面股。我国股份有限公司发行的均为额面股。

3. 股票的发行原则

股份的发行应当遵循公平、公正和同股同权的原则。同次发行的同种类股票，每股的发行条件和价格应当相同，任何单位或者个人所认购的股份，每股应当支付相同份额。

4. 股票的发行价格

股票发行价格可以按票面金额，也可以超过票面金额，但不得低于票面金额。

5. 股票发行条件

（1）设立发行条件。设立发行是为使股份公司成立，以募集到法定资本额为目的的股份发行。设立股份有限公司公开发行股票，即首次公开发行股票，应当符合《证券法》、《公司法》规定的发行条件和经国务院批准的国务院证券监督管理机构规定的其他发行条件，包括中国证监会《首次公开发行股票并上市管理办法》等规定的发行条件。

（2）上市公司公开新股发行条件。上市公司公开发行新股，应当符合《证券法》、《公司法》规定的发行条件和经国务院批准的国务院证券监督管理机构规定的其他发行条件，包括中国证监会《上市公司证券发行管理办法》等规定的发行条件。

《证券法》规定的上市公司公开发行新股，应当具备以下条件：①具备健全且运行良好的组织机构；②具有持续盈利能力，财务状况良好；③最近3年财务会计文件无虚假记载，无其他重大违法行为；④经国务院批准的国务院证券监督管理机构规定的其他条件。

（3）上市公司非公开发行新股，应当符合经国务院批准的国务院证券监督管理机构规定的条件，并报国务院证券监督管理机构核准。

（二）股份转让

1. 股份转让的概念

股份转让，是指股份有限公司的股份持有人依法自愿将自己所拥有的股份转让给他人，使他人取得股份成为股东或增加股份数额的法律行为。股份转让在公司法中特指股份有限公司的股份转让。《公司法》将有限责任公司股东转让出资的行为称为股权转让或称出资的转让。

2. 股份转让的地点

股东转让其股份，应当在依法设立的证券交易场所进行或者按照国务院规定的其他方式进行。

3. 股份转让的方式

（1）记名股票，由股东以背书方式或者法律、行政法规规定的其他方式转让，转让后由公司将受让人的姓名或者名称及住所记载于股东名册。股东大会召开前 20 日内或者公司决定分配股利的基准日前 5 日内，不得进行上述规定的股东名册的变更登记。但是，法律对上市公司股东名册变更登记另有规定的，从其规定。

（2）无记名股票的转让，由股东将该股票交付给受让人后即发生转让的效力。

4. 股份转让的限制性规定

（1）发起人持有的本公司股份，自公司成立之日起 1 年内不得转让。公司公开发行股份前已发行的股份，自公司股票在证券交易所上市交易之日起 1 年内不得转让。

（2）公司董事、监事、高级管理人员应当向公司申报所持有的本公司的股份及其变动情况，在任职期间每年转让的股份不得超过其所持有本公司股份总数的 25%；所持本公司股份自公司股票上市交易之日起 1 年内不得转让。上述人员离职后半年内，不得转让其所持有的本公司股份。公司章程可以对公司董事、监事、高级管理人员转让其所持有的本公司股份作出其他限制性规定。

（3）公司不得收购本公司股份。但是，有下列情形之一的除外：①减少公司注册资本；②与持有本公司股份的其他公司合并；③将股份奖励给本公司职工；④股东因对股东大会作出的公司合并、分立决议持异议，要求公司收购其股份的。

公司因上述第①项至第③项的原因收购本公司股份的，应当经股东大会决议。

公司依照上述规定收购本公司股份后，属于第①项情形的，应当自收购之日起 10 日内注销；属于第②项、第④项情形的，应当在 6 个月内转让或者注销；公司依照上述第③项规定收购的本公司股份，不得超过本公司已发行股份总额的 5%；用于收购的资金应当从公司的税后利润中支出；所收购的股份应当在 1 年内转让给职工。

（4）公司不得接受本公司的股票作为质押权的标的。主要是为了防止变相违规收购本公司股份。

☞【思考】

A 股份有限公司（简称 A 公司）于 2015 年 1 月成立，钱某是发起人之一，持有 A

公司股票4000股，并一直担任A公司董事职务。请问：

1. 在2016年全年，钱某能否卖出自己持有的A公司股份？

2. 假如钱某坚持想出售在A公司的股票，其最快可于哪一年将4000股股票全部卖出？

☞【知识拓展】

股份制与股份有限公司的源流

从14、15世纪开始，随着商品经济的发展，在欧洲的一些采矿业中，出现了自由民之间或手工业者之间的以人、财、物各项生产要素的一项或几项为联合内容的合伙经营的经济形式。但在合伙内容、经营方式、分配办法等方面，都没有明确的规范，更没有形成严格的股份制度，这是股份经济的原始形式。当时，在德国南部、奥地利和捷克境内，有农奴和城市破产欠债的小手工业者聚集在一起，组织协作的合作社团，用简单的工具采矿，共同劳动，分享产品。后来有些商人以入股的形式参加进来，结果富裕的人把持了资产，使原来的合作发生质变。“原来由合伙的劳动者构成的矿业组合，几乎到处都变成了靠雇佣工人开采的股份公司。”（马克思《资本论》第3卷）

15—16世纪初，地理大发现，新航路的开辟，使世界贸易大为改观。西班牙、葡萄牙、荷兰、英国纷纷向海外发展，进行远航贸易，这需要较大数额的资本，在当时的经济条件下，靠单个资本家来经营是无法办到的。于是一种合股经营的叫做“康梅达”的经济组织便产生了。康梅达从事海外贸易，负责筹集资本，由专人经营，利润在集资者与经营者之间协商分配。以后，这种组织发展到内陆城市，出现了入股的城市商业组织，如意大利的“大商业公司”，入股者有商人、贵族、教授、廷臣和平民。这种股份经济一般由自由城邦组织、官方进行业务监督。资产阶级国家为了鼓励商人和资本家积累资本向海外扩张，以攫取更多的财富，不仅为股份集资提供了法律保护，并且给予商业独占权和免税优惠等特权，这为股份制的产生创造了外部条件。

1554年英国成立了第一个以入股形式进行海外贸易的特许公司“莫斯科公司”，它的成立标志真正的股份制度的产生。该公司成立当年，即进行航行白海的冒险尝试，要发现新的地区和岛屿，深入俄国内地。最初把整个公司的资本分为240股，每股25金镑，每人投资一部分，由6人分担风险。起初规定，公司营业只限一次行程，每次远航归来，按股份分配所有的利润，并连股本一起发还。后来随着贸易活动的频繁和规模扩大，就把原来投入的股份全部或一部分留在公司，作下次航行使用。继之而起的，有1557年成立的西班牙公司、1579年成立的伊士特兰公司、1581年成立的勒凡特公司、1588年成立的几内亚公司，1600年又组织了东印度公司。这些贸易公司都是以股份制形式组建的，是英国向海外扩张殖民势力的工具。其中东印度公司势力最大，资本最雄厚。截至1680年底，英国建立的这类公司有49个，它们对推进该国商品经济发展和经济实力的增强，起到了重要作用。其他欧洲国家也纷纷起而效仿。例如荷兰1602年成立东印度联合公司，1621

年成立西印度公司，法国、德国、瑞典等国也先后成立了股份贸易公司。

股份制亦称“股份经济”，是指以入股方式把分散的，属于不同人所有的生产要素集中起来，统一使用，合理经营，自负盈亏，按股分红的一种经济组织形式，也是企业财产所有制的一种形式。十一届三中全会后，一些地方农民集资入股、合资办企业，这便是我国股份制的雏形。1984 年 7 月 25 日中国第一家股份制企业北京天桥百货股份有限公司成立。各地也逐渐开始进行企业股份化的尝试。

第五节　公司董事、监事、高级管理人员的资格和义务

一、公司董事、监事、高级管理人员的资格

公司董事、监事、高级管理人员是代表公司组织机构行使职权的人员，在公司中处于重要地位，并依法具有法定的职权。因此，为了保证这类人员具有正确履行职责的能力与条件，《公司法》规定了他们应当具有的相应资格。

根据《公司法》的规定，有下列情形之一的，不得担任公司的董事、监事、高级管理人员：

（1）无民事行为能力或者限制民事行为能力；

（2）因贪污、贿赂、侵占财产、挪用财产或者破坏社会主义市场经济秩序，被判处刑罚，执行期满未逾 5 年，或者因犯罪被剥夺政治权利，执行期满未逾 5 年；

（3）担任破产清算的公司、企业的董事或者厂长、经理，对该公司、企业的破产负有个人责任的，自该公司、企业破产清算完结之日起未逾 3 年；

（4）担任因违法被吊销营业执照、责令关闭的公司、企业的法定代表人，并负有个人责任的，自该公司、企业被吊销营业执照之日起未逾 3 年；

（5）个人所负数额较大的债务到期未清偿。

公司违反《公司法》的上述规定选举、委派董事、监事或者聘任高级管理人员的，该选举、委派或者聘任无效。公司董事、监事、高级管理人员在任职期间出现上述所列情形的，公司应当解除其职务。

二、公司董事、监事、高级管理人员的义务

公司董事、监事、高级管理人员应当遵守法律、行政法规和公司章程，对公司负有忠实义务和勤勉义务。公司董事、监事、高级管理人员不得利用职权收受贿赂或者其他非法收入，不得侵占公司的财产。

公司董事、高级管理人员不得有下列行为：

（1）挪用公司资金；

（2）将公司资金以其个人名义或者以其他个人名义开立账户存储；

（3）违反公司章程的规定，未经股东会、股东大会或者董事会同意，将公司资金

借贷给他人或者以公司财产为他人提供担保；

（4）违反公司章程的规定或者未经股东会、股东大会同意，与本公司订立合同或者进行交易；

（5）未经股东会或者股东大会同意利用职务便利为自己或者他人谋取属于公司的商业机会，自营或者为他人经营与所任职公司同类的业务；

（6）接受他人与公司交易的佣金归为己有；

（7）擅自披露公司秘密；

（8）违反对公司忠实义务的其他行为。

公司董事、高级管理人员违反上述规定所得的收入应当归公司所有。

公司董事、监事、高级管理人员执行公司职务时违反法律、行政法规或者公司章程的规定，给公司造成损失的，应当承担赔偿责任。

公司股东会或者股东大会要求董事、监事、高级管理人员列席会议的，董事、监事、高级管理人员应当列席并接受股东的质询。董事、高级管理人员应当如实向公司监事会或者不设监事会的有限责任公司的监事提供有关情况和资料，不得妨碍监事会或者监事行使职权。

三、股东诉讼

（一）股东代表诉讼

股东代表诉讼是指当公司的权益受到不法侵害而公司却怠于起诉时，公司的股东即以自己的名义起诉、所获赔偿归于公司的一种诉讼制度。股东代表诉讼的目的，是为了保护公司利益和股东的共同利益。

1. 股东对公司董事、监事、高级管理人员给公司造成损失行为提起诉讼的程序

（1）股东通过监事会或者监事提起诉讼。公司董事、高级管理人员执行公司职务时违反法律、行政法规或者公司章程的规定，给公司造成损失的，有限责任公司的股东、股份有限公司连续180日以上单独或者合计持有公司1%以上股份的股东，可以书面请求监事会或者不设监事会的有限责任公司的监事向人民法院提起诉讼。

（2）股东通过董事会或者董事提起诉讼。监事执行公司职务时违反法律、行政法规或者公司章程的规定，给公司造成损失的，有限责任公司的股东、股份有限公司连续180日以上单独或者合计持有公司10%以上股份的股东，可以书面请求董事会或者不设董事会的有限责任公司的执行董事向人民法院提起诉讼。

（3）股东直接提起诉讼。监事会、不设监事会的有限责任公司的监事，或者董事会、执行董事收到上述股东的书面请求后拒绝提起诉讼，或者自收到请求之日起30日内未提起诉讼，或者情况紧急、不立即提起诉讼将会使公司利益受到难以弥补的损害的，有限责任公司的股东、股份有限公司连续180日以上单独或者合计持有公司10%以上股份的股东，有权为了公司的利益以自己的名义直接向人民法院提起诉讼。

2. 股东对他人给公司造成损失行为提起诉讼的程序

公司董事、监事、高级管理人员以外的他人侵犯公司合法权益，给公司造成损失的，有限责任公司的股东、股份有限公司连续180日以上单独或者合计持有公司10%以

上股份的股东，可以书面请求董事会或者监事会向人民法院提起诉讼，或者直接向人民法院提起诉讼。

（二）股东直接诉讼

公司董事、高级管理人员违反法律、行政法规或者公司章程的规定，损害股东利益的，股东可以依法向人民法院提起诉讼。

☞【思考】

某股份公司的经理在执行职务时，违反法律规定，给公司造成巨大损失，该公司的甲、乙、丙三位股东分别连续180日以上持有公司1.19、0.79、0.59的股份。

请问：根据《公司法》的规定，该公司股东行使对经理提起诉讼的方式有哪些？

第六节 公司债券和公司财务会计

一、公司债券

（一）公司债券的概念

公司债券，是指公司依照法定程序发行，约定在一定期限内还本付息的有价证券。公司债券与股票相比较，二者都是有价证券，是公司向社会筹集资金的两种重要方式。

公司债券与股票的主要区别在于：（1）公司债券的持有人是公司的债权人，享有民法上规定的债权人的权利，股票的持有人是公司的股东，享有《公司法》所规定的股东权；（2）公司债券持有人可以要求到期还本付息，而股票持有人没有法定原因不能要求退还股金；（3）公司债券的投资回报具有确定性，为事先约定的利率，与公司经营状况没有直接关系，而股票的投资回报具有不确定性，不能事先约定，股利的多少取决于公司的盈利水平；（4）公司债券的持有人在公司解散或破产的情况下先于公司股东得到清偿，股票持有人只有公司剩余财产分配请求权。

（二）公司债券的种类

按不同的标准，公司债券可作如下分类：

（1）按债券是否记名，可将其分为记名公司债券和无记名公司债券。

（2）按债券是否可转换为股票，可将其分为可转换公司债券和不可转换公司债券。可转换公司债券是指可以转换成公司股票的公司债券。不可转换公司债券是指不能转换为公司股票的公司债券。凡在发行债券时未作出转换约定的，均为不可转换公司债券。《公司法》规定，上市公司经股东大会决议可以发行可转换为股票的公司债券，但债券持有人对是否转换股票有选择权。

（三）公司债券的发行

1. 公司债券发行的条件

公司发行公司债券应当符合《证券法》规定的发行条件。《证券法》规定，公开发行公司债券，应当符合下列条件：

（1）股份有限公司的净资产不低于人民币 3000 万元，有限责任公司的净资产不低于人民币 6000 万元；

（2）累计债券余额不超过公司净资产的 40%；

（3）最近 3 年平均可分配利润足以支付公司债券 1 年的利息；

（4）筹集的资金投向符合国家产业政策；

（5）债券的利率不超过国务院限定的利率水平；

（6）国务院规定的其他条件。

公开发行公司债券筹集的资金，必须用于核准的用途，不得用于弥补亏损和非生产性支出。

上市公司发行可转换为股票的公司债券，除应当符合上述规定的条件外，还应当符合《证券法》关于公开发行股票的条件，并报国务院证券监督管理机构核准。

有下列情形之一的，不得再次公开发行公司债券：（1）前一次公开发行的公司债券尚未募足；（2）对已公开发行的公司债券或者其他债务有违约或者延迟支付本息的事实，仍处于继续状态；（3）违反规定，改变公开发行公司债券所募资金的用途。

2. 公司债券发行的程序

（1）由公司的权力机关作出决议。有限责任公司、股份有限公司发行公司债券，由公司董事会制定方案，公司股东会、股东大会作出决议。国有独资公司发行公司债券，由国家授权投资的机构或者国家授权的部门作出决定。

（2）报有关部门或者机构批准。

（3）公告公司债券募集办法。

（4）置备公司债券存根簿。

☞【思考】

2014 年 5 月某股份有限公司成功发行了 3 年期公司债券 600 万元，1 年期公司债券 400 万元。该公司截至 2015 年底净资产额为 5000 万元，到期需要偿还的债券本息均已偿还，计划于 2016 年 5 月再次发行公司债券。请问：

1. 该公司此次发行公司债券额最多不得超过多少万元？

2. 假如该公司存在延迟支付本息的情形，其 2016 年是否能再次发行公司债券？

二、公司财务、会计

（一）公司财务会计制度

公司财务会计制度是公司财务制度和会计制度的统称，包括公司资金管理、成本费用计算、营业收入分配、货币管理、公司财务报告、公司纳税等公司财务制度和公司会计制度、会计组织、会计记账、会计核算等公司会计制度。公司的财务制度是通过公司的会计制度来实现的。

（二）公司财务会计的基本要求

1. 公司应当依法建立财务、会计制度

公司应当依照法律、行政法规和国务院财政部门的规定建立本公司的财务、会计制度。

2. 公司应当依法编制财务会计报告

公司应当在每一会计年度终了时编制财务会计报告，并依法经会计师事务所审计。公司财务会计报告主要包括：资产负债表、利润表、现金流量表、所有者权益（或股东权益）变动表等报表及附注。

3. 公司应当依法披露有关财务、会计资料

有限责任公司应当按照公司章程规定的期限将财务会计报告送交各股东。股份有限公司的财务会计报告应当在召开股东大会年会的 20 日前置备于本公司，供股东查阅；公开发行股票的股份有限公司必须公告其财务会计报告。

4. 公司应当依法建立账簿开立账户

公司除法定的会计账簿外，不得另立会计账簿。对公司资产，不得以任何个人名义开立账户存储。

5. 公司应当依法聘用会计师事务所对财务会计报告审查验证

公司聘用、解聘承办公司审计业务的会计师事务所，依照公司章程的规定，由股东会、股东大会或者董事会决定。公司股东会、股东大会或者董事会就解聘会计师事务所进行表决时，应当允许会计师事务所陈述意见。公司应当向聘用的会计师事务所提供真实和完整的会计凭证、会计账簿、财务会计报告及其他会计资料，不得拒绝、隐匿、谎报。

三、公司利润分配

公司利润，是指公司在一个会计年度期间生产经营收入及其他收入扣除成本、费用等后的余额。

（一）公司利润分配顺序

根据我国公司法及税法等相关法律的规定，公司应当按照如下顺序进行利润分配：(1) 弥补以前年度的亏损，但不得超过税法规定的弥补期限。我国税法规定，企业某一纳税年度发生的亏损可以用下一年度的所得弥补，下一年度的所得不足以弥补的，可以逐年延续弥补，但最长不得超过 5 年。(2) 缴纳所得税。(3) 弥补在税前利润弥补亏损有效期之后仍存在的亏损。(4) 提取法定公积金。(5) 提取任意公积金。(6) 向股东分配利润。公司弥补亏损和提取公积金后所余税后利润，有限责任公司按照股东实缴的出资比例分配，但全体股东约定不按照出资比例分配的除外；股份有限公司按照股东持有的股份分配，但股份有限公司章程规定不按持股比例分配的除外。

股份有限公司当年无利润时，不得向股东分配股利，但在用盈余公积金弥补亏损后，经股东大会特别决议，可以按照不超过股票面值 6% 的比例用盈余公积金分配股利，且在分配股利后，企业法定盈余公积金不得低于注册资本金的 25%。

公司股东会、股东大会或者董事会违反规定，在公司弥补亏损和提取法定公积金之

前向股东分配利润的，股东必须将违反规定分配的利润退还公司。公司持有的本公司股份不得分配利润。

（二）公积金

公积金是公司在资本之外所保留的资金金额，又称为附加资本或准备金。

1. 公积金的种类

公积金分为盈余公积金和资本公积金两类。

盈余公积金是从公司税后利润中提取的公积金，分为法定公积金和任意公积金两种。法定公积金按照公司税后利润的 10%提取，当公司法定公积金累计额为公司注册资本的 50%以上时可以不再提取。公司的法定公积金不足以弥补以前年度亏损的，在依照规定提取法定公积金之前，应当先用当年利润弥补亏损。任意公积金按照公司股东会或者股东大会决议，从公司税后利润中提取。

资本公积金是直接由资本原因等形成的公积金，股份有限公司以超过股票票面金额的发行价格发行股份所得的溢价款，以及国务院财政部门规定列入资本公积金的其他收入，应当列为公司资本公积金。

2. 公积金的用途

公司的公积金用于弥补公司亏损、扩大公司生产经营或者转增公司资本，但是资本公积金不得用于弥补公司的亏损。

《公司法》规定，法定公积金转为资本时，所留存的该项公积金不得少于转增前公司注册资本的 25%。

第七节　公司的合并、分立、解散和清算

一、公司合并、分立、增资、减资

（一）公司合并

公司合并，是指两个以上的公司依照法定程序变为一个公司的行为。公司合并有吸收合并和新设合并两种形式。

公司合并的程序为：①签订合并协议。②编制资产负债表及财产清单。③作出合并决议。④通知债权人。公司应当自作出合并决议之日起 10 日内通知债权人，并于 30 日内在报纸上公告。债权人自接到通知书之日起 30 日内，未接到通知书的自公告之日起 45 日内，可以要求公司清偿债务或者提供相应的担保。⑤依法进行登记。

公司合并时，合并各方的债权、债务，应当由合并后存续的公司或者新设的公司承继。

（二）公司分立

公司分立，是一个公司依法分为两个以上的公司。公司分立的程序与公司合并的程序基本相同。公司分立前的债务由分立后的公司承担连带责任。但是公司在分立前与债权人就债务清偿达成的书面协议另有约定的除外。

（三）公司注册资本的减少和增加

1. 公司注册资本的减少

公司需要减少注册资本时，必须编制资产负债表及财产清单。

公司减少注册资本时，应当自接到减少注册资本决议之日起 10 日内通知债权人，并于 30 日内在报纸上公告。债权人自接到通知书之日起 30 日内，未接到通知书的自公告之日起 45 日内，有权要求公司清偿债务或者提供相应的担保。

公司减少注册资本，应当依法向公司登记机关办理变更登记。

2. 公司注册资本的增加

有限责任公司增加注册资本时，股东认缴新增资本的出资，按照《公司法》设立有限责任公司缴纳出资的有关规定执行。股份有限公司为增加注册资本发行新股时，股东认购新股，依照《公司法》设立股份有限公司缴纳股款的有关规定执行。

公司增加注册资本，应当依法向公司登记机关办理变更登记。

☞【思考】

甲公司欠乙公司货款 50 万元、欠丙公司货款 60 万元。2016 年 11 月，甲公司与丁公司达成意向，由丁公司兼并甲公司。乙公司原欠丁公司租金 50 万元。请问：

1. 丁公司是否可以向乙公司主张债务抵销？

2. 丙公司要求丁公司偿还甲公司所欠货款是否于法有据？

二、公司解散和清算

（一）公司解散的原因

1. 具体原因

（1）公司章程规定的营业期限届满或者公司章程规定的其他解散事由出现。

（2）股东会或者股东大会决议解散。

（3）因公司合并、分立需要解散。

（4）依法被吊销营业执照、责令关闭或者被撤销。

（5）人民法院依法予以解散。

2. 人民法院依法予以解散的具体规定

（1）受理的情形。单独或者合并持有公司全部股东表决权 10%以上的股东，有下列事由之一，公司继续存续会使股东利益受到重大损失，通过其他途径不能解决，提起解散公司诉讼，人民法院应当受理：①公司持续 2 年以上无法召开股东会或者股东大会，公司经营管理发生严重困难的。②股东表决时无法达到法定或者公司章程规定的比例，持续 2 年以上不能作出有效的股东会或者股东大会决议，公司经营管理发生严重困难的。③公司董事长期冲突，并且无法通过股东会或者股东大会解决，公司经营管理发生严重困难的。④经营管理发生其他严重困难，公司继续存续会使股东利益受到重大损失的情形。

（2）不予受理的情形。股东以知情权、利润分配请求权等权益受到损害，或者公司亏损、财产不足以偿还全部债务，以及公司被吊销企业法人营业执照未进行清算等为由，提起解散公司诉讼的，人民法院不予受理。

（二）公司解散时的清算

公司的清算是指公司解散后，处理公司未了结的事务，使公司的法人资格归于消灭的法律行为。依照《公司法》的规定，公司除合并或分立解散无须清算，以及因破产而解散的公司适用破产清算外，其他解散公司，都应当依法进行清算。

公司应当在解散事由出现之日起 15 日内成立清算组。

清算组应当自成立之日起 10 日内通知债权人，并于 60 日内在报纸上公告。债权人应当自接到通知书之日起 30 日内，未接到通知书的自公告之日起 45 日内，向清算组申报其债权。

公司清算结束后，清算组应当制作清算报告，报股东会、股东大会或者人民法院确认，并报送公司登记机关，申请注销公司登记，公告公司终止。

三、违反公司法的法律责任

违反公司的法律责任包括：①公司发起人、股东的法律责任；②公司的法律责任；③清算组的法律责任；④承担资产评估、验资或者验证机构的法律责任；⑤责任公司登记机关的法律责任；⑥其他主体的相关法律责任。

第四章　破　产　法

☞【学习目标】

1. 掌握企业破产与破产法的概念、破产申请的提出与受理、宣告的法律规定
2. 债务人财产、破产费用及破产管理人的法律规定
3. 债权人会议、破产财产的处置与分配制度
4. 重整程序与和解制度的法律规定

第一节　企业破产法概述

一、破产的含义

破产是商品经济发展中的必然现象。当债务人无力偿债出现破产原因时，为了有效地解决债权人之间以及债权人与债务人之间的债务清偿问题，出现了破产法律制度。

所谓破产，是指企业法人不能清偿到期债务，并且资产不足以清偿全部债务或者明显缺乏清偿能力，在法院的审理和监督下，对其全部财产清算分配，运用司法程序解决债务清偿，公平清偿全体债权人。广义的破产，是指由破产清算程序、和解程序和重整程序等构成的破产法律制度。

二、破产法的概念与适用范围

（一）破产法的概念

破产法是调整当债务人出现破产原因时，对债务人的全部财产进行清算分配或者通过和解、企业重整来清偿债务的法律规范的总称。

为了统一不同类型企业的破产法律制度，2006 年 8 月 27 日第十届全国人民代表大会常务委员会第二十三次会议通过了《中华人民共和国企业破产法》（以下简称《企业破产法》），该法自 2007 年 6 月 1 日起实施。1986 年通过的《中华人民共和国企业破产法（试行）》同时废止。

（二）破产法的适用范围

第一，《企业破产法》的主体适用范围扩大到各种所有制的企业法人，而不仅适用于全民所有制企业。

第二，其他法律规定企业法人以外的组织的清算，属于破产清算的，参照适用《企业破产法》规定的程序。

第三，《企业破产法》仅适用于企业法人，不适用于国家机关法人、事业单位法人，也不适用于个人。

第四，金融机构实施破产的，国务院可以依据《企业破产法》和其他有关法律的规定制定实施办法。

（三）破产法适用的地域范围

采取有限制的普及主义原则，破产程序对债务人在中华人民共和国领域外的财产发生效力。

对外国法院作出的发生法律效力的破产案件的判决、裁定，涉及债务人在中华人民共和国领域内的财产，申请或者请求人民法院承认和执行的，人民法院依照中华人民共和国缔结或者参加的国际条约，或者按照互惠原则进行审查，予以承认和执行。

（四）破产法的立法目的

第一，规范企业破产程序，公平清理债权债务，维护社会安定。

第二，对债权人利益进行保护。

第三，对债务人的解困复兴，进行必要的挽救。

第四，通过有序的市场主体退出机制，实现企业优胜劣汰，资源优化组合，维护社会主义市场经济秩序，促进经济发展。

第二节　破产申请的提出与受理

一、破产原因

破产原因是破产程序开始的前提，是法院启动破产程序、宣告破产的依据。《企业破产法》规定，企业法人不能清偿到期债务，并且资产不足以清偿全部债务或者明显缺乏清偿能力的，依照规定清理债务。企业法人有上述规定情形，或者有明显丧失清偿能力可能的，可以依照规定进行重整。因此，企业破产的原因主要有：（1）债务人不能清偿到期债务，并且资产不足以清偿全部债务；（2）债务人不能清偿到期债务，并且明显缺乏清偿能力。

二、破产申请和受理

（一）破产申请的提出

1. 破产申请人

（1）债务人有发生破产原因情形的，可以向人民法院提出重整、和解或者破产清算申请。

（2）债务人不能清偿到期债务，债权人可以向人民法院提出对债务人进行重整或者破产清算的申请。

（3）企业法人已解散但未清算或者未清算完毕，资产不足以清偿债务的，依法负有清算责任的人应当向人民法院申请破产清算。

（4）金融机构有发生破产原因情形的，国务院金融监督管理机构可以向人民法院提出对该金融机构进行重整或者破产清算的申请。

2. 破产案件的管辖

破产案件由债务人住所地人民法院管辖。债务人住所地是指债务人的主要办事机构所在地。破产案件的级别管辖由破产企业的工商核准登记情况确定。

☞【思考】

蓝天服装厂是大连市的一个全民所有制企业，2013 年 6 月，该厂因经营管理不善，亏损严重，负债总额高达 600 多万元，欠银行到期贷款本息 400 多万元，欠甲公司到期货款 200 万元，无力偿还全部到期债务。拟向有关法院申请宣告破产。请问：

本案中服装厂及其债权人是否可以向人民法院提出破产申请，向哪个人民法院提出？

解析：该厂作为企业法人属于破产法的适用范围，可以适用《企业破产法》进行债务清算。服装厂不能清偿到期债务，并且资产不足以清偿全部债务，明显缺乏清偿能力，该厂具备破产原因。债务人有发生破产原因情形的，可以向人民法院提出重整、和解或者破产清算申请，债务人不能清偿到期债务，债权人可以向人民法院提出对债务人进行重整或者破产清算的申请。本案中服装厂及其债权人可以向法院提出破产申请，由服装厂住所地人民法院管辖。

3. 申请破产的形式

向人民法院提出破产申请，应当提交破产申请书和有关证据。破产申请书应当载明下列事项：

（1）申请人、被申请人的基本情况；

（2）申请目的；

（3）申请的事实和理由；

（4）人民法院认为应当载明的其他事项。

债务人提出申请的，还应当向人民法院提交财产状况说明、债务清册、债权清册、有关财务会计报告、职工安置预案以及职工工资的支付和社会保险费用的缴纳情况。

债务人拒不提交财产情况证据的法律后果。债务人违反《破产法》规定，拒不向人民法院提交或者提交不真实的财产状况说明、债务清册、债权清册、有关财务会计报告以及职工工资的支付情况和社会保险费用的缴纳情况的，人民法院可以对直接责任人员依法处以罚款。

4. 破产申请的撤回

人民法院受理破产申请前，申请人可以请求撤回申请。

（二）破产申请的受理

1. 法院受理破产申请的程序

人民法院应当自收到申请之日起 5 日内通知债务人，债务人有异议的，应当自收到通知之日起 7 日内向法院提出，法院自异议期满之日起 10 日内裁定是否受理。除此以外情形的，法院应当自收到破产申请之日起 15 日内裁定是否受理。

人民法院受理破产申请的，应当自裁定作出之日起 5 日内送达申请人。

人民法院裁定不受理破产申请的，应当自裁定作出之日起 5 日内送达申请人并说明理由。申请人对裁定不服的，可以自裁定送达之日起 10 日内向上一级人民法院提起上诉。

人民法院裁定受理破产申请的，应当同时指定管理人，自裁定受理破产申请之日起 25 日内通知已知债权人，并予以公告。

2. 破产案件受理后的法律效力

（1）自法院受理破产申请的裁定送达债务人之日起至破产程序终结之日，债务人的有关人员承担下列义务：妥善保管其占有和管理的财产、印章和账簿、文书等资料；根据人民法院、管理人的要求进行工作，并如实回答询问；列席债权人会议并如实回答债权人的询问；未经人民法院许可，不得离开住所地；不得新任其他企业的董事、监事、高级管理人员。

（2）个别清偿行为的限制。债务人对个别债权人的债务清偿无效。

（3）对第三人的效力。债务人的债务人或者财产持有人应当向管理人清偿债务或者交付财产。债务人的债务人或者财产持有人故意违反上述规定向债务人清偿债务或者交付财产，使债权人受到损失的，不免除其清偿债务或者交付财产的义务。

（4）管理人对破产申请受理前成立而债务人和对方当事人均未履行完毕的合同有权决定解除或者继续履行，并通知对方当事人。管理人自破产申请受理之日起 2 个月内未通知对方当事人，或者自收到对方当事人催告之日起 30 日内未答复的，视为解除合同。管理人决定继续履行合同的，对方当事人应当履行；但是，对方当事人有权要求管理人提供担保。管理人不提供担保的，视为解除合同。

（5）有关债务人财产的保全措施应当解除，执行程序应当中止。

（6）已经开始而尚未终结的有关债务人的民事诉讼或者仲裁应当中止；在管理人接管债务人的财产后，该诉讼或者仲裁继续进行。

（7）有关债务人的专属管辖。有关债务人的民事诉讼，只能向受理破产申请的人民法院提起。

第三节　破产管理人

一、破产管理人制度

（一）管理人的概念及选任

1. 管理人的概念

管理人，是指在破产重整、破产和解及破产清算程序中，全面接管破产企业并负责债务人财产管理、经营以及其他事项的专门机构。

2. 管理人的选任

（1）任职资格。管理人可以由有关部门、机构的人员组成的清算组或者依法设立的律师事务所、会计师事务所、破产清算事务所等社会中介机构担任。人民法院根据债务人的实际情况，可以在征询有关社会中介机构的意见后，指定该机构具备相关专业知识并取得执业资格的人员担任管理人。

有下列情形之一的，不得担任管理人：因故意犯罪受过刑事处罚；曾被吊销相关专业执业证书；与本案有利害关系；人民法院认为不宜担任管理人的其他情形。

个人担任管理人的，应当参加执业责任保险。

（2）选任方式。管理人由人民法院指定。债权人会议认为管理人不能依法、公正执行职务或者有其他不能胜任职务情形的，可以申请人民法院予以更换。

（二）管理人的职责与监督

1. 管理人职责

（1）接管债务人的财产、印章和账簿、文书等资料；

（2）调查债务人财产状况，制作财产状况报告；

（3）决定债务人的内部管理事务；

（4）决定债务人的日常开支和其他必要开支；

（5）在第一次债权人会议召开之前，决定继续或者停止债务人的营业；

（6）管理和处分债务人的财产；

（7）代表债务人参加诉讼、仲裁或者其他法律程序；

（8）提议召开债权人会议；

（9）人民法院认为管理人应当履行的其他职责。

2. 管理人义务与报酬

管理人应当勤勉尽责，忠实执行职务。管理人经人民法院许可，可以聘用必要的工作人员。管理人的报酬由人民法院确定。债权人会议对管理人的报酬有异议的，有权向人民法院提出。

3. 管理人的监督

管理人依照《企业破产法》规定执行职务，向人民法院报告工作，并接受债权人会议和债权人委员会的监督。管理人应当列席债权人会议，向债权人会议报告职务执行情况，并回答询问。

第四节　债务人财产

一、债务人财产

（一）财产的范围

债务人财产与破产财产没有本质的区别，二者所处的时间段不同，债务人财产在破产宣告后称破产财产。债务人财产包括：

（1）破产申请受理时属于债务人的全部财产；

（2）破产申请受理后至破产程序终结前债务人取得的财产。

（二）破产撤销权

破产撤销权，是指管理人对债务人在破产申请受理前的法定期间内进行的欺诈逃债或损害公平清偿的行为申请法院撤销的权利。

受理破产申请前1年内的下列行为可撤销：无偿转让财产的；以明显不合理的价格进行交易的；对没有财产担保的债务提供财产担保的；对未到期的债务提前清偿的；放弃债权的。

受理破产申请前6个月内的下列行为可撤销：债务人有破产原因的，仍对个别债权人进行清偿的，管理人有权请求人民法院予以撤销，但个别清偿使债务人财产受益的除外。

（三）无效破产行为

无效破产行为有：（1）为逃避债务而隐匿、转移财产的。（2）虚构债务或者承认不真实的债务的。

（四）债务人财产的追回

追回权，是当发生侵害破产债权人利益的不法民事行为时，管理人享有向法院申请认定行为无效或者予以撤销，追回本应属于债务人财产的权利。具体有以下四种情形：

（1）因破产行为和撤销行为而取得的债务人财产，管理人有权追回。

（2）人民法院受理破产申请后，债务人的出资人尚未完全履行出资义务的，管理人应当要求该出资人缴纳所认缴的出资，而不受出资期限的限制。

（3）债务人的董事、监事和高级管理人员利用职权从企业获取的非正常收入和侵占的企业财产，管理人应当追回。

（4）人民法院受理破产申请后，管理人可以通过清偿债务或者提供为债权人接受的担保，取回质物、留置物。债务清偿或者替代担保，在质物或者留置物的价值低于被担保的债权额时，以该质物或者留置物当时的市场价值为限。

（五）取回权

取回权分为一般取回权和特殊取回权。

1. 一般取回权

人民法院受理破产申请后，债务人占有的不属于债务人的财产，该财产的权利人可以通过管理人取回。

2. 特殊取回权

人民法院受理破产申请时，出卖人已将买卖标的物向作为买受人的债务人发运，债务人尚未收到且未付清全部价款的，出卖人可以取回在运途中的标的物。但是，管理人可以支付全部价款，请求出卖人交付标的物。

（六）抵销权

1. 抵销权的概念

抵销权，是指债权人在破产申请受理前对债务人负有债务的，可以向管理人主张抵销的权利。

2. 抵销权的限制

有下列情形之一的，不得抵销：

（1）债务人的债务人在破产申请受理后取得他人对债务人的债权的。

（2）债权人已知债务人有不能清偿到期债务或者破产申请的事实，对债务人负担债务的；但是，债权人因为法律规定或者有破产申请1年前所发生的原因而负担债务的除外。

（3）债务人的债务人已知债务人有不能清偿到期债务或者破产申请的事实，对债务人取得债权的；但是，债务人的债务人因为法律规定或者有破产申请1年前所发生的原因而取得债权的除外。

☞【思考】

甲股份有限公司因经营管理不善，无力偿还到期债务，该公司的债权人乙公司向甲公司所在地法院提出破产申请。法院受理该破产申请，并指定某律师事务所担任破产管理人，该破产管理人发现以下事实：丙公司欠甲劳务费20万元没有支付，丙公司得知甲公司有较多到期债务无力清偿后，拟向甲公司转让20万元货物，以货款抵销欠付甲公司的劳务费。丁公司早先出租给甲公司价值30万元的设备，并提供了租赁合同。请问：

（1）丙公司欲以货款抵销欠付甲公司的劳务费是否合法？

（2）丁公司租给甲公司价值30万元的设备是否属于破产财产？丙公司是否有权取回这些设备？

第五节 破产费用和共益债务

一、破产费用和共益债务

（一）破产费用

1. 费用的概念

破产费用，是指在破产程序进行过程中，为全体债权人共同利益所支付的费用。

2. 破产费用的适用范围

（1）破产案件的诉讼费用；

（2）管理、变价和分配债务人财产的费用；

（3）管理人执行职务的费用、报酬和聘用工作人员的费用。

（二）共益债务

1. 共益债务的概念

共益债务，是指在破产程序开始后，为全体债权人利益而由债务人财产负担的债务。

2. 共益债务的适用范围

（1）管理人或者债务人请求对方当事人履行双方均未履行完毕的合同所产生的债务。

（2）债务人财产受无因管理所产生的债务。

（3）债务人不当得利所产生的债务。

（4）债务人继续营业而应支付的劳动报酬和社会保险费用以及由此产生的其他债务。

（5）管理人或者相关人员执行职务致人损害所产生的债务。

（6）债务人财产致人损害所产生的债务。

（三）破产费用与共益债务的清偿

（1）破产费用和共益债务由债务人财产随时清偿。

（2）债务人财产不足以清偿所有破产费用和共益债务的，先行清偿破产费用。

（3）债务人财产不足以清偿所有破产费用或者共益债务的，按照比例清偿。

（4）债务人财产不足以清偿破产费用的，管理人应当提请人民法院终结破产程序。人民法院应当自收到请求之日起 15 日内裁定终结破产程序，并予以公告。

第六节　债权申报与债权人会议

一、破产债权

（一）债权申报

1. 债权申报的期限

人民法院受理破产申请后，应当确定债权人申报债权的期限。债权申报期限自人民法院发布受理破产申请公告之日起计算，最短不得少于 30 日，最长不得超过 3 个月。

2. 债权申报形式

债权人申报债权时，应当书面说明债权数额和有无财产担保，并提交有关证据。

3. 债权申报限制

（1）应当在法院确定的债权申报期限内申报。在人民法院确定的债权申报期限内，债权人未申报债权的，可以在破产财产最后分配前补充申报；但是，此前已进行的分配，不再对其补充分配。为审查和确认补充申报债权的费用，由补充申报人承担。债权人未规定申报债权的，不得依照破产法规定的程序行使权利。

（2）未到期的债权，在破产申请受理时视为到期。附利息的债权自破产申请受理时起停止计息。

（3）附条件、附期限的债权和诉讼、仲裁未决的债权，债权人也可申报其债权。

（4）连带债权人可以由其中一人代表全体连带债权人申报债权，也可以共同申报债权。债务人的保证人或者其他连带债务人已经代替债务人清偿债务的，以其对债务人的求偿权申报债权。

（5）管理人或者债务人依照破产法规定解除合同的，对方当事人因合同解除所产生的实际损失，可以申报债权，但违约金不作为破产债权。

（6）债务人是委托合同的委托人，其破产案件被人民法院受理，受托人不知该事实，继续处理委托事务的，受托人以由此产生的请求权可以申报债权。

（7）债务人是票据的出票人，其破产案件被人民法院受理，该票据的付款人继续付款或者承兑的，付款人以由此产生的请求权可以申报债权。

（二）债权确认

1. 编制债权表

管理人收到债权申报材料后，应当登记造册，对申报的债权进行审查，并编制债权表。

2. 债权表的核查

管理人编制的债权表应当提交第一次债权人会议核查。

3. 债权确认

债务人、债权人对债权表记载的债权无异议的，由人民法院裁定确认。

4. 异议债权的处理

债务人、债权人对债权表记载的债权有异议的，可以向受理破产申请的人民法院提起诉讼。

二、债权人会议

（一）债权人会议的概念

债权人会议，是指由所有依法申报债权的债权人组成，维护债权人的共同利益，实现其破产程序参与权，表达债权人意志，协调债权人行为的议事机构；是具有自治性质的机构，不是常设机构，而是临时机构。

（二）债权人会议的组成

依法申报债权的债权人为债权人会议的成员，有权参加债权人会议，享有表决权。债权尚未确定的债权人，除人民法院能够为其行使表决权而临时确定债权额的外，不得行使表决权。对债务人的特定财产享有担保权的债权人，未放弃优先受偿权利的，对于《企业破产法》规定的通过和解协议和破产财产分配方案不享有表决权。

债权人可以委托代理人出席债权人会议，行使表决权。代理人出席债权人会议，应当向人民法院或者债权人会议主席提交债权人的授权委托书。债权人会议应当有债务人的职工和工会的代表参加，对有关事项发表意见。债权人会议设主席一人，由人民法院从有表决权的债权人中指定。债权人会议主席主持债权人会议。

（三）债权人会议的召集与职权

1. 债权人会议的召集

第一次债权人会议由人民法院召集，自债权申报期限届满之日起 15 日内召开。以后的债权人会议，在人民法院认为必要时，或者管理人、债权人委员会、占债权总额 1/4 以上的债权人向债权人会议主席提议时召开。召开债权人会议，管理人应当提前 15 日通知已知的债权人。

2. 债权人会议的职权

根据《企业破产法》的规定，债权人会议的职权包括：核查债权；申请人民法院更换管理人，审查管理人的费用和报酬；监督管理人；选任和更换债权人委员会成员；决定继续或者停止债务人的营业；通过重整计划；通过和解协议；通过债务人财产的管理方案；通过破产财产的变价方案；通过破产财产的分配方案；人民法院认为应当由债权人会议行使的其他职权。债权人会议应当对所议事项的决议作成会议记录。

3. 债权人会议的表决

债权人会议的决议，由出席会议的有表决权的债权人过半数通过，并且其所代表的债权额占无财产担保债权总额的 1/2 以上。但是，《破产法》另有规定的除外。债权人会议的决议，对于全体债权人均有约束力。

债权人认为债权人会议的决议违反法律规定，损害其利益的，可以自债权人会议作出决议之日起 15 日内，请求人民法院裁定撤销该决议，责令债权人会议依法重新作出决议。

对于债务人财产的管理方案和破产财产的变价方案，经债权人会议表决未通过的，由人民法院裁定。

对于破产财产分配方案经债权人会议二次表决仍未通过的，由人民法院裁定。

对上述裁定，人民法院可以在债权人会议上宣布或者另行通知债权人。

债权人对人民法院关于债务人财产的管理方案和破产财产的变价方案的裁定不服的，债权额占无财产担保债权总额 1/2 以上的债权人对人民法院关于破产财产分配方案作出的裁定不服的，可以自裁定宣布之日或者收到通知之日起 15 日内向该人民法院申请复议。复议期间不停止裁定的执行。

第七节　重整与和解制度

一、重整概念

重整，是指对具有重整原因又有挽救希望的企业法人，在法院的主持下，协调各方利害关系人的利益，进行生产经营上的整顿与债务清理，以避免企业破产，使之重新获得经营能力的法律制度。

（一）重整申请

债务人或者债权人可以依照《破产法》规定，直接向人民法院申请对债务人进行重整。债权人申请对债务人进行破产清算的，在人民法院受理破产申请后、宣告债务人破产前，债务人或者出资额占债务人注册资本 1/10 以上的出资人，可以向人民法院申请重整。

人民法院经审查认为重整申请符合法律规定的应当裁定债务人重整，并予以公告。

（二）重整期间

自人民法院裁定债务人重整之日起至重整程序终止，为重整期间。在重整期间，经债务人申请，人民法院批准，债务人可以在管理人的监督下自行管理财产和营业事务。

管理人负责管理财产和营业事务的，可以聘任债务人的经营管理人员负责营业事务。

在重整期间，对债务人的特定财产享有的担保权暂停行使。但是，担保物有损坏或者价值明显减少的可能，足以危害担保权人权利的，担保权人可以向人民法院请求恢复行使担保权。在重整期间，债务人或者管理人为继续营业而借款的，可以为该借款设定担保。债务人合法占有的他人财产，该财产的权利人在重整期间要求取回的，应当符合事先约定的条件。在重整期间，债务人的出资人不得请求投资收益分配。在重整期间，债务人的董事、监事、高级管理人员不得向第三人转让其持有的债务人的股权。但是，经人民法院同意的除外。

在重整期间，有下列情形之一的，经管理人或者利害关系人请求，人民法院应当裁定终止重整程序，并宣告债务人破产。

（1）债务人的经营状况和财产状况继续恶化，缺乏挽救的可能性；

（2）债务人有欺诈、恶意减少债务人财产或者其他显著不利于债权人的行为；

（3）由于债务人的行为致使管理人无法执行职务。

（三）重整计划的制订

债务人自行管理财产和营业事务的，由债务人制订重整计划草案。管理人负责管理财产和营业事务的，由管理人制订重整计划草案。

债务人或者管理人应当自人民法院裁定债务人重整之日起6个月内，同时向人民法院和债权人会议提交重整计划草案。期限届满，经债务人或者管理人请求，有正当理由的，人民法院可以裁定延期3个月。债务人或者管理人未按期提出重整计划草案的，人民法院应当裁定终止重整程序，并宣告债务人破产。

重整计划草案应当包括：（1）债务人的经营方案；（2）债权分类；（3）债权调整方案；（4）债权受偿方案；（5）重整计划的执行期限；（6）重整计划执行的监督期限；（7）有利于债务人重整的其他方案。

（四）重整计划草案的表决与批准

可分组对重整计划草案在债权人会议上进行表决，如：（1）对债务人特定财产享有担保权债权组。（2）债务人所欠职工的工资和医疗、伤残补助、抚恤费用，所欠的应当划入职工个人账户的基本养老保险、基本医疗保险费用以及法律、行政法规规定应当支付给职工补偿金组。（3）债务人所欠税款组。（4）普通债权组。

人民法院应当自收到重整计划草案之日起30日内召开债权人会议，对重整计划草案进行表决。出席会议的同一表决组的债权人过半数同意重整计划草案，并且其所代表的债权额占该组债权总额的2/3以上的，即为该组通过重整计划草案。各表决组均通过重整计划草案时，重整计划即为通过。

自重整计划通过之日起10日内，债务人或者管理人应当向人民法院提出批准重整计划的申请。人民法院经审查认为符合《企业破产法》规定的，应当自收到申请之日起30日内裁定批准，终止重整程序，并予以公告。部分表决组未通过重整计划草案的，债务人或者管理人可以同未通过重整计划草案的表决组协商。该表决组可以在协商后再表决一次。双方协商的结果不得损害其他表决组的利益。未通过重整计划草案的表决组拒绝再次表决或者再次表决仍未通过重整计划草案，但重整计划草案符合《破产法》

规定条件的，债务人或者管理人可以申请人民法院批准重整计划草案。

（五）重整计划的执行

重整计划由债务人负责执行。人民法院裁定批准重整计划后，已接管财产和营业事务的管理人应当向债务人移交财产和营业事务。

自法院裁定批准重整计划之日起，在重整计划规定的监督期内，由管理人监督重整计划的执行。在监督期内，债务人应当向管理人报告重整计划执行情况和债务人财务状况。

经法院裁定批准的重整计划，对债务人和全体债权人均有约束力。债权人未依法申报债权的，在重整计划执行期间不得行使权利；在重整计划执行完毕后，可以按照重整计划规定的同类债权的清偿条件行使权利。债权人对债务人的保证人和其他连带债务人所享有的权利，不受重整计划的影响。

债务人不能执行或者不执行重整计划的，人民法院经管理人或者利害关系人请求，应当裁定终止重整计划的执行，并宣告债务人破产。人民法院裁定终止重整计划执行的，债权人在重整计划中作出的债权调整的承诺失去效力。债权人因执行重整计划所受的清偿仍然有效，债权未受清偿的部分作为破产债权。

按照重整计划减免的债务，自重整计划执行完毕时起，债务人不再承担清偿责任。

二、破产和解

（一）和解的概念

和解，是指为避免破产清算，债务人和全体债权人之间达成相互间的谅解，就债务人重整和债务清偿等达成协议，经债权人会议表决通过并由法院认可的一种法律制度。

（二）和解的程序

债务人可以依法直接向人民法院申请和解，也可以在人民法院受理破产申请后、宣告破产前，向人民法院申请和解。债务人申请和解，应当提出和解协议草案。法院经审查认为和解申请符合规定的，应当受理其申请，裁定和解，予以公告，并召集债权人会议讨论和解协议草案。债权人会议通过和解协议的决议，由出席会议的有表决权的债权人过半数同意，并且其所代表的债权额占无财产担保债权总额的2/3以上。债权人会议通过和解协议的，由人民法院裁定认可，终止和解程序，并予以公告。管理人应当向债务人移交财产和营业事务，并向人民法院提交执行职务的报告。和解协议草案经债权人会议表决未获得通过，或者已经债权人会议通过的和解协议未获得人民法院认可的，人民法院应当裁定终止和解程序，并宣告债务人破产。

（三）和解协议的效力

经人民法院裁定认可的和解协议，对债务人和全体和解债权人均有约束力。债务人应当按照和解协议规定的条件清偿债务。按照和解协议减免的债务，自和解协议执行完毕时起，债务人不再承担清偿责任。和解债权人对债务人的保证人和其他连带债务人所享有的权利，不受和解协议的影响。因债务人的欺诈或者其他违法行为而成立的和解协议，人民法院应当裁定无效，并宣告债务人破产。债务人不能执行或者不执行和解协议的，人民法院经和解债权人请求，应当裁定终止和解协议的执行，并宣告债务人破产，和解债权人在和解协议中作出的债权调整的承诺失去效力。和解债权人因执行和解协议所受的清偿仍然有效，和解债权未受清偿的部分作为破产债权。

第八节 破产清算程序

一、破产宣告

人民法院依照《企业破产法》规定宣告债务人破产的，应当自裁定作出之日起5日内送达债务人和管理人，自裁定作出之日起10日内通知已知债权人，并予以公告。

破产宣告前，有下列情形之一的，人民法院应当裁定终结破产程序，并予以公告：(1)第三人为债务人提供足额担保或者为债务人清偿全部到期债务的；(2)债务人已清偿全部到期债务的。

二、破产财产的变价和分配

（一）变价

管理人应当及时拟订破产财产变价方案，提交债权人会议讨论。管理人应当按照债权人会议通过的或者法院依法裁定的破产财产变价方案，适时变价出售破产财产。变价出售破产财产应当通过拍卖进行，但债权人会议另有决议的除外。破产企业可以全部或者部分变价出售。

（二）别除权

对破产人的特定财产享有担保权的权利人，对该特定财产享有优先受偿的权利，未能完全受偿的，其未受偿的债权作为普通债权；放弃优先受偿权利的，其债权作为普通债权。设定了担保权的债务人的特定财产，其数额超过了担保的债权额时，超过的部分计入破产财产。

（三）破产财产的分配

破产财产在优先清偿破产费用和共益债务后，依照下列顺序清偿：

(1)破产人所欠职工的工资和医疗、伤残补助、抚恤费用，所欠的应当划入职工个人账户的基本养老保险；基本医疗保险费用，以及法律、行政法规规定应当支付给职工的补偿金。

(2)破产人欠缴的除前项规定以外的社会保险费用和破产人所欠税款。

(3)普通破产债权。

破产财产不足以清偿同一顺序的清偿要求的，按照比例分配。破产企业的董事、监事和高级管理人员的工资按照该企业职工的平均工资计算。破产财产分配方案由管理人及时拟订，提交债权人会议讨论。破产财产分配方案应当载明下列内容：参加破产财产分配的债权人名称或者姓名、依据；参加破产财产分配的债权额；可供分配的破产财产数额；破产财产分配的顺序、比例及数额；实施破产财产分配的方法。

（四）破产程序的终结

破产人无财产可供分配的，管理人应当请求人民法院裁定终结破产程序。人民法院应当自收到管理人终结破产程序的请求之日起15日内作出是否终结破产程序的裁定。裁定终结的，应当予以公告。管理人应当自破产程序终结之日起10日内，持人民法院终结破产程序的裁定，向破产人的原登记机关办理注销登记。

在破产程序因债务人财产不足以支付破产费用而终结，或者因破产人无财产可供分配或破产财产分配完毕而终结时，自终结之日起2年内，有下列情形之一的，债权人可以请求人民法院按照破产财产分配方案进行追加分配：发现在破产案件中有可撤销行为、无效行为或者债务人的董事、监事和高级管理人员利用职权从企业获取非正常收入和侵占企业财产的情况，应当追回的财产的；发现破产人有应当供分配的其他财产的。有上述情形，但财产数量不足以支付分配费用的，不再进行追加分配，由人民法院将其上交国库。

☞【延伸阅读】

中国第一破产案

1999年1月11日，曾被誉为商业上一艘“航空母舰”的广东国际信托投资公司（以下简称广东国投）向广东省高级人民法院递交了破产申请书。主要原因是1997年下半年亚洲爆发金融危机，而广东国投仍然在世界范围融资和国内引资揽存，并漫无节制地向省内外、境内外500多家债务人、主要是省内债务人发放贷款近130亿元，又没有严格审查这些债务人的资信和偿债能力，于是发生了严重的外债支付危机。一石激起千重浪，这一消息立即引起了海内外的广泛关注。1999年1月10日，广东国投董事会在广州召开会议，法人代表、总经理麦智南向境内外债权人发出通报：鉴于目前公司财务状况的非常严重性，已无能力支持公司的正常运作，决定由不能支付到期巨额债务的广东国际信托投资公司及附属深圳公司、广东国际租赁公司和广信企业发展公司，向法院提出破产申请。此前的1998年10月6日，经中国人民银行同意，广东省政府决定对广东国投进行为期3个月的行政关闭清算。关闭清算的初步结果是，广东国投总资产214.71亿元，总负债361.45亿元，资不抵债146.94亿元。广东国投数百亿元人民币的债务80%以上借自包括日本、美国、德国、瑞士、中国香港等国家和地区130多家著名银行。经过历时4年的艰难审判，2003年2月28日，广东国际信托投资公司破产案被宣告终结破产程序，分配破产财产25.36亿元，债权清偿率达到12.52%。广东国投破产案是全国首例非银行金融机构破产案，也是全国法院受理的破产财产标的最大的破产案，因此被称作“中国第一破产案”。

依据最高人民法院公布的数据显示：2016年，全国法院系统共受理企业破产案件5665件，同比上升53.8%；审结企业破产案件3602件，同比上升60.6%。2017年将完善破产审判机制，依法化解过剩产能。中国进入破产程序的企业正在以前所未有的速度增加，这对中国经济而言可能是一个值得期待的喜讯——推动“僵尸企业”退出市场并降低企业过高的债务杠杆。

第五章　合　同　法

☞【学习目标】

1. 掌握合同的概念、特征及分类
2. 理解合同的成立条件及合同的保全、合同的变更与转让
3. 掌握要约、承诺的法律规定，合同的效力、合同的履行、合同的担保及违约责任的相关法律规定

第一节　合同法的概述

一、合同概述

（一）合同的概念和特征

根据《中华人民共和国合同法》对合同的界定，合同是指平等主体的自然人、法人、其他组织之间设立、变更、终止民事权利与义务关系的协议。合同具有以下几个特征：

（1）合同是平等主体之间的法律关系；

（2）合同是一种民事法律行为；

（3）合同是两方以上当事人意思表示一致的协议；

（4）合同以设立、变更、终止民事权利义务关系为目的。

（二）合同的分类

1. 有名合同与无名合同

根据法律对合同名称是否作出明确规定为标准，合同分为有名合同与无名合同。

（1）有名合同，是指法律作出专门性规定并赋予特定名称的合同。我国《合同法》规定了买卖合同等15种有名合同，分别是买卖合同，供用电、水、气、热力合同，赠与合同，借款合同，租赁合同，融资租赁合同，保管合同，承揽合同，建设工程合同，运输合同，技术合同，仓储合同，委托合同，行纪合同，居间合同。

（2）无名合同，是指法律未作特别规定，对其名称没有作出明确规定的合同。我国《合同法》规定，其他法律对合同另有规定的，依照其规定。本法分则或者其他法律没有明文规定的合同，适用总则的规定，并可以参照本法分则或者其他法律最相类似的规定。

2. 诺成合同与实践合同

根据是否须交付标的物合同才能成立为标准，合同分为诺成合同与实践合同。

(1) 诺成合同，是指当事人意思表示一致合同即成立、生效的合同。

(2) 实践合同，是指除当事人意思达成一致之外，还需交付标的物或完成其他给付才能成立的合同。

3. 要式合同和不要式合同

根据法律、法规是否要求具备特定形式为标准，合同分为要式合同和不要式合同。

(1) 要式合同，是指法律、法规要求合同具备一定的形式才成立的合同。

(2) 不要式合同，是指法律未特别要求必须具备一定的形式就成立的合同。

4. 双务合同和单务合同

根据双方是否互负给付义务为标准，合同分为双务合同和单务合同。

(1) 双务合同，是指当事人双方互负有给付义务的合同。

(2) 单务合同，是指只有一方负有给付义务的合同。

5. 有偿合同和无偿合同

根据当事人权利的获得是否支付代价为标准，合同分为有偿合同与无偿合同。

(1) 有偿合同，是指当事人取得权利须向对方支付相应代价的合同。

(2) 无偿合同，是指当事人取得权利无须向对方支付相应代价的合同。

二、合同法概述

(一) 合同法的概念和适用范围

合同法分为广义的合同法和狭义的合同法。狭义的合同法，是指由立法机关制定的、以合同法命名的基本法，即 1999 年 3 月 15 日通过的《中华人民共和国合同法》(以下简称《合同法》)。《合同法》由总则、分则和附则三部分构成，共 23 章 428 条。广义的合同法是指调整民事合同关系的法律规范的总称，它不限于合同法法典，还包括其他法律规范中的合同法律规范，如《中华人民共和国民法通则》关于合同的规定。

合同法调整平等主体之间的财产关系，婚姻、收养、监护等有关身份关系的协议，适用其他法律的规定。

(二) 合同法的基本原则

1. 平等原则

合同当事人的法律地位不等，一方不得将自己的意志强加给另一方。

2. 自愿原则

合同当事人通过协商，自愿决定相互权利义务关系，依法享有决定是否订立合同、与谁订立合同、订立什么样的合同、选择合同形式的权利，任何单位和个人不得非法干预。

3. 公平原则

当事人之间的权利义务应对等，保障公正交易，双方在对待给付、责任和风险分担上应当合理分配。

4. 诚实信用原则

当事人行使权利、履行义务应当遵循诚实信用原则，不能滥用权利、规避义务。当事人在订立合同、履行合同以及合同终止后都要遵循诚实信用原则。

5. 遵守法律，不损害社会公共利益原则

当事人订立、履行合同，应当遵守法律、行政法规，尊重社会公德，不得扰乱社会经济秩序，损害社会公共利益。

☞【知识拓展】

居延汉代契约

契约原件是指古代使用的契约原物，保存至今的契约原件以西汉中期的为最早。现存的汉代契约原件是在居延发现的，是居延汉简中的一部分。因此称之为“居延汉代契约”。

居延在今内蒙古自治区西部额济纳旗，西汉时属于张掖郡居延都尉和肩水都尉辖区，东汉曾置张掖居延属国。这里在两汉时，一直是重要驻军区，考古工作者在这里采集或发掘到汉简有3万余支。已公之于世的是1930年由西北科学考察团掘得的一批，有1万余支。劳干先生将这批汉简进行分类、考释，编成《居延汉简考释》一书，于1943年在四川南溪石印出版。1949年，上海商务印书馆铅印再版。1962年，又在台湾出修订版。中国社会科学院考古研究所汇辑这批汉简的图片，一律按原简号顺序，制成图版，并全部释文，编成《居延汉简甲乙编》，于1980年由中华书局出版。这批汉简有年号的，“起自汉武帝太初三年（公元前102年），讫于东汉光武帝建武七年（公元31年）”简中有十余件契约。有年号的只有三件。最早的一件为《西汉本始元年（前73年）居延陈长子卖官绔券》，最晚的一件为《西汉建昭二年（前37年）居延欧卖裘券》。其他无年号的，有卖衣物、布匹契约，有卖田地契约，还有一些廪给凭证。这是中国现存最早的一批契约原件，距今已有两千多年了。

第二节　合同的订立

一、合同订立的概述

（一）合同订立的概念

合同的订立，是指两个或两个以上的当事人，依法就合同的主要条款经过协商一致达成协议的法律行为。当事人订立合同，应当具有相应的民事权利能力和民事行为能力，当事人也可以依法委托代理人订立合同。

（二）合同订立的形式

当事人订立合同，有书面形式、口头形式和其他形式。法律、行政法规规定采用书面形式的，应当采用书面形式。当事人约定采用书面形式的，应当采用书面形式。

1. 书面形式

书面形式是指合同书、信件和数据电文（包括电报、电传、传真、电子数据交换和电子邮件）等可以有形地表现所载内容的形式。书面形式权利义务明确化，方便保存证据，是当事人较普遍采用的一种形式。

2. 口头形式

口头形式是指当事人双方以语言表达合意的形式。口头形式简便，提高交易的效率，多用于及时清洁的合同，但发生纠纷时难以取证，不利于保护交易安全。

3. 其他形式

其他形式是指当事人未采用口头形式或书面形式，而是根据当事人的行为表明或在特定情形下推定成立的合同。

（三）合同的内容

合同的内容是当事人所确定的各方的权利和义务，表现为合同的条款。合同的类型、性质不同，合同的主要条款也有所不同。《合同法》规定，合同的内容由当事人约定，一般包括以下条款：当事人的名称或者姓名和住所；标的；数量；质量；价款或者报酬；履行期限、地点和方式；违约责任；解决争议的方法。

此外，当事人可以参照各类合同的示范文本订立合同，示范文本为当事人订立合同时提供参考，无强制适用性。

二、合同的订立程序

当事人订立合同，采取要约、承诺方式。

（一）要约

1. 要约的概念和构成要件

要约是希望和他人订立合同的意思表示。要约应具备以下两个条件：

（1）内容具体确定。要约的内容必须具有合同成立所必需的条款，否则会因缺乏主要内容而无法成立合同。

（2）表明经受要约人承诺，要约人即受该意思表示约束。

2. 要约邀请

要约邀请是希望他人向自己发出要约的意思表示。要约以订立合同为直接目的，一旦受要约人承诺合同即成立，而要约邀请则是邀请他人向自己发出要约，只是订立合同的准备阶段，没有法律约束力。《合同法》规定，寄送的价目表、拍卖公告、招标公告、招股说明书等都属于要约邀请，商业广告的内容符合要约规定的，视为要约。

☞【知识拓展】

要约和要约邀请的区别

要约以订立合同为直接目的，内容确定，具有合同成立所必需的条款，对要约人具有法律约束力，承诺到达后合同即成立；要约邀请希望他人向自己发出要约，要约邀请可以撤回，不需要撤销，把合同成立的最终权利留给自己。

3. 要约生效

要约到达受要约人时生效。到达受要约人，是指只要送达到受要约人能够控制的地方即为送达。采用数据电文形式订立合同，收件人指定特定系统接收数据电文的，该数据电文进入该特定系统的时间，视为到达时间；未指定特定系统的，该数据电文进入收件人的任何系统的首次时间，视为到达时间。

要约生效后，受要约人获得承诺权，取得依其承诺成立合同的地位，但没有必须承诺的义务。要约人受到要约的约束，不得随意撤回要约。

4. 要约的撤回

要约的撤回是指要约人发出要约后，在要约生效以前取消要约的行为。要约可以撤回，撤回要约的通知应当在要约到达受要约人之前或者与要约同时到达受要约人。

5. 要约的撤销

要约的撤销是指要约人在要约生效后、受要约人承诺前，使要约归于消灭的行为。要约可依法撤销，但撤销要约的通知应当在受要约人发出承诺通知之前到达受要约人。下列情形要约不得撤销：（1）要约人确定了承诺期限或者以其他形式明示要约不可撤销；（2）受要约人有理由认为要约是不可撤销的，并已经为履行合同做了准备工作。

6. 要约的失效

要约的失效是指要约丧失对要约人、受要约人的法律约束力。要约失效的事由有：

（1）拒绝要约的通知到达要约人；

（2）要约人依法撤销要约；

（3）承诺期限届满，受要约人未作出承诺；

（4）受要约人对要约的内容作出实质性变更。

（二）承诺

1. 承诺的概念、要件

承诺是受要约人同意要约的意思表示。承诺应当具备以下要件：

（1）承诺必须由受要约人向要约人作出答复；

（2）承诺的内容必须与要约的内容一致；

（3）承诺必须在有效期限内作出。

2. 承诺的方式

承诺应当以通知的方式作出，但根据交易习惯或者要约表明可以通过行为作出承诺的除外。

通知的方式是一种明示的方式，可以是书面通知，也可以是口头通知。如果要约中对通知的方式有要求的，承诺人作出承诺时就需要按照要约人的要求，否则承诺无效。根据交易习惯或者当事人约定，承诺也可以不以通知的方式，行为也可以作为承诺的意思表示方式。

☞【思考】

甲向乙发出要约，要求乙必须在5天内作出答复，若在5天内乙不答复则视为接受。假如乙不同意甲提出的要约内容，未予理睬此事，在5日内并未作出任何答复。此时甲认为不答复则视为接受，因此乙同意了自己的要约。请问：

（1）乙是否作出了承诺？

（2）甲乙的合同关系是否成立？

3. 承诺的期限

承诺应当在要约确定的期限内到达要约人。要约没有确定承诺期限的，要约以对话方式作出的，应当即时作出承诺的意思表示，但当事人另有约定的除外；要约以非对话方式作出的，承诺应当在合理期限内到达要约人。

4. 承诺的生效与撤回

承诺的生效采取到达主义，承诺通知到达要约人时生效，承诺不需要通知的，根据交易习惯或者要约的要求作出承诺的行为时生效。

承诺的撤回，是指在承诺发出后未生效之前，承诺人使其不发生法律效力的意思表示。承诺可以撤回，但撤回承诺的通知应当在承诺通知到达要约人之前或者与承诺通知同时到达要约人。

5. 承诺的迟到

承诺的迟到，是指受要约人未在承诺期限内发出的承诺。受要约人超过承诺期限发出承诺的，除要约人及时通知受要约人该承诺有效的以外，为新要约。受要约人在承诺期限内发出承诺，按照通常情形能够及时到达要约人，但因其他原因承诺到达要约人时超过承诺期限的，除要约人及时通知受要约人因承诺超过期限不接受该承诺的以外，该承诺有效。

6. 承诺的内容

承诺对要约的内容作出实质性变更的，为新要约。

有关合同标的、数量、质量、价款或者报酬、履行期限、履行地点和方式、违约责任和解决争议方法等的变更，是对要约内容的实质性变更。

承诺对要约的内容作出非实质性变更的，除要约人及时表示反对或者要约表明承诺不得对要约的内容作出任何变更的以外，该承诺有效，合同的内容以承诺的内容为准。

三、合同成立的时间、地点

（一）合同成立的时间

1. 一般规定

在一般情况下，承诺生效时合同即告成立。

2. 采用合同书形式的合同成立时间

当事人采用合同书形式订立合同的，自双方当事人签字或者盖章时合同成立。

3. 要求签订确认书的合同成立时间

当事人采用信件、数据电文等形式订立合同的，可以在合同成立之前要求签订确认书，签订确认书时合同成立。

4. 合同的实际成立

法律、行政法规规定或者当事人约定采用主要书面形式订立合同，当事人未采用书面形式但一方已经履行主要义务并且对方接受的，该合同成立。采用合同书形式订立合同，在签字或者盖章之前，当事人一方已经履行主要义务并且对方接受的，该合同成立。

（二）合同成立的地点

承诺生效的地点为合同成立的地点。

采用数据电文形式订立合同的采用数据电文形式订立合同的，收件人的主营业地为合同成立的地点；没有主营业地的，其经常居住地为合同成立的地点。当事人另有约定的，按照其约定。

当事人采用合同书形式订立合同的，双方当事人签字或者盖章的地点为合同成立的地点。

四、格式条款合同

（一）格式条款的概念

格式条款是指当事人为了重复使用而预先拟定，并在订立合同时未与对方协商的条款。格式条款合同是以格式条款为基础的合同。

格式条款的出现，对于大量重复发生的合同，不必再多次重复缔约，从而节约了交易时间、降低交易成本、促进合理化经营。但是，单方事先拟定条款，相对人的合同自由受到了限制，一方在预先拟订条款时，经常利用其优势地位、垄断地位，制定有利于自己、不公平的格式条款。

（二）格式合同订立的规制

1. 公平原则确定权利和义务

采用格式条款订立合同的，提供格式条款的一方应当遵循公平原则确定当事人之间的权利和义务。

2. 免责条款的提示义务

提供格式条款的一方应采取合理的方式提请对方注意免除或者限制其责任的条款，按照对方的要求，对该条款予以说明。

（三）格式条款的无效

格式条款无效的情形有：（1）具有一般合同条款无效的情形；（2）《合同法》规定的无效免责条款；（3）提供格式条款一方免除其责任、加重对方责任、排除对方当事人主要权利的无效。

（四）格式条款的解释

1. 按照通常理解解释的规则

对格式条款的理解发生争议的，应当按照通常理解予以解释。

2. 不利于表意人的解释规则

对格式条款有两种以上解释的，应当作出不利于提供格式条款一方的解释。

3. 采取非格式条款解释的规则

格式条款和非格式条款不一致的，应当采取非格式条款。

五、缔约过失责任

（一）缔约过失责任的概念

缔约过失责任，是指当事人在订立合同的过程中，违背诚实信用原则，由于过错违反先合同义务给对方造成损失时所应承担的法律责任。

（二）缔约过失责任的构成要件

缔约过失责任的构成要件有：（1）发生在当事人订立合同阶段；（2）当事人有过错；（3）一方违反先合同义务；（4）另一方因此受到损失。

（三）承担缔约过失责任的法定情形

承担缔约过失责任的法定情形有：（1）假借订立合同，恶意进行磋商；（2）故意隐瞒与订立合同有关的重要事实或者提供虚假情况；（3）有其他违背诚实信用原则的行为。

（四）缔约过失责任的赔偿范围

承担缔约过失责任的主要方式是赔偿损失。缔约过失责任的赔偿范围原则上不超过实际损失，是受损害的对方当事人因缔约过失而遭受的信赖利益损失，包括直接利益的减少和间接利益的损失。

第三节　合同的效力

一、合同效力概述

合同的效力，也称合同的法律约束力。合同的效力是法律赋予的，有效合同对当事人具有法律约束力，国家法律予以保护，当事人应当按照约定履行自己的义务，不得擅自变更或解除合同。无效合同不具有法律约束力，不能产生当事人所追求的法律后果。《合同法》关于合同的效力规定了有效合同、无效合同、可撤销合同以及效力待定合同四种情况。

二、合同的生效

（一）合同生效的含义

合同的生效是指已经成立的合同具备一定的要件后，产生法律上的约束力。合同成立是合同生效的前提和基础，合同生效是合同成立后所积极追求的结果。合同成立是当事人形成了合意达成协议，属于事实问题；而合同生效是对当事人合意的价值判断，成立的合同得到法律的认可，属于法律评价问题。一般情况下，依法成立的合同，合同成立即生效。法律、行政法规规定应当办理批准、登记等手续生效的，依照其规定。

（二）合同的生效要件

合同的生效要件，是指已经成立的合同产生法律效力应当具备的条件。

1. 订立合同的主体合格，具有相应的缔约能力订立合同的当事人应当具有同订立的合同相适应的民事行为能力。

2. 当事人的意思表示真实

当事人的行为应当真实地反映其内心的想法，对于意思表示不真实的合同，《合同法》并没有一概认定为无效合同，而是根据不同情况对其法律后果进行分别规定，有的规定为无效合同，有的规定为可撤销合同。

3. 不违反法律和社会公共利益

合同在内容和目的上必须是合法的，不能违反法律、行政法规的强制性规定，违反社会社会公德、破坏社会经济秩序、损害社会公共利益的合同不受法律的承认与保护，不能产生当事人预期的法律效果，合同不能生效。

（三）合同的生效时间

1. 自成立时生效

一般情况下，依法成立的合同，自成立时生效，这时，合同的成立和生效是同时发生。

2. 自批准登记时生效

法律、行政法规规定应当办理批准、登记等手续的，自批准、登记时生效。对某些合同，法律、行政法规设置了批准、登记等手续，尽管当事人就合同达成协议，合同依法成立，但还需履行规定的手续才能生效。

3. 自条件成就时生效

当事人对合同的效力可以约定附条件。附条件的合同是指双方当事人约定某种成就与否并不确定的将来事实，并以其发生或者不发生作为合同生效或者不生效的限制性条件的合同。

附条件的合同所附条件可以为生效条件，也可以为解除条件。附生效条件的合同，自条件成就时生效，附解除条件的合同，自条件成就时无效。附条件合同的效力状态取决于所附条件的成就或者不成就，任何一方均不得以违反诚实信用原则的方法，恶意地促成条件或者阻止条件的成就。当事人为自己的利益不正当地阻止条件成就的，视为条件已成就；不正当地促成条件成就的，视为条件不成就。所附条件必须为将来发生的事实，既成的事实不能设定为条件，而且应当具有发生与否的或然性。所附条件应由双方约定，用来控制合同法律效力的合法的事实。

4. 自期限届至时生效

当事人对合同的效力可以约定附期限。附期限的合同，是指双方当事人约定以将来确定到来的期限作为合同效力发生或终止的限制性条件的合同。所附期限必须是由当事人约定将来肯定能够发生的期限。合同所附的期限可以是生效期限，也可以是终止期限。附生效期限的合同，自期限届至时生效。附终止期限的合同，自期限届满时失效。

三、无效合同

（一）无效合同的概念和特征

无效合同，是指合同虽经协商成立，但因为严重欠缺合同的有效要件且不能补救，而不能被法律承认和保护的合同。无效合同分为三种情况：

1. 自始无效

无效合同对当事人自始即不应具有法律约束力，不发生履行效力。

2. 绝对无效

当事人不能通过同意或承认其效力而使无效合同变为有效合同。

3. 当然无效

不论当事人是否请求确认无效，人民法院、仲裁机关都可确认无效。

（二）导致合同无效的事由

导致合同无效的事由有：（1）一方以欺诈、胁迫手段订立合同，损害国家利益；欺诈，是指故意告知对方虚假情况，或者故意隐瞒真实情况，诱使对方当事人作出错误的意思表示而与之订立合同。胁迫，是指一方以给予人身或者财产损害相要挟，迫使对方产生恐惧作出不真实的意思表示而与之订立合同。（2）恶意串通，损害国家、集体或第三人利益。（3）以合法形式掩盖非法目的。（4）损害社会公共利益。（5）违反法律、行政法规强制性规定。

（三）合同无效的情形

合同无效按照无效的范围可以分为全部无效和部分无效。对于部分无效合同，不影响其他部分效力的，其他部分仍然有效，当事人应当如约履行合同有效部分。

（四）无效的免责条款

《合同法》规定了两种免责条款为无效，即造成对方人身伤害的条款无效；因故意或者重大过失给对方造成财产损失的免责条款无效。

（五）无效合同的后果

合同无效后，因该合同取得的财产，应当予以返还；不能返还或者没有必要返还的，应当折价补偿。有过错的一方应当赔偿对方因此所受到的损失，双方都有过错的，应当各自承担相应的责任。当事人恶意串通，损害国家、集体或者第三人利益的，因此取得的财产收归国家所有或者返还集体、第三人。

四、可撤销合同

（一）可撤销合同的概念和特征

可变更、可撤销合同，是指因当事人订立合同时意思表示不真实，通过有撤销权的当事人行使撤销权，使已经生效的内容发生变化或者归于无效的合同。

可撤销合同具有以下特点：（1）并非自始无效，可撤销合同在被撤销前是有效的，在被撤销后自始没有法律约束力；（2）主要是意思表示瑕疵的合同；（3）需由有撤销权的当事人通过行使撤销权实现；（4）其变更或撤销由法院或者仲裁机构作出。

（二）可撤销合同的事由

可撤销合同的事由有：（1）因重大误解而订立的合同；（2）在订立合同时显失公平；（3）一方以欺诈、胁迫的手段或者乘人之危，使对方在违背真实意思的情况下订立的合同。

（三）撤销权的行使

撤销权属于受损害方，可通过诉讼或仲裁方式，向人民法院或仲裁机构请求，有变更和撤销两种救济方法。撤销权不能永久存续，有下列情形之一的，撤销权消灭：（1）有撤销权的当事人自知道或者应当知道撤销权事由之日起1年内没有行使撤销权的，撤销权消灭；（2）有撤销权的当事人自知道撤销权事由后明确表示或者以自己的行为放弃撤销权的，撤销权消灭。

（四）合同被撤销的法律后果

被撤销的合同自合同成立时起没有法律约束力，合同的无效就不能产生当事人订立合同所预期的法律效果，但并不是不产生任何法律后果，当事人仍应承担相应的民事责任。合同被撤销不影响合同中独立存在的解决合同争议方法的条款的效力。被撤销后，因该合同取得的财产，应当予以返还；不能返还或者没有必要返还的，应当折价补偿。有过错的一方应当赔偿对方因此所受到的损失，双方都有过错的，应当各自承担相应的责任。当事人恶意串通，损害国家、集体或者第三人利益的，因此取得的财产收归国家所有或者返还集体、第三人。

五、效力待定合同

（一）效力待定合同的概念和特征

效力待定合同又称可追认的合同，是指合同虽然成立，因主体资格欠缺，其效力能否发生尚未确定，须经有权人追认才能生效的合同。

效力待定合同具有以下特征：（1）合同已经成立，但效力不确定；（2）合同效力的确定，取决于有权人的追认或拒绝；（3）合同中的瑕疵可以补救，有利于保护权利人和相对人的合法权益，维护交易安全。

（二）效力待定合同的种类

1. 限制民事行为能力人依法不能独立订立的合同

8周岁以上不满18周岁的未成年和不能完全辨认自己行为的精神病人是限制民事行为能力人，限制民事行为能力人订立合同的主体资格有瑕疵，因此，限制民事行为能力人订立的合同，经法定代理人追认后，该合同有效。但限制民事行为能力人订立的与其年龄、智力、精神健康状况相适应的合同或者纯获利益的合同为有效合同，不必得到其法定代理人的追认，合同当然有效。限制行为能力人订立的其他合同，须经法定代理人的追认，合同方能有效。合同在被追认之前，效力处于待定状态。

2. 无权代理人订立的合同

无权代理人订立的合同，是指不具有代理权的行为人以被代理人的名义与第三人订立的合同。无权代理包括行为人没有代理权、超越代理权或者代理权终止后以被代理人名义为民事行为三种情形。只有当被代理人对无权代理人订立的合同予以追认，该合同才对被代理人发生效力。合同在被追认之前，效力处于待定状态。未经被代理人追认，对被代理人不发生效力，由行为人承担责任。

3. 无处分权人处分他人财产订立的合同

无处分权人订立的合同，是指对某项财产无处分权而与他人订立处分他人财产的合同。非财产所有人没有法律明确规定，也未经授权处分他人财产，经权利人追认或者无处权的人订立合同后取得处分权的，该合同有效。

(三) 权利人的追认权

限制行为能力人实施的超越其行为能力范围的追认权人是法定代理人，无权代理的追认权人是被代理人，无权处分行为的追认权人是享有财产处分权的人。如果权利人对该效力待定合同进行追认，则合同有效；不予追认，则合同无效。追认权是一种形成权，权利人既可以作出追认，也可以拒绝追认。经追认后，自始确定的发生法律效力，拒绝追认后，自始确定的不发生法律效力。权利人的追认应当是在法定的催告期间内以明示的、积极的方式向相对人作出。当然，无处分权人订立的合同除了被追认外，无处分权人事后取得处分权也可以使合同产生法律效力。

(四) 相对人的催告权、撤销权

为了平衡双方当事人的权利，保护善意相对人的利益，《合同法》还赋予了合同相对人催告权和撤销权。

1. 催告权

催告权，是指相对人催告效力待定合同的法定代理人、被代理人等权利人在一定期限内对合同作出追认的权利。相对人可以催告法定代理人、被代理人在1个月内予以追认。如果法定代理人、被代理人未明示追认，则视为拒绝追认。

2. 撤销权

撤销权，是指合同的善意相对人在效力待定合同的法定代理人、被代理人等权利人未追认限制行为能力人、无代理权人所订立的合同之前，撤销该合同的权利。相对人撤销应当以通知的方式作出。

六、因表见代理订立的合同

(一) 表见代理的概念

表见代理，是指代理人虽然不具有代理权，但被代理人的行为足以使善意相对人相信无权代理人具有代理权，基于此项信赖相对人与无权代理人进行交易，由此产生的法律后果由被代理人承担的代理。

行为人没有代理权、超越代理权或者代理权终止后以被代理人名义订立合同，相对人有理由相信行为人有代理权的，该代理行为有效。

(二) 表见代理的构成要件

(1) 符合合同成立的有效要件及代理行为的表面特征；

(2) 客观上存在使善意相对人相信行为人享有代理权的理由；

(3) 相对人为善意且无过失。

(三) 表见代理的法律后果

表见代理具有与有权代理同样的效力。该代理行为有效，因表见代理订立的合同有效成立，被代理人是合同的一方当事人，承担合同产生的法律后果。被代理人承担有效代理行为产生的责任后，可以向无权代理人追偿因代理行为而遭受的损失。

第四节 合同的履行

一、合同履行的概念

合同的履行，是指合同成立并生效后，债务人全面适当地完成其合同义务，债权人的合同权利得到满足，双方当事人的合同目的得以实现的行为。合同的履行是合同的基本法律效力。

二、合同的履行原则

合同的履行原则，是指当事人在履行合同债务时应遵循的基本准则。

(一) 全面履行合同义务原则

全面履行合同义务原则又称适当履行原则，是指当事人双方必须严格按照合同约定的主体、标的、数量、质量、价款或者报酬、履行期限、履行地点、履行方式等所有条款全面完整地完成各自承担的合同义务的原则。

(二) 协作履行原则

协作履行原则是指合同双方当事人不仅应履行自己的义务，而且应按照诚实信用协助对方履行义务的原则。

在合同履行过程中，当事人不仅应当按照合同约定全面履行自己的义务，而且应当遵循诚实信用的原则，根据合同的性质、目的和交易习惯履行通知、协助、保密、防止损失扩大等义务。

(三) 经济合理原则

经济合理原则，是指当事人在履行合同时，应当追求经济效益，取得最佳履行效果，维护对方的利益。

三、合同的履行规则

(一) 合同内容约定不明确时的履行规则

当合同对某些条款没有约定或者约定不明时，可以协议补充；不能达成补充协议的，按照合同有关条款或者交易习惯确定。依照上述原则仍不能确定的，按照下列规定履行：

1. 质量要求不明确的

按照国家标准、行业标准履行；没有国家标准、行业标准的，按照通常标准或者符合合同目的的特定标准履行。

2. 价款或者报酬不明确的

按照订立合同时履行地的市场价确定；依法应当执行政府定价或者政府指导价的，按照规定确定。

3. 履行地点不明确的

给付货币的，在接受货币一方所在地履行；交付不动产的，在不动产所在地履行；其他标的，在履行义务一方所在地履行。

4. 履行期限不明确的

债务人可以随时履行，债权人也可以随时请求履行，但应当给对方必要的准备时间。

5. 履行方式不明确的

按照有利于实现合同目的的方式履行。

6. 履行费用负担不明确的

由履行义务一方负担。

（二）执行政府定价或政府指导价合同的履行规则

执行政府定价或者政府指导价的，在合同约定的交付期限内政府价格调整时，按照交付时的价格计价。逾期交付标的物的，遇价格上涨时，按照原价格执行；价格下降时，按照新价格执行。逾期提取标的物或者逾期付款的，遇价格上涨时，按照新价格执行；价格下降时，按照原价格执行。

（三）合同履行涉及第三人的规则

1. 向第三人履行

当事人约定由债务人向第三人履行债务的，债务人未向第三人履行债务或者履行债务不符合约定，应当向债权人承担违约责任。

2. 由第三人履行

当事人约定由第三人向债权人履行债务的，第三人不履行债务或者履行债务不符合约定，债务人应当向债权人承担违约责任。

（四）提前履行规则

债权人可以拒绝债务人提前履行债务，但提前履行不损害债权人利益的除外。债务人提前履行债务给债权人增加的费用，由债务人负担。

（五）部分履行规则

债权人可以拒绝债务人部分履行债务，但部分履行不损害债权人利益的除外。债务人部分履行债务给债权人增加的费用，由债务人负担。

（六）当事人一方发生变更时的履行规则

债权人分立、合并或者变更住所没有通知债务人，致使履行债务发生困难的，债务人可以中止履行或者将标的物提存。合同生效后，当事人不得因姓名、名称的变更或者法定代表人、负责人、承办人的变动而不履行合同义务。

四、合同履行中的抗辩权

（一）同时履行抗辩权

1. 同时履行抗辩权的概念

同时履行抗辩权，是指无先后履行顺序的双务合同中，由于一方不履行或履行不符合约定，另一方因此而享有的拒绝对方要求自己履行相应合同义务的权利。《合同法》规定，当事人互负债务，没有先后履行顺序的，应当同时履行。一方在对方履行之前有权拒绝其履行要求。一方在对方履行债务不符合约定时，有权拒绝其相应的履行要求。

2. 同时履行抗辩权的构成要件

（1）因同一双务合同而互负义务。

（2）双方互负的债务没有先后履行顺序且均已届清偿期。

（3）对方当事人未履行或者未适当履行合同。

（4）有履行的可能。

3. 同时履行抗辩权的效力

同时履行抗辩权属于延期的抗辩权，只是暂时阻止对方当事人请求权的行使，而不是永久的终止合同。在行使同时履行抗辩权后，如果对方完全履行了合同义务，同时履行抗辩权即告消灭，行使抗辩权者应当履行自己的义务。如果对方仍不履行义务或者履行仍不符合约定的，行使同时履行抗辩权的一方可以行使解除权解除合同，这时，同时履行抗辩权同样归于消灭。

（二）先履行抗辩权

1. 先履行抗辩权的概念

先履行抗辩权，是指在有先后履行顺序的双务合同中，应当先履行的一方没有履行合同义务或者履行不符合合同约定之前，后履行一方有权拒绝其相应的履行请求。

《合同法》规定，当事人互负债务，有先后履行顺序，先履行一方未履行的，后履行一方有权拒绝其履行要求。先履行一方履行债务不符合约定的，后履行一方有权拒绝其相应的履行要求。

2. 先履行抗辩权的构成要件

（1）因同一双务合同互负债务。

（2）有履行的先后顺序。

（3）应当先履行的一方没有履行或履行不符合约定。

3. 先履行抗辩权的效力

行使先履行抗辩权，阻止先履行义务人请求权的行使，但并不是消灭合同的效力。先履行义务人如果完全履行了合同义务，先履行抗辩权消灭，后履行义务人应当恢复履行。

（三）不安抗辩权

1. 不安抗辩权的概念

不安抗辩权，是指在有先后履行顺序的双务合同中，应当先履行的一方有确切证据证明对方丧失履约能力，在对方没有履行或者提供担保之前，有权中止履行合同的权利。

2. 不安抗辩权的构成要件

（1）因同一双务合同而互负债务。

（2）当事人的履行有先后顺序。

（3）权利人是负有先履行义务的当事人。

（4）应先履行合同义务人有确切证据证明后履行当事人丧失或者可能丧失履约能力。

3. 发生不安抗辩权的原因

（1）后履行一方的经营状况严重恶化。

（2）后履行一方转移财产、抽逃资金以逃避债务。

（3）后履行一方丧失商业信誉。

（4）后履行一方有其他丧失或可能丧失履行债务能力的情形。

当事人没有确切证据中止履行的，应当承担违约责任。

4. 不安抗辩权的效力

（1）中止履行、发出通知。不安抗辩权也属于延期抗辩权，行使不安抗辩权只是中止履行合同，而非终止合同。行使不安抗辩权的当事人应当及时向对方发出通知，告知自己中止先履行义务的原因，要求对方提供适当担保或证明其已经恢复履约能力。

（2）恢复履行或解除合同。如果后履行一方在合理期限内提供了适当担保，先履行一方应当恢复履行，合同“起死回生”。如果后履行一方在合理期限内未恢复履行能力并且未提供适当担保的，中止履行的一方可以解除合同。

五、合同的保全

（一）合同保全的概念

合同保全，是指合同的债权人依据法律规定，在债务人不正当地处分其权利和财产而危及债权实现时，可以代债务人之位对第三人行使债权或者请求撤销债务人和第三人之间行为的一种债权保障方法。合同保全措施主要包括代位权和撤销权两种。

合同的相对性原则决定了合同关系只发生在特定的合同当事人之间，债的关系原则上不对当事人以外的第三人发生效力，但为确保债权人权利的实现，在特殊情况下，允许合同对合同以外的第三人发生效力。当债务人的财产不当减少危害到债权人的债权时，法律上设置了债的保全制度，合同发生对外效力，法律赋予债权人向第三人行使代位权和撤销权以保护自己的利益，促使债务人按诚实信用原则履行债务。

（二）债权人代位权

1. 代位权的概念

代位权，是指因债务人怠于行使其对第三人的到期债权，从而危及债权人债权的实现时，债权人为保障自己的债权而以自己的名义依法向法院请求代位行使债务人对第三人的债权的权利。《合同法》规定，因债务人怠于行使其到期债权，对债权人造成损害的，债权人可以向人民法院请求以自己的名义代位行使债务人的债权，但该债权专属于债务人自身的除外。

2. 代位权的构成要件

（1）债权人对债务人的债权合法。

（2）债务人享有对第三人的合法债权，并且不是专属于债务人自身的权利。

（3）债务人怠于行使其到期债权。

（4）债务人怠于行使其到期债权的行为对债权人造成损害。债务人不履行其对债权人的到期债务，又不以诉讼方式或者仲裁方式向其债务人主张其享有的具有金钱给付内容的到期债权，致使债权人的到期债权未能实现。次债务人（债务人的债务人）不认为债务人有怠于行使其到期债权情况的，应当承担举证责任。

3. 代位权的行使

（1）代位权的行使方式。债权人行使代位权应以自己名义代位行使债务人的债权，必须通过人民法院的裁判方式进行，通过人民法院裁判方式能防止债权人滥用代位权以及发生纠纷。

（2）代位权的行使范围。以债权人的债权为限，债权人不可以代位行使专属于债务人自身的债权。

☞【知识拓展】

专属于债务人自身的债权范围

专属于债务人自身的债权，是指基于扶养关系、抚养关系、赡养关系、继承关系产生的给付请求权和劳动报酬、退休金、养老金、抚恤金、安置费、人寿保险、人身伤害赔偿请求权等权利。

（3）代位权的行使费用负担。债权人因行使代位权而发生的必要费用，如诉讼费、代理费、差旅费等由债务人承担。不是必要的费用，由债权人自己负担。

（4）代位权行使的效力。债权人向次债务人提起的代位权诉讼经人民法院审理后认定代位权成立的，由次债务人向债权人履行清偿义务，债权人与债务人、债务人与次债务人之间相应的债权债务关系即予消灭。

（三）债权人撤销权

1. 撤销权的概念

撤销权，是指当债务人放弃到期债权、无偿处分财产或以明显低价处分财产给第三人而危及债权人债权的实现时，债权人可以请求人民法院撤销债务人的行为的权利。

《合同法》规定，因债务人放弃其到期债权或者无偿转让财产，对债权人造成损害的，债权人可以请求人民法院撤销债务人的行为。债务人以明显不合理的低价转让财产，对债权人造成损害，并且受让人知道该情形的，债权人也可以请求人民法院撤销债务人的行为。

2. 撤销权的构成要件

（1）债权人对债务人存在有效债权。

（2）债务人实施了减少财产的处分行为。包括以下几种情况：

①债务人无偿处分其财产，即债务人放弃到期债权或者无偿转让财产。②债务人以明显不合理的低价处分财产，并且受让人知道该情形。有偿转让行为必须以受让人主观上有过错为要件，以保证交易关系，保护善意受让人的权利。

（3）债务人减少财产的处分行为危害到债权人的债权。

3. 撤销权的行使

（1）撤销权的行使方式。应以自己名义通过人民法院的裁判方式进行。

（2）撤销权的行使范围。应以债权人的债权为限。

（3）撤销权的行使费用。债权人因行使撤销权而发生的必要费用由债务人承担，不是必要的费用由债权人自己负担。

（4）撤销权的行使期限。撤销权的行使是有期限限制的，享有撤销权的债权人应当在法定的期限内行使其债权，否则法定期限届满后，则撤销权消灭。

《合同法》规定，撤销权自债权人知道或者应当知道撤销之日起 1 年内行使。自债务人的行为发生之日起 5 年内没有行使撤销权的，该撤销权消灭。

（5）撤销权行使的效力。债权人提起撤销权诉讼，请求人民法院撤销债务人放弃债权或转让财产的行为，人民法院应当就债权人主张的部分进行审理，依法撤销的，该行为自始无效。

第五节　合同的担保

一、担保的概念

合同的担保，是指依照法律规定，或由当事人双方约定，用特定人的信用或者财产保障债务人履行债务、债权人实现债权的法律制度。《中华人民共和国担保法》（以下简称《担保法》）规定，在借贷、买卖、货物运输、加工承揽等经济活动中，债权人需要以担保方式保障其债权实现的，可以依法设定担保。担保活动应当遵循平等、自愿、公平、诚实信用的原则。

担保以确保债务的履行为目的，以特定人的信用或者特定财产保障主债权的实现。在债务人不履行到期债务或者发生当事人约定的实现担保的情形，由担保人代为履行或者就担保财产优先受偿给债权人。担保具有从属性，被担保的合同是主合同，担保合同是从合同。担保关系从属于所担保的主债权债务关系，以主债权债务关系的有效存在为前提，担保合同被确认无效后，债务人、担保人、债权人有过错的，应当根据其过错各自承担相应的民事责任。担保关系随主债权的转移而转移，主债权消灭，担保关系随之消灭。

二、合同担保的方式

（一）保证

1. 保证的概念

保证，是指保证人和债权人约定，当债务人不履行债务时，保证人按照约定履行债务或者承担责任的行为。保证是第三人为债务人的债务履行作保证，债权人与保证人之间的合同是保证合同，由保证合同产生的债务是保证债务。

2. 保证人

保证人是指在保证法律关系中，提供担保的自然人、法人或其他组织。具有债务能力的法人、其他组织或者公民，可以担任保证人。

国家机关不得为保证人，但经国务院批准为使用外国政府或者国际经济组织贷款进行转贷的除外。学校、幼儿园、医院等以公益为目的的事业单位、社会团体不得为保证人。企业法人的分支机构、职能部门不得为保证人。但是企业法人的分支机构有法人书面授权的，可以在授权范围内提供保证。

3. 保证合同

保证人与债权人应当以书面形式订立保证合同。保证人与债权人可以就单个主合同分别订立保证合同，也可以协议在最高债权额限度内就一定期间连续发生的借款合同或者某项商品交易合同订立一个保证合同。保证合同应当包括以下内容：被保证的主债权种类、数额；债务人履行债务的期限；保证的方式；保证担保的范围；保证的期间；双方认为需要约定的其他事项。保证合同不完全具备上述规定内容的，可以补正。

4. 保证的方式

（1）一般保证。当事人在保证合同中约定，债务人不能履行债务时，由保证人承担保证责任的为一般保证。一般保证的保证人在主合同纠纷未经审判或者仲裁，并就债务人财产依法强制执行仍不能履行债务前，对债权人可以拒绝承担保证责任，即保证人享有先诉抗辩权。但法律另有规定的除外。

（2）连带责任保证。当事人在保证合同中约定保证人与债务人对债务承担连带责任的，为连带责任保证。连带责任保证的债务人在主合同规定的债务履行期届满没有履行债务的，债权人可以要求债务人履行债务，也可以要求保证人在其保证范围内承担保证责任。当事人对保证方式没有约定或者约定不明确的，按照连带责任保证承担保证责任。

5. 保证责任

保证担保的范围包括主债权及利息、违约金、损害赔偿金和实现债权的费用。保证合同另有约定的，按照约定。当事人对保证担保的范围没有约定或者约定不明确的，保证人应当对全部债务承担责任。

保证人有不承担民事责任：主合同当事人双方串通，骗取保证人提供保证的；主合同债权人采取欺诈、胁迫等手段，使保证人在违背真实意思的情况下提供保证的。

保证人承担保证责任后，有权向债务人追偿。

（二）抵押

1. 抵押的概念

抵押，是指债务人或者第三人不转移对财产的占有，将该财产作为债权的担保，在债务人不履行到期债务或者发生当事人约定的实现抵押权的情形，债权人依法享有就该财产优先受偿。

债务人或者第三人为抵押人，债权人为抵押权人，提供担保的财产为抵押物。抵押权的标的物主要是债务人或第三人提供担保的财产，抵押权不移转标的物占有。

2. 抵押物

《物权法》规定，下列财产可以抵押：建筑物和其他土地附着物；建设用地使用权；以招标、拍卖、公开协商等方式取得的荒地等土地承包经营权；生产设备、原材料、半成品、产品；正在建造的建筑物、船舶、航空器；交通运输工具；法律、行政法规未禁止抵押的其他财产。抵押人可以将上述所列财产一并抵押。

下列财产不得抵押：土地所有权；耕地、宅基地、自留地、自留山等集体所有的土地使用权，但法律规定可以抵押的除外；学校、幼儿园、医院等以公益为目的的事业单位、社会团体的教育设施、医疗卫生设施和其他社会公益设施；所有权、使用权不明或者有争议的财产；依法被查封、扣押、监管的财产；法律、行政法规规定不得抵押的其他财产。

3. 抵押合同

设立抵押权，当事人应当采取书面形式订立抵押合同。订立抵押合同时，抵押权人和抵押人在合同中不得约定在债务履行期届满抵押权人未受清偿时，抵押物的所有权转移为债权人所有。

4. 抵押物登记

法律规定需要办理抵押登记的财产设定抵押，抵押合同从登记之日起生效，对不需办理抵押登记的财产设定抵押，当事人自愿办理抵押物登记，抵押合同自签订之日起生效。当事人未办理抵押物登记的，不得对抗第三人。

5. 抵押担保的范围

抵押担保的范围包括主债权及利息、违约金、损害赔偿金和实现抵押权的费用。抵押合同另有约定的，按照约定。

6. 抵押权的实现

债务人不履行到期债务或者发生当事人约定的实现抵押权的情形，抵押权人可以与抵押人协议以抵押财产折价或者以拍卖、变卖该抵押财产所得的价款优先受偿。抵押权人与抵押人未就抵押权实现方式达成协议的，抵押权人可以请求人民法院拍卖、变卖抵押财产。

抵押财产折价或者拍卖、变卖后，其价款超过债权数额的部分归抵押人所有，不足部分由债务人清偿。

同一财产向两个以上债权人抵押的，拍卖、变卖抵押财产所得的价款依照下列规定清偿：抵押权已登记的，按照登记的先后顺序清偿；顺序相同的，按照债权比例清偿；抵押权已登记的先于未登记的受偿；抵押权未登记的，按照债权比例清偿。

7. 最高额抵押

为担保债务的履行，债务人或者第三人对一定期间内将要连续发生的债权提供担保财产的，债务人不履行到期债务或者发生当事人约定的实现抵押权的情形，抵押权人有权在最高债权额限度内就该担保财产优先受偿。

（三）质押

1. 质押的概念

质押，是指债务人或者第三人将其动产移交债权人占有，或者将权利出质，以该动产或者权利作为债权的担保，当债务人不履行到期债务或发生当事人约定的事由时，债权人就该动产或财产权利优先受偿。质权分为动产质权和权利质权，质权以移转质物的占有为成立要件。

2. 动产质押

动产质押，是指为担保债务的履行，债务人或者第三人将其动产出质给债权人占有的，债务人不履行到期债务或者发生当事人约定的实现质权的情形，债权人有权就该动产优先受偿。债务人或者第三人为出质人，债权人为质权人，交付的动产为质押财产。法律、行政法规禁止转让的动产不得出质。设立质权，当事人应当采取书面形式订立质权合同。质权人在债务履行期届满前，不得与出质人约定债务人不履行到期债务时质押财产归债权人所有。质权自出质人交付质押财产时设立。

质权人有权收取质押财产的孳息，但合同另有约定的除外。质权人在质权存续期间，未经出质人同意，擅自使用、处分质押财产，给出质人造成损害的，应当承担赔偿责任。质权人负有妥善保管质押财产的义务。质权人的行为可能使质押财产毁损、灭失的，出质人可以要求质权人将质押财产提存，或者要求提前清偿债务并返还质押财产。

债务人不履行到期债务或者发生当事人约定的实现质权的情形，质权人可以与出质人协议以质押财产折价，也可以就拍卖、变卖质押财产所得的价款优先受偿。出质人可以请求质权人在债务履行期届满后及时行使质权；质权人不行使的，出质人可以请求人民法院拍卖、变卖质押财产。出质人请求质权人及时行使质权，因质权人怠于行使权利造成损害的，由质权人承担赔偿责任。质押财产折价或者拍卖、变卖后，其价款超过债权数额的部分归出质人所有，不足部分由债务人清偿。

3. 权利质押

权利质押，是指以可以转让的权利为标的物的质押。债务人或者第三人有权处分的下列权利可以出质：汇票、支票、本票；债券、存款单；仓单、提单；可以转让的基金份额、股权；可以转让的注册商标专用权、专利权、著作权等知识产权中的财产权；应收账款；法律、行政法规规定可以出质的其他财产权利。

（四）留置

1. 留置的概念

留置，是指债务人不履行到期债务，债权人可以留置已经合法占有的债务人的动产，并有权就该动产优先受偿。债权人为留置权人，占有的动产为留置财产。

留置权是法定担保物权，同一动产上已设立抵押权或者质权，该动产又被留置的，留置权人优先受偿。

2. 留置的效力

债权人留置的动产，应当与债权属于同一法律关系，但企业之间留置的除外。法律规定或者当事人约定不得留置的动产，不得留置。留置财产为可分物的，留置财产的价值应当相当于债务的金额。

留置担保的范围包括主债权及利息、违约金、损害赔偿金、留置物保管费用和实现留置权的费用。

留置权人负有妥善保管留置财产的义务，因保管不善致使留置财产毁损、灭失的，应当承担赔偿责任。置权人有权收取留置财产的孳息，孳息应当先充抵收取孳息的费用。

3. 留置权的实现

留置权人与债务人应当约定留置财产后的债务履行期间；没有约定或者约定不明确的，留置权人应当给债务人2个月以上履行债务的期间，但鲜活易腐等不易保管的动产除外。债务人逾期未履行的，留置权人可以与债务人协议以留置财产折价，也可以就拍卖、变卖留置财产所得的价款优先受偿。债务人可以请求留置权人在债务履行期届满后行使留置权；留置权人不行使的，债务人可以请求人民法院拍卖、变卖留置财产。留置财产折价或者拍卖、变卖后，其价款超过债权数额的部分归债务人所有，不足部分由债务人清偿。

（五）定金

1. 定金的概念

定金，是指合同当事人约定的预先支付给另一方一定数额的货币以担保债务的履行。定金是一种约定担保方式，当事人可通过协议采用。定金除担保功能外，还有其他作用，如承担违约责任等。

2. 定金的设立

定金应当以书面形式约定，当事人在定金合同中应当约定交付定金的期限。定金合同是实践性合同，从实际交付定金之日起生效。定金的数额由当事人约定，但不得超过主合同标的额的20%。

3. 定金罚则

债务人履行债务后，定金应当抵作价款或者收回。给付定金的一方不履行约定的债务的，无权要求返还定金；收受定金的一方不履行约定的债务的，应当双倍返还定金。

第六节　合同的变更、转让

一、合同的变更

（一）合同变更的含义

合同变更仅指合同内容的变更，即在合同成立以后，尚未履行或者尚未完全履行以前，当事人依照法律规定的条件和程序，就合同的内容发生的变化。

（二）合同变更的原因

1. 当事人协议变更

当事人协商一致，可以变更合同。法律、行政法规规定变更合同事项应当办理批准、登记手续的，依照其规定。当事人对合同变更的内容约定不明确的，推定为未变更。

2. 基于法律的直接规定变更

当法律规定的情形出现时，合同内容即发生变化，如托运人的法定变更权。

3. 法院或仲裁机关裁决变更

当事人订立合同时意思表示不真实，有撤销权一方向法院或仲裁机关请求变更或撤销合同。

（三）合同变更的效力

变更后的合同代替了原合同。合同变更后，当事人应按变更后的合同履行。合同变更原则上没有溯及力，它仅向将来发生效力，已经履行部分不受影响，但法律另有规定或当事人另有约定的除外。

二、合同的转让

（一）合同转让的概念

合同的转让也就是合同权利义务的转让，是指合同当事人依法将其合同的权利、义务的全部或者部分转让给第三人的行为。合同转让不改变合同内容，是合同主体的变更，包括合同权利的转让、合同义务的转移、合同权利和义务的一并转让三种类型。法律、行政法规规定转让权利或者转移义务应当办理批准、登记等手续的，依照其规定。

（二）合同权利的转让

1. 合同权利转让的概念

合同权利的转让，是指不改变合同权利的内容，债权人将合同的权利全部或部分转让给第三人的行为。债权人是转让人，第三人称为受让人，转让的对象是合同的债权，债权人既可以将合同权利全部转让，也可以将合同权利部分转让。

2. 对合同权利转让的限制

债权人可以将合同的权利全部或者部分转让给第三人，但有下列情形之一的除外：

（1）根据合同性质不得转让；

（2）按照当事人约定不得转让；

（3）依照法律规定不得转让。

3. 合同权利转让的程序

债权人享有转让其合同的权利，但是，由于债权人和债务人之间存在合同关系，债权的转让会对债务人造成一定的影响，从维护债务人利益出发，应对权利让与作适当限制，债权人转让权利时应完成一定的程序。《合同法》规定，债权人转让权利的，应当通知债务人，未经通知，该转让对债务人不发生效力。债权人转让权利的通知不得撤销，但经受让人同意的除外。

4. 合同权利转让的效力

合同权利转让后，在让与人（原债权人）、受让人（第三人）和债务人之间产生相应的法律后果。

（1）合同权利转让的内部效力。合同权利转让在让与人和受让人之间的效力是合同权利转让的内部效力。①合同权利由让与人转让给受让人后，如果是合同权利全部转让，则受让人取代让与人在原合同中债权人的地位，而成为新的债权人，原债权人脱离合同关系；如果是合同权利部分转让，则受让人作为第三人加入到合同关系中，与原债权人共同享有债权。②从权利随主权利同时转让给受让人，但专属于债权人自身的从权利不随主权利的转让而转让。

（2）合同权利转让的外部效力。合同权利转让对债务人发生的效力是合同权利转让的外部效力。①让与人将债权全面让与的，让与人即原债权人不得再向债务人请求给付，债务人不得再向让与人履行债务。②债务人接到债权转让通知后，债务人对让与人的抗辩，可以向受让人主张。③债务人接到债权转让通知时，债务人对让与人享有债权，并且债务人的债权先于转让的债权到期或者同时到期的，债务人可以向受让人主张抵销。

(三) 合同义务的转移

1. 合同义务转移的概念

合同义务的转移，是指债务人经债权人同意，将合同的义务全部或者部分地转让给第三人的行为。合同义务转移是义务履行主体的改变，不改变合同义务内容，合同义务的转移不同于第三人代替债务人履行债务，债务人将债务转移给第三人承担必须经债权人同意。

2. 合同义务转移的条件

债务人可以将合同的义务转移给第三人，但是，债务人的情况对债权人债权的实现尤为重要，因此，为了保护债权人的合法利益，债务人必须经过债权人的同意才能将债务转让给第三人。

3. 合同义务转移的效力

合同义务转移后，在让与人（原债务人）、受让人（第三人）和债权人之间产生相应的法律后果。

(1) 合同义务转移的内部效力。合同义务转移在让与人和受让人之间的效力是合同义务转移的内部效力。①合同义务转移后，如果是合同义务的全部转移，受让人即新的债务人将完全取代让与人直接承担合同的义务，原债务人脱离债务关系；如果是合同义务的部分转移，则受让人即新的债务人加入到原债务中，和让与人即原债务人一起向债权人履行义务。②债务人转移义务的，新债务人应当承担与主债务有关的从债务，但该从债务专属于原债务人自身的除外。

(2) 合同义务转移的外部效力。合同义务转移对债权人发生的效力是合同义务转移的外部效力。债务人转移义务的，新债务人可以主张原债务人对债权人的抗辩。

(四) 合同权利和义务的一并转让

1. 合同权利义务一并转让的含义

合同权利义务一并转让又被称为概括转让，是指当事人一方经对方同意，将其权利和义务一并转移给第三人的行为。概括转让是当事人对合同权利和义务的全面处分，转让的内容包括权利的转让和义务的转移。权利和义务一并转让，适用权利转让和义务转移的规定。

2. 合同权利和义务的一并转让的效力

合同的一方当事人将自己在合同中的权利与义务一并转让时，应当取得对方当事人的同意。对债权转让的限制，适用于概括转让，如按合同性质、当事人约定、法律规定不得转让的债权，当事人不得转让。转让合同权利义务时，与债权有关的从权利和从债务一并转让，但专属于债权人自身的除外。转让合同权利义务不影响债务人抗辩权的行使。法律、行政法规规定转让权利或者转移义务应当办理批准、登记等手续的，依照其规定。

（五）合并或分立后债权债务的处理

合并，是指两个或两个以上的法人或者其他组织合并为一个法人或一个其他组织，合并分为新设合并和吸收合并。当事人订立合同后合并的，由合并后的法人或者其他组织行使合同权利，履行合同义务。

分立，是指一个法人或者其他组织分成多个法人或者其他组织。当事人订立合同后分立的，除债权人和债务人另有约定的以外，由分立的法人或者其他组织对合同的权利和义务享有连带债权，承担连带债务。

第七节　合同权利义务的终止

一、合同终止的概述

合同终止，是指依法生效的合同，由于一定的法律事实发生，债权人不再享有合同权利，债务人也不必再履行合同义务，合同债权、债务归于消灭。合同是有期限权利，不可能永久存续，因一定的事由出现而使合同的权利和义务归于消灭。

二、合同终止的原因

根据《合同法》的规定，有下列情形之一的，合同的权利义务终止：债务已经按照约定履行；合同解除；债务相互抵销；债务人依法将标的物提存；债权人免除债务；债权债务同归于一人；法律规定或者当事人约定终止的其他情形。

（一）合同解除

合同的解除，是指合同有效成立后，没有完全履行之前，因主客观情况发生变化，当事人通过协议或行使解除权的方式，使合同关系归于消灭的行为。合同解除适用于有效合同，无效合同自始不发生履行效力无须解除。合同解除不是自动解除，应当有当事人的解除行为。

1. 合同解除的种类

（1）约定解除合同。根据合同自愿原则，当事人有在法律规定范围内自愿解除合同的权利。约定解除合同是指双方以协议方式或一方行使约定解除权而解除合同。①协商解除合同。当事人在协商一致的基础上以订立合同的方式解除原有的合同。②约定解除权解除合同，当事人双方订立合同时约定解除合同的条件，当条件成就时一方或双方有权解除合同。

（2）法定解除合同。法定解除是指合同生效后，没有完全履行完毕前，在法律规定的解除条件出现时，当事人行使解除权而使合同关系消灭。①法定事由解除。根据《合同法》的规定，有下列情形之一的，当事人可以解除合同：因不可抗力致使不能实现合同目的；在履行期限届满之前，当事人一方明确表示或者以自己的行为表明不履行主要债务；当事人一方迟延履行主要债务，经催告后在合理期限内仍未履行；当事人一方迟延履行债务或者有其他违约行为致使不能实现合同目的；法律规定的其他情形。

②法定任意解除，对于特定种类合同，无须法定事由，一方或双方有解除权，如《合同法》中的定作人随时解除权。

2. 解除权行使期限

法律规定或者当事人约定解除权行使期限，期限届满当事人不行使的，该权利消灭。法律没有规定或者当事人没有约定解除权行使期限，经对方催告后在合理期限内不行使的，该权利消灭。

3. 解除合同的程序

当事人在约定解除权解除合同和法定解除合同的时候，应当遵守下列程序规定：

（1）当事人协商解除合同的，适用要约和承诺的规则。

（2）当事人一方依照约定解除权、法定解除主张解除合同的，应通知对方。合同自通知到达对方时解除。对方有异议的，可以请求人民法院或者仲裁机构确认解除合同的效力。

（3）法律、行政法规规定解除合同应当办理批准、登记手续的，依照其规定。法律、行政法规规定解除合同应当办理批准、登记手续的，未办理有关手续，合同不能终止。

4. 合同解除的效力

根据《合同法》的规定，合同解除后，尚未履行的，终止履行；已经履行的，根据履行情况和合同性质，当事人可以要求恢复原状、采取其他补救措施，并有权要求赔偿损失。合同的权利义务终止，不影响合同中结算和清理条款的效力。

（二）债务相互抵销

抵销，是指当事人互负到期债务，相互充抵债权，使双方的债务在对等数额内消灭的行为。抵销是一种公平简捷的清偿方法，免除了当事人双方交互履行的麻烦，方便了当事人，节省了履行费用，当互负债务的当事人一方财产状况恶化，不能履行所负债务时，通过抵销可以避免先为清偿者遭受损失的危险，起到了债的担保的作用。

1. 抵销的种类

根据抵销产生的依据不同，可以分为法定抵销和约定抵销。

（1）法定抵销，是指法律规定抵销的条件，债权人以自己的债权抵充自己的债务，依债权人一方的意思表示即发生抵销的效力。根据《合同法》的规定，当事人互负到期债务，该债务的标的物种类、品质相同的，任何一方可以将自己的债务与对方的债务抵销，但依照法律规定或者按照合同性质不得抵销的除外。当事人主张抵销的，应当通知对方。通知自到达对方时生效。抵销不得附条件或者附期限。

（2）约定抵销，是指当事人双方协商一致，使自己的债务与对方的债务在等额内消灭。根据《合同法》的规定，当事人互负债务，标的物种类、品质不相同的，经双方协商一致，也可以抵销。约定抵销是当事人订立以抵销债务为内容的合同，应遵循双方自愿的原则，适用合同成立、生效的一般规则，由当事人协商确定抵销的条件和效力。

（三）债务人将标的物提存

提存，是指由于债权人的原因而无法履行债务或难以履行债务时，债务人将该标的物交给提存机关而消灭债务的行为。债务人履行合同时需要债权人的协助，如果因为债权人的原因导致不能履行债务，债务人的债务并不能因此消灭，债务人仍需随时准备履行，承担债权人不受领的后果，显然有失公平，因此，提存作为合同权利与义务终止的原因，可以起到保护债务人，同时兼顾债权人利益的作用。

1. 提存的原因

根据《合同法》的规定，有下列情形之一，难以履行债务的债务人可以将标的物提存：

（1）债权人无正当理由拒绝受领；

（2）债权人下落不明；

（3）债权人死亡或者丧失行为能力而未确定继承人或者监护人；

（4）法律规定的其他情形。

2. 提存标的物

提存的标的物应当是合同约定给付的标的物，可以是货币、有价证券、票据、提单、权利证书、物品等，动产和不动产都可以提存。标的物不适于提存或者提存费用过高的，债务人依法可以拍卖或者变卖标的物，提存所得的价款。

3. 提存通知

为了便于债权人受领提存物，标的物提存后，除债权人下落不明的以外，债务人应当将提存的事实及时通知债权人或者债权人的继承人、监护人。

4. 提存的效力

（1）标的物提存后，不论债权人是否提取，都产生债务消灭的法律后果，债权人不得再向债务人请求履行合同。

（2）标的物提存后，标的物毁损、灭失的风险由债权人承担。

（3）标的物提存后，标的物在提存期间的孳息归债权人所有，提存费用由债权人负担。

（4）标的物提存后，债权人有领取提存物的权利。债权人可以随时领取提存物，但债权人对债务人负有到期债务的，在债权人未履行债务或者提供担保之前，提存部门根据债务人的要求应当拒绝其领取提存物。债权人领取提存物的权利，自提存之日起5年内不行使而消灭，提存物扣除提存费用后归国家所有。

（5）标的物提存后，提存机关有妥善保管提存物的义务。

（四）债权人免除债务

1. 免除的概念

免除，是指合同没有完全履行之前，债权人抛弃部分或全部债权，从而使合同关系部分或全部终止的法律行为。债权人应当有抛弃债权的意思表示，具有相应的行为能力，免除的结果是免除了债务人的债务。

2. 免除的效力

免除使债务消灭。债权人免除部分债务的，债务部分消灭；免除全部债务的，债务全部消灭。免除全部债务的，全部债务不必再履行，合同的权利与义务因此终止。免除消灭了对方债务，也等于放弃了自己的债权，债权消灭，从属于债权的担保权利、违约金请求权等也随之消灭。

（五）债权债务混同

混同是指债权债务同归于一人。合同关系的主体是对立的双方，由于某种客观事实的发生，使得一项合同中的债权、债务同归于一人，合同的履行失去意义，合同失去存在的基础，合同的权利与义务自然应当终止。混同发生的原因主要有合并、继承等。如两个企业法人发生合并，债权债务因同归于一个企业而消灭。

在上述合同权利义务终止的原因中，债务已经按照约定履行是合同终止的正常原因。债务已经按照约定履行，是指债务人按照约定标的、数量、质量、价款或者报酬、履行期限、履行地点和方式等全面履行合同。债务人按照合同约定全面履行义务，债权人的债权得到了满足，实现合同订立的目的，合同权利与义务归于消灭，产生合同终止的后果，合同因正常履行而终止。

除了履行、解除、抵销、提存、免除、混同之外，出现法律规定或者当事人约定的合同权利与义务终止的其他情形的，合同的权利义务也发生终止的效力。如合同法规定，委托人或者受托人死亡、丧失民事行为能力或者破产的，委托合同终止。

三、合同终止的效力

合同的权利与义务终止后，在合同当事人之间产生消灭原权利与义务关系的效力，不必继续履行合同。合同终止后，当事人产生后合同义务。所谓后合同义务，是指合同的权利与义务终止后，当事人依照法律的规定，遵循诚实信用原则，根据交易习惯履行的义务。合同终止后的义务通常包括通知的义务、协助的义务、保密的义务等。合同的权利义务终止，不影响合同中结算和清理条款的效力。

第八节　违约责任

一、违约责任概述

违约责任，是指当事人一方或双方不履行合同义务或者履行合同义务不符合合同约定时，依照法律规定或者合同约定应承担的法律责任。违约责任是违反有效合同约定义务的法律后果，是违约方对另一方承担的民事责任。

当事人一方因第三人的原因造成违约的，应当向对方承担违约责任。当事人一方和第三人之间的纠纷，依照法律规定或者按照约定解决。因当事人一方的违约行为，侵害对方人身、财产权益的，受损害方有权选择依照合同法要求其承担违约责任或者依照其他法律要求其承担侵权责任。

二、违约责任的构成要件

根据《合同法》的规定，违约责任的构成条件体现在两方面。

（一）有违约行为

违约行为分为预期违约和实际违约两种。

1. 预期违约

预期违约，是指在履行期限届满之前，当事人一方明确表示或者以自己的行为表明不履行合同。

2. 实际违约

实际违约，是指当事人一方不履行合同义务或者履行合同义务不符合约定。

（1）不履行合同，包括拒绝履行和履行不能。

（2）履行不符合约定，包括迟延履行以及标的物质量、数量、方式等不符合要求的瑕疵履行。

（二）无免责事由

当事人有违约行为，但有免责事由，不承担违约责任。有无免责事由，应由违约人负责举证。

免责事由分为法定的免责事由和约定的免责事由。

（1）法定的免责事由，是指法律明确规定的当事人可以援用的免责事由，主要包括不可抗力和合同履行抗辩权。

所谓不可抗力，是指不能预见、不能避免并不能克服的客观情况。因不可抗力不能履行合同的，根据不可抗力的影响，部分或者全部免除责任，但法律另有规定的除外。当事人迟延履行后发生不可抗力的，不能免除责任。当事人一方因不可抗力不能履行合同的，应当及时通知对方，以减轻可能给对方造成的损失，并应当在合理期限内提供证明。

（2）约定的免责事由，即免责条款。当事人可以在合同中预先约定免除其违约责任的事由，但下列免责条款无效：造成对方人身伤害的；因故意或者重大过失造成对方财产损失的。

被违约人有过错。如债务人违约后，债权人应当采取适当措施防止损失的扩大，没有采取适当措施致使损失扩大的，不得就扩大的损失要求赔偿，债权人因防止损失扩大而支出的合理费用，由违约方承担。又如，承运人应当对运输过程中旅客的伤亡承担损害赔偿责任，但伤亡是旅客自身健康原因造成的或者承运人证明伤亡是旅客故意、重大过失造成的除外。

三、违约责任的形式

（一）继续履行

继续履行，是指当事人一方存在违约行为时，债权人为实现订约目的，要求违约方继续按照合同的约定履行义务的一种承担违约责任的方式。继续履行主要适用于债权人想要实现原合同的履行利益，依法或者事实能够继续履行的合同。

当事人一方未支付价款或者报酬的，对方可以要求其支付价款或者报酬。当事人一方不履行非金钱债务或者履行非金钱债务不符合约定的，对方可以要求履行，但有下列情形之一的除外：法律上或者事实上不能履行；债务的标的不适于强制履行或者履行费用过高；债权人在合理期限内未要求履行。

（二）采取补救措施

采取补救措施是指修理、更换、重做、退货、减少价款和报酬。《合同法》规定，质量不符合约定的，应当按照当事人的约定承担违约责任，对违约责任没有约定或者约定不明确，依照合同内容约定不明确时的履行规则仍不能确定的，受损害方根据标的的性质以及损失的大小，可以合理选择要求对方承担修理、更换、重作、退货、减少价款或者报酬等违约责任。

（三）赔偿损失

赔偿损失，是指一方不履行或不按合同履行义务时，以金钱、实物弥补对方损失的违约责任形式。当事人一方不履行合同义务或者履行合同义务不符合约定的，在履行义务或者采取补救措施后，对方还有其他损失的，应当赔偿损失。损失赔偿额应当相当于因违约所造成的损失，包括合同履行后可以获得的利益，但不得超过违反合同一方订立合同时预见到或者应当预见到的因违反合同可能造成的损失。当事人一方违约后，对方应当采取适当措施防止损失的扩大；没有采取适当措施致使损失扩大的，不得就扩大的损失要求赔偿，当事人因防止损失扩大而支出的合理费用，由违约方承担。

（四）支付违约金

当事人可以约定一方违约时应当根据违约情况向对方支付一定数额的违约金，也可以约定因违约产生的损失赔偿额的计算方法。违约金是带有惩罚性质的经济补偿手段，无论违约方是否已经给对方造成损失，都应支付。

约定的违约金低于造成损失的，当事人可以请求人民法院或者仲裁机构予以增加；约定的违约金过分高于造成损失的，当事人可以请求人民法院或者仲裁机构予以适当减少。当事人就迟延履行约定违约金的，违约方支付违约金后，还应当履行债务。

（五）定金

当事人既约定违约金，又约定定金的，一方违约时，对方可以选择适用违约金或者定金条款，两者不能并用。

☞【思考】

甲与乙订立了一份卖牛合同。合同约定甲向乙交付3头牛，分别为牛1、牛2、牛3，总价款为2.1万元；乙向甲交付定金8000元，余下款项由乙在半年内付清。双方还约定，在乙向甲付清牛款之前，甲保留该3头牛的所有权，甲向乙交付了该3头牛。根据《合同法》及相关法律回答下列问题：

1. 假设在牛款付清之前，牛1被雷电击死，该损失由谁承担？为什么？

2. 假设在牛款付清之前，牛2生下了一头小牛，该小牛由谁享有所有权？为什么？

3. 假设牛3突然将正在路上行走的邻居袁某踢伤，袁某为此花费医疗费6000元，该损失应当由谁赔偿？

4. 本案定金数额是否符合法律规定？

第六章　工业产权法

☞【学习目标】

1. 理解工业产权、工业产权法、工业产权的特征，专利、专利法、商标、商标法的概念

2. 掌握授予专利权的原则及条件、专利权的保护

3. 熟悉注册商标的转让、许可以及商标专用权保护的相关内容，强制许可

第一节　工业产权概述

一、工业产权的概念和特征

（一）工业产权的概念

工业产权，是指人们依法对应用于商品生产和流通中的创造发明和显著标记等智力成果，在一定地区和期限内享有的专有权。

根据《保护工业产权巴黎公约》的规定，工业产权主要包括发明、实用新型、外观设计、商标、服务标记、商号、货源标记、原产地名称以及制止不正当竞争等方面的权利。在我国，工业产权主要是指专利权和商标权。工业产权与版权统称为知识产权。

（二）工业产权的特征

工业产权是一种特殊的财产权，是人类创造性智力劳动的成果。工业产权作为无形财产权，与有形财产权相比较，具有以下特征：

1. 专有性

专有性是指工业产权的权属限制。法律规定智力成果的无形财产权专属于创造人或其所属单位，从而排除了他人享有同样权利的可能性。知识形态的无形财产不具有有形财产的可控制性，只要公开就可以同时为许多人所占有、使用、收益。为保护创造人或其所属单位的利益，法律规定在有效期内，专利权人和商标权人享有专利的专有权和注册商标的专用权，依法独占、使用、收益和处分。未经权利人许可，任何第三人不得使用，否则即构成侵权行为，要受到相应的法律制裁。

2. 地域性

地域性是指工业产权的空间限制。一国的法律只在本国主权范围内发生效力，对其他国家不具有约束力。因此，一国专利法、商标法所保护的工业产权，除在一定情况下使用统一保护的国际公约外，如果想在其他国家取得保护，必须依该国法律履行必要的

程序，经批准后获得专利权和商标权。

3. 时间性

时间性，是指工业产权的时间限制。工业产权的保护是有一定期限的，这个期限就是专利权、商标权的有效保护期。期限届满后，工业产权的财产权利自行终止而成为社会财富，以促进社会的共同进步。

二、工业产权法的概念

工业产权法是调整因确认、保护、转让和使用工业产权而发生的各种社会关系的法律规范的总称。在我国已颁布实施有关工业产权的法律法规主要有《中华人民共和国专利法》、《中华人民共和国专利法实施细则》、《中华人民共和国商标法》、《中华人民共和国商标法实施细则》，同时还有具有法律效力的国际条约。

第二节 专 利 法

一、专利与专利法的概念

（一）专利的概念

广义的专利一词，通常有三种含义：一是指由国家专利机关授予的专利权；二是指受专利法保护的发明创造，一般包括发明、实用新型和外观设计三种形式；三是指专利文献，主要是记载发明创造内容的专利说明书。狭义的专利仅指专利权，是指国家专利机关依照专利法的规定，授予发明人、设计人或其所属单位，在一定期限内对某项发明享有的专用权。

（二）专利法的概念

专利法是调整在确认和保护发明创造的专有权以及在利用专有的发明创造过程中发生的社会关系的法律规范的总称。

1984年3月12日，第六届全国人民代表大会常务委员会第四次会议通过并公布了《中华人民共和国专利法》（以下简称《专利法》）自1985年4月1日起施行。1992年9月4日第七届全国人民代表大会常务委员会第二十七次会议和2000年8月25日第九届全国人民代表大会常务委员会第十七次会议两次通过并公布《关于修改〈中华人民共和国专利法〉的决定》。2001年6月15日国务院发布命令公布了《中华人民共和国专利法实施细则》，自2001年7月1日起施行。2008年12月27日第十一届全国人民代表大会常务委员会第六次会议《关于修改〈中华人民共和国专利法〉的决定》第三次修正，自2009年10月1日起施行。

☞【知识拓展】

《保护工业产权巴黎公约》

《保护工业产权巴黎公约》（以下简称《巴黎公约》）于1883年3月20日在

巴黎签订。《巴黎公约》关于专利权的规定有以下内容：

1. 国民待遇原则

其成员的国民在保护工业产权方面享受与本国国民同样的待遇。如果非缔约国国民在一个缔约国领土内有永久性住所或真实有效的工商营业所，也享受与成员国国民同样的待遇。

2. 优先权原则

成员国的国民向一个缔约国提出专利申请或注册商标申请后，在一定期限内（发明、实用新型规定为12个月，外观设计、商标为6个月）享有优先权。即当向其他缔约国又提出同样的申请，则后来的申请视作是在第一申请提出的日期提出的。

3. 独立性原则

各成员国授予的专利权和商标专用权是彼此独立的，各缔约国只保护本国授予的专利权和商标专用权。

4. 强制许可专利原则

《巴黎公约》规定，某一项专利自申请日起的4年期间，或者自批准专利日起3年期内（两者以期限较长者为准），专利权人未予实施或未充分实施，有关成员国有权采取立法措施，核准强制许可证，允许第三者实施此项专利。如在第一次核准强制许可特许满2年后，仍不能防止赋予专利权而产生的流弊，可以提出撤销专利的程序。《巴黎公约》还规定强制许可，不得专有，不得转让；但如果连同使用这种许可的那部分企业或牌号一起转让，则是允许的。

5. 在法律限制销售的情况下取得专利的条件

《巴黎公约》规定，成员国不得以一种专利产品或一种专利方法取得的产品出售受到本国法律的管制或者限制为由，而拒绝授予专利权或宣告该项专利权无效。

6. 不视为侵犯专利权的例外

《巴黎公约》规定，公约一成员国的船舶或车辆暂时进入另一成员国时，在船舶的船身、机器、船具、设备及其他附件上，或在飞机或车辆的构造或附件上，使用了后一国家批准的专利发明，不视为专利侵权，只要使用这些发明是专为运输工具所需要。

二、专利权的主体和客体

（一）专利权的主体

专利权的主体，是指可以申请并取得专利以及承担相应义务的单位或个人。享有专利权的单位或个人统称为专利权人。根据《专利法》的规定发明人或者设计人、发明人或者设计人所属单位、外国的单位和个人都可以成为我国专利法规定的专利权的主体。

（1）发明人或者设计人。发明人或者设计人是指对发明创造的实质性特点作出创造性贡献的自然人，可以是一个人，也可以是多个人。在完成发明创造过程中，只负责组织工作的人、为物质条件的利用提供方便的人或者从事其他辅助工作的人，不应当认为是发明人或者设计人。

（2）职务发明创造中发明人或者设计人所属的单位。职务发明创造是指发明人或者设计人执行本单位的任务或者主要是利用本单位的物质技术条件所完成的发明创造。职务发明创造申请专利的权利属于该单位；申请被批准后，该单位为专利权人。

职务发明创造包括以下四种情形：

①在本职工作中作出的发明创造。

②履行本单位交付的本职工作之外的任务所作出的发明创造。

③退职、退休或者调动工作后1年内作出的，与其在原单位承担的本职工作或者原单位分配的任务有关的发明创造。主要利用本单位的物质技术条件（包括本单位的资金、设备、零部件、原材料或者不对外公开的技术资料等）完成的发明创造。

（3）共同发明人或者共同设计人。共同发明创造是指两个以上的单位或者个人合作完成的发明创造。完成该发明创造的单位和个人，称为共同发明人或者共同设计人。根据《专利法》的规定，两个以上单位或者个人合作完成的发明创造、一个单位或者个人接受为其他单位或者个人委托所完成的发明创造，除另有协议的以外，申请专利的权利属于完成或者共同完成的单位或者个人；申请被批准后，申请的单位或者个人为专利权人。

（4）发明人或者设计人的权利继受人。发明创造申请并获得专利的权利是一种财产权，发明人或者设计人可以把这种权利转让于他人。根据《专利法》的规定，专利申请权和专利权可以转让。转让专利申请权或者专利权的，当事人应当订立书面合同，并向国务院专利行政部门登记，由国务院专利行政部门予以公告。专利申请权或者专利权的转让自登记之日起生效。合法受让人取得专利申请权并就受让的发明创造申请专利，申请被批准后，该申请人为专利权人。

（5）外国人。

☞【思考】

A厂工程师艾某2015年6月退休后，在1年之内完成了甲、乙两项发明创造。其中甲项目是艾某退休前承担的本单位新产品开发项目，乙项目是B厂委托陈某完成的外观设计方案。2016年5月，陈某将两项目以个人名义申请专利，同年8月，专利局驳回陈某甲项目的专利申请。根据上述事实，请问：

1. 谁是甲、乙两项目的专利申请人？为什么？

2. 申请甲、乙两项目专利，应当分别提交哪些主要文件？

3. 陈某对专利局驳回甲项目的专利申请不服时，可以采取哪些措施？

（二）专利权的客体

《专利法》规定，在中国境内没有经常居所或者营业所的外国人、外国企业或者外国其他组织在中国申请专利的，依照其所属国同中国签订的协议或者共同参加的国际条约，或者依照互惠原则，根据《专利法》有关规定办理专利权的客体。

专利权的客体，是指专利法保护的对象，即依法可以取得专利权的发明创造。专利权的客体有发明、实用新型和外观设计。

1. 发明

专利法所称的发明，是指对产品、方法或者其改进所提出的新的技术方案。发明分为产品发明和方法发明，前者包括制造品的发明、材料物品的发明、具有特定用途物品的发明；后者包括制造产品方法的发明、使用产品方法的发明、测量方法和通信方法的发明等。

2. 实用新型

专利法所称的实用新型是指对产品的形状、构造或者其结合所提出的适于实用的新的技术方案。实用新型也称小发明，它仅仅涉及具有一定形状的物品发明，不包括方法发明，而且同发明相比，实用新型对产品的创造性要求较低。

3. 外观设计

专利法所称的外观设计是指对产品的形状、图案或者其结合以及色彩与形状、图案的结合所作出的富有美感并适于工业应用的新设计。外观设计只涉及美化产品的外表和形状，不涉及产品的制造和设计技术，它通常是外形、图案和色彩三者的结合。

（三）不授予专利权的项目

1. 违反法律、社会公德或者妨害公共利益的发明创造

根据我国的国情并参照各国有关法律规定，《专利法》对专利权客体的范围作了某些限制性的规定，对缺乏有益性的发明创造，如违反国家法律、社会公德或者妨害公共利益的发明创造，不能授予专利权。

2. 获取或利用遗传资源的发明创造

对违反法律、行政法规的规定获取或者利用遗传资源，并依赖该遗传资源完成的发明创造，不授予专利权。

3. 不具有技术特征的发现和方法

（1）科学发现。

（2）智力活动的规则和方法。

（3）疾病的诊断和治疗方法。

（4）动物和植物品种。

（5）用原子核变换方法获得的物质等，不授予专利权。但对上述动物和植物品种的生产方法，可以授予专利权。

（6）对平面印刷品的图案、色彩或二者的结合作出的主要起标识作用的设计。

三、授予专利权的条件

（一）授予发明和实用新型专利权的条件

根据《专利法》的规定，授予专利权的发明和实用新型，应当具备新颖性、创造性和实用性。

1. 新颖性

新颖性，是指在申请日以前没有同样的发明或者实用新型在国内外出版物上公开发

表过、在国内公开使用过或者以其他方式为公众所知，也没有同样的发明或者实用新型由他人向国务院专利行政部门提出过申请并且记载在申请日以后公布的专利申请文件中。由此可见，是否公开是判断一项发明创造是否丧失了新颖性的标准。

（1）公开的地域标准。我国采用世界新颖性与本国新颖性相结合的原则。对于书面公开，我国采用世界新颖性，即在申请日以前在国内外没有公开发表过；对于使用公开或以其他方式公开，则采用国内新颖性，即在申请日以前在国内范围内尚未公开。

（2）公开的时间标准。我国采用的是申请日标准，即要求在申请日以前没有同样的发明创造公开过。但是，《专利法》规定，申请专利的发明创造在申请日以前6个月内，有下列情形之一的，不丧失新颖性：在中国政府主办或者承认的国际展览会上首次展出的；在规定的学术会议或者技术会议上首次发表的；他人未经申请人同意而泄露其内容的。

2. 创造性

创造性，是指同申请日以前已有的技术相比，该发明有突出的实质性特点和显著的进步，该实用新型有实质性特点和进步。“已有技术”是指专利申请日以前公开的技术，“实质性特点”是指与已有技术相比有本质性的突破，“显著进步”是指新技术明显超过已有技术的水平，同已有技术相比前进了一大步。实用新型与发明在创造性上的要求是有差别的，它不要求“突出”和“显著”，只要其与现有技术相比有技术上的区别特征和进步即可。

3. 实用性

实用性，是指该发明或者实用新型能够制造或者使用，并且能够产生积极效果。即如果发明创造是一种产品，能够重复制造；如果发明创造是一种方法，能够重复使用。积极效果是指能够产生有益的经济效果、技术效果和社会效果。

（二）授予外观设计专利权的条件

授予专利权的外观设计，应当同申请日以前在国内外出版物上公开发表过或者国内公开使用过的外观设计不相同或不相近似，并不得与他人在先取得的合法权利相冲突。

四、授予专利权的程序

（一）专利的申请

1. 专利申请的原则

依据我国《专利法》的规定，专利申请的原则主要有：

（1）单一性原则，是指一件发明或实用新型专利申请应当限于一项发明或实用新型；一件外观设计专利申请应当限于一种产品所使用的一项外观设计。

（2）申请在先原则，是指即两个以上的申请人分别就同样的发明创造申请专利的，专利权授予最先申请的人。同样的发明创造只能授予一项专利权。但是，同一申请人同日对同样的发明创造既申请实用新型专利又申请发明专利，先获得的实用新型专利权尚未终止，且申请人声明放弃该实用新型专利权的，可以授予发明专利权。

（3）优先权原则。按照《保护工业产权巴黎公约》的规定，优先权是指在申请专利方面，各缔约国要相互承认对方国家国民的优先权，即一个发明创造在一个缔约国第一次提出申请以后，在一定期限内（发明和实用新型 12 个月，外观设计 6 个月）又在其他缔约国提出申请的，申请人有权要求将第一次申请的日期视为后来申请的日期。在优先权期限内，即使有任何第三人就相同的发明创造提出申请，申请人仍因享有优先权而获得专利权。

2. 专利申请文件

（1）申请发明或者实用新型专利应提交的文件。可向国务院专利行政部门递交四个文件：①请求书，用以表明请求授予专利权的愿望；②说明书，用以说明专利的实质内容；③摘要，用以概括专利的技术内容，便于审查和了解；④权利要求书，用以限定专利的保护范围。

（2）申请外观设计专利应提交的文件。可向国务院专利行政部门递交请求书及外观设计的图片或照片，一般包括主视图、俯视图、仰视图、左视图、右视图、后视图，从不同角度、不同侧面清楚地显示请求保护的对象，同时写明使用该外观设计的产品及其所属类别。

（二）专利申请的审批

1. 发明专利的审批

发明专利的审批涉及以下四个步骤：

（1）初步审查，也称形式审查，主要审查申请手续是否齐全、格式是否符合要求、证件是否齐备、申请人身份是否符合法律规定、是否属于授予专利的范围等形式要件。

（2）早期公开，是指国务院专利行政部门经初步审查认为符合专利法要求的，自申请日起满 18 个月，即行公布其申请。早期公开的内容包括申请人的姓名、地址、申请日期、说明书、权利要求书、摘要等，并刊登在国务院专利行政部门的专利公报中。

（3）实质审查，主要是从技术角度对申请专利的发明创造是否具有新颖性、创造性和实用性进行审查。实质审查主要是应申请人的要求而进行的。申请人从申请日起 3 年内，可以随时请求实质审查；申请人无正当理由逾期不请求实质审查的，该申请即被视为撤回。在 3 年期限内，国务院专利行政部门认为必要时，可以自行对专利申请进行实质审查。国务院专利行政部门经实质审查后，认为不符合规定的，通知申请人在指定期限内陈述意见或修改申请，无正当理由逾期不答复则视为申请撤回。如经申请人陈述意见或进行修改后仍不符合规定，国务院专利行政部门则对该申请予以驳回。

（4）授予发明专利权，发明专利申请经实质审查没有发现驳回理由的，由国务院专利行政部门作出授予发明专利权的决定，发给发明专利证书，同时予以登记和公告。发明专利权自公告之日起生效。

2. 实用新型和外观设计的审批

实用新型和外观设计专利申请经初步审查没有发现驳回理由的，由国务院专利行政部门作出授予实用新型专利权或者外观设计专利权的决定，发给相应的专利证书，同时予以登记和公告。实用新型专利权和外观设计专利权自公告之日起生效。

3. 专利权的复审

国务院专利行政部门设立专利复审委员会。专利申请人对驳回申请的决定不服的，可以自收到通知之日起 3 个月内，向专利复审委员会请求复审。专利复审委员会复审后，作出决定，并通知专利申请人。专利申请人对专利复审委员会的复审决定不服的，可以自收到通知之日起3个月内向人民法院起诉。

五、专利权的期限、终止和无效

（一）专利权的期限

专利权的期限，即专利权受法律保护的期限，超过这段期限就失去了法律效力。《专利法》规定，发明专利权的期限为20年，实用新型和外观设计专利权的期限为10年，均自申请日起计算。

（二）专利权的终止

专利权的终止也称专利权的消灭，是指专利权人丧失对其所拥有的专利的独占权。专利权终止一般有如下原因：（1）专利期限届满；（2）没有按照规定缴纳年费；（3）专利权人以书面声明放弃其专利权；（4）专利权人死亡而又无继承人；（5）专利权被专利复审委员会宣告无效；（6）专利权终止后，由国务院专利行政部门登记并公告。

（三）专利权的无效

专利权的无效也称专利权的无效宣告，是指对已经授予的专利权，因不符合《专利法》的规定，由专利复审委员会宣告该专利权不具有法律效力。《专利法》规定，自国务院专利行政部门公告授予专利权之日起，任何单位或者个人认为该专利权的授予不符合专利法有关规定的可以请求专利复审委员会宣告该专利权无效。宣告无效的专利权视为自始即不存在。

六、专利实施的强制许可

（一）专利实施强制许可的概念

专利实施强制许可是指一国的专利主管部门，不经专利权人同意，依法直接允许其他单位或个人实施其发明创造的一种许可方式，又称非自愿许可。

（二）专利实施强制许可的类型

具备实施条件的单位以合理的条件请求发明或者实用新型专利权人许可实施其专利，而未能在合理长的时间内获得这种许可时，国务院专利行政部门根据该单位的申请，可以给予实施该发明专利或者实用新型专利的强制许可。

在国家出现紧急状态或者非常情况时，或者为了公共利益的目的，国务院专利行政部门可以给予实施发明专利或者实用新型专利的强制许可。

一项取得专利权的发明或者实用新型此前已经取得专利权的发明或者实用新型具有显著经济意义的重大技术进步，其实施又有赖于前一发明或者实用新型的实施的，国务院专利行政部门根据后一专利权人的申请，可以给予实施前一发明或者实用新型的强制许可。

（三）专利实施强制许可的程序

国务院专利行政部门作出的给予实施强制许可的决定，应当及时通知专利权人，并予以登记和公告。给予实施强制许可的决定，应当根据强制许可的理由规定实施的范围和时间。强制许可的理由消除并不再发生时，国务院专利行政部门应当根据专利权人的请求，经审查后作出终止实施强制许可的决定。取得实施强制许可的单位或者个人不享有独占的实施权，并且无权允许他人实施。取得实施强制许可的单位或者个人应当付给专利权人合理的使用费，其数额由双方协商；双方不能达成协议的，由国务院专利行政部门裁决。

七、专利权的保护

（一）侵犯专利权的行为

专利侵权行为，是指在专利权有效期限内，任何人未经专利权人许可，也没有其他法定事由的情况下，擅自以营利为目的实施专利的行为。根据侵权行为的性质不同，侵权人承担的法律责任有民事责任、行政责任或刑事责任。侵犯专利权的行为具体表现为：

1. 未经专利权人许可实施其专利的行为

（1）未经专利权人许可制造专利产品。

（2）未经专利权人许可故意使用专利产品。

（3）未经专利权人许可销售专利产品。

（4）未经专利权人许可使用其专利方法以及使用、销售依照该专利方法直接获得的产品。

（5）未经专利权人许可制造、销售外观设计专利产品。

（6）未经专利权人许可进口专利产品或进口依照专利方法直接获得的产品。

2. 假冒或冒充其专利的行为

（1）未经专利权人许可标明专利权人的专利标记或专利号的假冒行为。

（2）将非专利产品或者方法冒充为专利产品或者方法的冒充行为。

（二）不视为侵犯专利权的行为

对于下列行为，《专利法》规定，不视为侵犯专利权：

（1）专利权人制造、进口或者经专利权人许可而制造、进口的专利产品或者依照专利方法直接获得的产品售出后，使用、许诺销售或者销售该产品的；

（2）在专利申请日前已经制造相同产品、使用相同方法或者已经作好制造、使用的必要准备，并且仅在原有范围内继续制造、使用的；

（3）临时通过中国领陆、领水、领空的外国运输工具依照其所属国同中国签订的协议或者共同参加的国际条约，或者依照互惠原则，为运输工具自身需要而在其装置和设备中使用有关专利的；

（4）专为科学研究和实验而使用有关专利的。

☞【延伸阅读】

苹果与三星的专利侵权诉讼

苹果自 2011 年 4 月就开始了一系列针对三星的诉讼，在 2012 年 7 月 30 日开庭时最终确定的诉讼申请中，苹果称三星侵犯了其 iPhone 和 iPad 的技术、用户界面和设计，有 4 项设计专利和 3 项软件专利，并通过非法抄袭获取竞争优势，对苹果造成了持续的经济损失，损失额达 25.25 亿美元，不仅索赔还要求法院在美国市场禁售三星相关产品。与此同时，三星也就此提起反诉，认为苹果反而在抄袭自己的 5 项专利，要求苹果赔偿 4.218 亿美元。审理主要关注的是苹果设计团队是如何想到 iPhone 和 iPad 创意的。苹果试图证明三星剽窃了自己的设计，而三星则力图向陪审团证明，自己的产品与苹果的不同，并且苹果是受索尼公司产品的启发研发出 iPhone 和 iPad 的。苹果负责全球营销的高级副总裁希勒（PhilSchiller）出庭作证，透露了苹果在营销 iPhone 和 iPad 方面的花费，公开讲述了研发 iPhone 和 iPad 的全过程，展示了这些产品的早期设计，还描述了其产品研发团队的具体情况。而三星向法庭提交了它认为可以证明 iPhone 的设计灵感来自索尼产品的证据，旨在削弱苹果指责三星剽窃 iPhone 的原创设计的说法。但是美国地区法院法官高兰惠（LucyKoh）阻止三星提交的证据，因为他认为这些证据是影响对案件审理的无关因素。最终判决结果是三星"抄袭"苹果成立，三星的 21 款产品抄袭了苹果名为"Rubberbanding"的技术。

第三节 商 标 法

一、商标、商标权与商标法的概念

（一）商标

1. 商标的概念

商标，是商品的生产者、经营者或者服务项目的提供者为了使自己生产经营的商品或者提供的服务项目同他人生产经营的商品或者提供的服务项目相区别而采用的一种标志。作为商品或者服务的标志，商标能代表一定商品或者服务的质量和信誉。商标知名度越高，其商品的市场竞争力就越强。

2. 商标的分类

按照不同的标准，可将商标分为不同的种类：

（1）按商标的结构不同，可将商标分为文字商标、图形商标、字母商标、数字商标、颜色组合商标、立体商标和非形象商标（如音响商标、气味商标和电子数据传输标记等）等。

（2）按商标的使用者的不同，可将商标分为产业商标、服务商标、集体商标和无主商标等。

（3）按商标用途的不同，可将商标分为营业商标、证明商标、等级商标、组合商标、亲族商标、防御商标和联合商标等。

（4）按商标的知名度情况，可将商标分为普通商标、著名商标和驰名商标等。其中，著名商标是指在一定的地域范围较为知名的商标。它不属于国际上的专用名词，只是在我国省市级名誉评选中采用。驰名商标是指在较大地域范围内的市场上享有较高声誉，为相关公众普遍熟知，有良好质量信誉并受法律特别保护的商标。我国《商标法》对驰名商标的认定和保护作了明确规定。

（二）商标权

商标权，是指按商标法的规定，由国家商标管理部门授予商标注册申请人在法定期限内对其注册商标享有的专用权。任何单位和个人未经商标权人许可，不得在相同商品或者类似商品上使用与其注册商标相同或近似的商标。

（三）商标法的概念

商标法是调整在确认、保护商标专用权和商标使用过程中发生的社会关系的法律规范的总称。《中华人民共和国商标法》于1982年8月23日第五届全国人民代表大会常务委员会第二十四次会议通过，根据1993年2月22日第七届全国人民代表大会常务委员会第三十次会议《关于修改〈中华人民共和国商标法〉的决定》第一次修正，根据2001年10月27日第九届全国人民代表大会常务委员会第二十四次会议《关于修改〈中华人民共和国商标法〉的决定》第二次修正，根据2013年8月30日第十二届全国人民代表大会常务委员会第四次会议《关于修改〈中华人民共和国商标法〉的决定》第三次修正。

二、商标注册

（一）商标注册的原则

1. 自愿注册原则

《商标法》规定，从事生产、制造、加工、拣选或者经销商品以及提供服务者，需要取得商标专用权的，都可以向商标局提出商标注册。在注册办法上，采用自愿注册原则。但对于人用药品和烟草制品等商品，实行强制注册原则。

2. 申请在先原则

《商标法》规定，两个或者两个以上的申请人，在同一种商品或者类似商品上以相同或者近似的商标申请注册，初步审定并公告申请在先的商标，驳回申请在后的商标。如同一天相同或类似商品上申请的两个或两个以上相同或近似的商标，由国家商标主管机关通知申请人自行协商。协商一致后，30天内将协商结果书面报送商标局，超过3天达不成协议的，在商标局主持下，由申请人抽签决定，或者由商标局裁定。

（二）商标注册的条件

1. 商标应当具有法定的构成要素

商标由文字、字母、数字、三维标志、颜色组合和声音等，以及上述要素的组合，并且具有可视性。

2. 商标应当具有显著特征，便于识别，并不得与他人在先取得的合法权利相冲突

申请注册的商标不能与商品名称和商品本身的性质相混同，不能与他人已注册的商标相同或者近似。否则，不予注册或注册无效。

3. 商标不得使用禁用标志

（1）同中华人民共和国的国家名称、国旗、国徽、军旗、勋章相同或者近似的，以及同中央国家机关所在地特定地点的名称或标志性建筑物的名称、图形相同的；

（2）同外国的国家名称、国旗、国徽、军旗相同或者近似的，但该国政府同意的除外；

（3）同政府间国际组织的名称、旗帜、徽记相同或者近似的，但经该组织同意或者不易误导公众的除外；

（4）与表明实施控制、予以保证的官方标志、检验印记相同或者近似的，但经授权的除外；

（5）同“红十字”、“红新月”的名称、标志相同或者近似的；

（6）带有民族歧视性的；

（7）夸大宣传并带有欺骗性的；

（8）有害社会主义道德风尚或者有其他不良影响的。

4. 不得作为商标注册的标志

（1）仅有本商品的通用名称、图形、型号的；

（2）仅直接表示商品的质量、主要原料、功能、用途、重量、数量及其他特点的；

（3）缺乏显著特征的。

（三）商标注册的程序

1. 商标注册的申请

申请商标注册应当向商标局提出商标注册申请。商标注册申请人应当按规定的商品分类表填报使用商标的商品类别和商品名称，提出注册申请。商标注册申请人可以通过一份申请就多个类别的商品申请注册同一商标。商标注册申请等有关文件，可以书面方式或者数据电文方式提出。

外国人或者外国企业在中国申请商标注册和办理其他商标事宜的，应当委托国家认可的具有商标代理资格的组织代理。

申请商标注册不得损害他人现有的在先权利，也不得以不正当手段抢先注册他人已经使用并有一定影响的商标。

按照《巴黎公约》的规定，申请商标注册的优先权为 6 个月。

2. 商标注册的审批

商标注册的审批包括以下几个程序：

（1）初步审定。包括：申请人是否具备合法资格；申请的文件是否齐全，内容是否合格，手续是否齐备；申请注册的商标是否符合法定条件；申请注册的商标是否同已申请在先或者已注册的商标相同或近似等。

（2）核准注册。经过初步审定公告的商标，如在 3 个月内无人提出异议，或异议不成立，即予以核准注册并注录在《商标注册簿》上，发给商标注册申请人商标注册证并予以公告。至此，申请人便取得注册商标专用权。

☞【知识拓展】

同仁堂在日本遭抢注案

北京同仁堂是全国中药行业著名的老字号，创建于清康熙八年，也就是 1669 年，是全国药行业百年著名的老字号。自 1723 年（清雍正元年）起，由皇帝钦定为供奉清皇宫御药房用药，历经八代皇帝。同仁堂作为中国第一个驰名商标和第一个非物质文化遗产，品牌优势得天独厚。然而，正是因为其具有这样的品牌知名度，“同仁堂”三个字开始被人觊觎。1989年，北京市药材公司就发现旗下的商标“同仁堂”在日本被抢注。该公司遂以“同仁堂”为公众熟知的驰名商标为由，请求日本特许厅撤销该不当注册的商标，日本要求提交“同仁堂”系我国驰名商标的证明文件。为了保护我国商标在他国的合法权益，商标局在做了广泛的社会调查之后，于1989年正式认定“同仁堂”商标为我国驰名商标。

三、商标权的主体与客体

（一）商标权的主体

商标权的主体，是指商标权的承受者，也称为商标权人，包括申请商标注册并取得商标专用权的人和通过合法转让取得商标专用权的人。

1. 商标权人的权利

（1）商标专用权，是商标权人对其注册商标享有专有使用的权利。具体内容包括：一是商标使用权，即商标权人有权在其核准注册的商品上使用其注册商标，并进行广告宣传；二是禁止权，即商标权人有权禁止他人未经许可，使用与其注册商标相混同的商标。

（2）商标转让权，商标权作为一种无形财产权，和有形财产权一样，商标权人可以自己使用，也可以依法转让，既可以通过合同方式进行有偿转让，也可以通过继承、遗赠、赠与等方式进行无偿转让。转让时应当履行法定手续，自行转让注册商标的行为无效。

（3）许可使用权，商标权人可以通过签订注册商标使用许可合同，许可他人使用其注册商标。许可人应当监督被许可人使用其注册商标的商品质量，被许可人应当保证使用该注册商标的商品质量。经许可使用他人注册商标的，必须在使用该注册商标的商品上标明被许可人的名称和商品产地。商标使用许可合同应当报商标局备案。

（4）标记权，商标注册人有权标明“注册商标”或者注册标记。使用注册标记，应当标注在商标的右上角或者右下角。

（5）请求保护权，当商标权人的商标权受到侵害时，商标权人可以向人民法院起诉，也可以请求工商行政管理部门处理。

2. 商标权人的义务

（1）应当按规定正确使用注册商标。

（2）应当保证使用注册商标的商品质量和服务质量。

（3）依法缴纳有关费用，如授权注册费、续展注册费、转让注册费等。

（二）商标权的客体

商标权的客体，是指注册商标。注册商标是经商标局核准注册并刊登在商标公告上的商标。注册商标由商标注册人享有专用权，也可以有偿转让或许可他人使用。注册商标与未注册商标具有不同的法律地位。注册商标所有人对该商标享有专用权，可以排除他人在相同或者类似商品上注册相同或近似商标，并能对他人未经许可使用该商标的侵权行为请求依法惩处；未注册商标使用人对该商标不享有专用权，不得对抗其他人的使用或注册，如与他人的注册商标混同则构成侵权。

四、注册商标的期限和续展

（一）注册商标的期限

注册商标专用权具有时间性。《商标法》规定，注册商标有效期为10年，从商标核准之日起计算。

（二）注册商标的续展

注册商标有效期满，需要继续使用的，应当在期满前6个月内申请续展注册；在此期间内未能提出申请的，可以给予6个月的宽展期。宽展期满仍未提出申请的，注销其注册商标。每次续展注册的有效期为10年。续展注册经核准后，予以公告。续展不受次数限制。

☞【思考】

甲玩具厂在其制作的玩具上注册的“快乐宝贝”商标，因连续3年不使用，于2015年9月被商标局撤销注册。2016年7月起，乙玩具厂在其经营的玩具上使用“快乐宝贝”商标，并向商标局提出了商标注册申请。请问：

1. 乙玩具厂是否可以使用“快乐宝贝”商标？

2. 商标局是否应核准乙玩具厂的商标注册申请？为何？

3. 商标申请的审查和核准程序是什么？

五、注册商标专用权的保护

注册商标专用权，是指注册商标的所有人对其所有的注册商标享有独占的使用权。未经其许可，任何人都不准在相同商品或者类似商品上使用与其注册商标相同或近似的商标。当他人侵害了注册商标专用权时，商标权人可以请求行政保护或司法保护。

（一）商标侵权行为的种类

商标侵权行为，是指侵犯他人注册商标专用权的行为。主要表现为：（1）未经商标注册人的许可，在同一种商品或者类似商品上使用与其注册商标相同或者近似的商标的。（2）销售侵犯注册商标专用权的商品的。（3）伪造、擅自制造他人注册商标标识或者销售伪造、擅自制造的注册商标标识的。（4）未经商标注册人同意，更换其注册商标并将该更换商标的商品又投入市场的。（5）给他人的注册商标专用权造成其他损害的。

（二）商标侵权行为的法律责任

因侵权造成的注册商标纠纷，由当事人协商解决；不愿意协商或协商不成的，可以向人民法院起诉，也可以请求工商行政管理部门处理。商标侵权行为的法律责任包括民事责任、行政责任、刑事责任。

1. 民事责任

民事责任主要包括：停止侵权、消除影响、赔偿损失等。

2. 行政责任

行政责任主要包括：责令立即停止侵权行为；没收、销毁侵权商品和用于制造侵权商品、伪造注册商标标识的工具；罚款。

3. 刑事责任

侵犯他人注册商标专用权，情节严重的，处 3 年以下有期徒刑或者拘役，并处或者单处罚金；情节特别严重的，处 3 年以上 7 年以下有期徒刑，并处罚金。

六、驰名商标

（一）驰名商标的概念

驰名商标，是指在市场上享有较高声誉并为相关公众所熟知的商标。《巴黎公约》规定的驰名商标包括注册商标和未注册商标，在我国，驰名商标只包括注册商标。

认定驰名商标应当考虑下列因素：（1）相关公众对该商标的知晓程度；（2）该商标使用的持续时间；（3）该商标的任何宣传工作的持续时间、程度和地理范围；（4）该商标作为驰名商标受保护的记录；（5）该商标驰名的其他因素。

（二）驰名商标的保护

为了保护驰名商标所有人的合法权益，商标法对驰名商标规定了一些有别于一般商标的特殊保护规定，具体表现在：

（1）就相同、类似商品申请注册的商标是复制、模仿、翻译他人未在中国注册的驰名商标，易导致混淆的，不予注册，并禁止使用；就不相同、不相类似商品申请注册的商标是复制、模仿、翻译他人已经在中国注册的驰名商标，误导公众，致使该驰名商标注册人的利益可能受到损害的，不予注册，并禁止使用。

（2）将与他人驰名商标相同或者近似的商标在非类似商品上申请注册，且可能损害驰名商标注册人的权益，商标局驳回其注册申请；已经注册的，自注册之日起 5 年内，驰名商标注册人可以请求商标评审委员会予以撤销，但恶意注册的不受时间限制。

（3）驰名商标所有人认为将其驰名商标作为企业名称登记，可能欺骗公众并对公众造成误解的，可向企业名称登记主管机关申请撤销该企业名称登记。

（4）为商业目的，将他人驰名商标注册为域名，应认定为商标侵权。生产、经营者不得将“驰名商标”字样用于商品、商品包装或者容器上，或者用于广告宣传、展览以及其他商业活动中。

将他人注册商标、未注册的驰名商标作为企业名称中的字号使用，误导公众，构成不正当竞争行为的，依照《中华人民共和国反不正当竞争法》处理。

☞【延伸阅读】

深圳唯冠公司与苹果公司 iPad 侵权案

唯冠科技（深圳）有限公司是唯冠集团最大、最核心的研发生产基地，公司于 1991 年落户深圳，是深圳高新技术企业及中国外贸出口百强之一。而 2008 年以后，受到金融危机的影响，由于资金问题唯冠深陷债务泥潭。当时，在中国内地英文商标 iPad 的申请人众多，但是，深圳唯冠对 iPad 品牌的专用权期限仍显示至 2021 年 6 月 20 日前有效。

2001 年，深圳唯冠公司在中国内地取得“iPad”的注册商标专用权。此后的 2001 年到 2004 年，同属于唯冠集团子公司的台湾唯冠分别在世界各地共计获得 8 个“iPad”相关注册商标专用权。

2009 年 8 月 11 日，一家英文名称为 IP Application Development Limited（以下简写为 IP）的公司在英国伦敦注册成立。2009 年 12 月 23 日，唯冠国际 CEO 和主席杨荣山授权麦世宏签署了 IP 公司与台湾唯冠公司的相关协议。协议约定：台湾唯冠以 3.5 万英镑对价向 IP 公司转让包括涉案商标在内的共 10 个商标。2010 年 4 月 7 日，IP 公司与苹果公司签署协议，以 10 英镑的象征性的价格转让所有其取得的“iPad”商标相关权益。同时，苹果公司和 IP 公司向中国商标局申请大陆 iPad 商标的转让过户，被中国商标局驳回。然而，就在按照中国法律 iPad 商标权属并未发生转移的情况下，苹果公司在其生产的平板电脑产品上使用“iPad”商标，并向包括中国大陆在内的市场销售了上述商品。

2010 年 4 月，深圳唯冠获悉苹果公司销售标有“iPad”商标的平板电脑的消息后，向苹果公司提出深圳唯冠为涉案商标的真正权利人，并要求苹果公司停止侵权、赔偿损失。他们认为，深圳唯冠才是 iPad 商标权在中国内地的拥有者，唯冠台北公司没有出售权利，所以 iPad 的中国内地商标权不属于苹果公司。

2010 年 6 月，苹果公司、IP 公司向深圳中级人民法院提起诉讼，认为苹果公司依法取得了涉案商标的专用权，要求确认其为涉案商标专用人，并以此为由申请查封保全了涉案商标。

2011 年 11 月 17 日，深圳中院一审判决驳回苹果公司的诉讼请求，商标归属深圳唯冠。2012 年 2 月 17 日，惠州市中级法院已经判决当地苹果经销商构成侵权，禁止其销售苹果 iPad 相关产品。这是国内法院首次认定苹果商标侵权。

经过长时间的诉讼历程，苹果公司与深圳唯冠最终达成和解，苹果公司支付给深圳唯冠 6000 万美元，同时获得在中国注册的“iPad”商标。

第七章　票　据　法

☞【学习目标】

1. 掌握票据的概念和特征、票据法律关系、票据责任
2. 掌握票据的种类、票据行为
3. 运用《票据法》理论知识指导、解决票据纠纷

第一节　票据法律制度概述

一、票据与票据法

（一）票据的概念、特征、功能

1. 票据的概念

票据，是商业活动中广泛使用的一种重要支付工具。“票据”一词，有广义、狭义之分。

（1）广义的票据，泛指所有商业上的凭证，如股票、债券、发票、提单、仓单、保单等。

（2）狭义的票据，仅指出票人依据《票据法》签发的、由本人或委托他人在见票时或者在票载日期无条件支付确定金额给持票人的有价证券。《票据法》所称的票据是指狭义的票据。根据《中华人民共和国票据法》（以下简称《票据法》）的规定，票据是指汇票、本票和支票。

2. 票据的特征

票据作为有价证券的一种，与其他有价证券相比，具有如下法律特征：

（1）票据是设权证券。设权证券是指持票据者凭票据上所记载的权利内容，来证明其票据权利以取得财产。票据做成前，票据权利不存在，票据权利是依票据的做成同时发生的。票据权利随票据的转移而转让。没有票据，就没有票据上的权利。票据的作用在于创设一定的权利。因此，票据为设权证券。

（2）票据是流通证券。票据具有流通性，票据在到期前，可以通过背书和交付而转让，并可以在市场上自由流通。

（3）票据是要式证券。票据必须根据法律规定方式做成才能有效。票据上必须载明名称、金额、收付款银行、支付日期等，否则票据无效。票据行为还必须按一定的程序进行，并办理必要的手续。

（4）票据是文义证券。票据上的权利义务必须以票据上的文字记载为准。有关债权人或票据债务人，均应当对票据上所记载的文义负责，不得以任何方式和理由变更票据上文字记载的意义。

（5）票据是无因证券。票据根据一定的信用行为等原因而产生，它的设立是有因的。但是，票据的流通是不问其产生的原因的，它在流转过程中只要具备要式，票据权利人行使权利时无须证明其取得票据的原因，票据债务人无条件支付即可。票据上的法律关系只是单纯的金钱支付关系，至于票据设立的原因及其是否有瑕疵，对票据上的法律关系没有任何影响。因此，票据一经转让，持票人可不问前手当事人之间有无契约纠纷，即有权要求付款人按期无条件付款。

（6）票据是债权证券。根据证券上的权利所表示的法律性质的不同，证券分为物权证券、股权证券和债权证券三种。物权证券是证明物权的，如提单、仓单等；股权证券是证明股东权利的，如股票；债权证券是证明债权的，票据权利人对票据义务人行使付款请求权和追索权。

3. 票据的功能

（1）支付功能。票据可以通过背书作多次转让，是市场上一种流通的支付工具。票据作为支付工具，可以减少现金的使用。以票据作为支付工具，代替现金支付，可以达到迅速、准确、安全的目的。

（2）信用功能。票据是建立在信用基础上的支付凭证，由于《票据法》规定了对票据债务人抗辩的种种限制和对票据债权人的严密保护，票据成为一种可靠的信用工具，在商品交易中被广泛地运用。

（3）汇兑功能。在商事活动中，商人之间的结算主要是凭借票据的汇兑功能，以解决异地之间现金支储在空间上的障碍，用以了结相互之间的债权债务。

（4）融资功能。票据的融资作用主要通过票据贴现来实现。票据贴现是以未到期票据向银行售换现金。银行按市场利率，先行扣取现日至到期日的利息，而后以票面金额付给持票人。银行以贴现方式收下票据，可再向中央银行或其他银行贴现以取得资金，称为“再贴现”。票据贴现，解决了资金流转的困难，使票据持有人的资金从票据债流的形式转变为现金形式，从而加速资金周转，促进经济的发展。

（二）票据法的概念及我国的票据立法

票据法也有广义、狭义之分。广义的票据法，是指一切有关票据的法律规范的总称。除包括狭义的票据法外，还包括《民法》、《刑法》、《民事诉讼法》、《破产法》、《银行法》以及其他法律法规中有关票据的具体规定。狭义的票据法，是指专门调整票据关系的法律，它是规定票据的种类、形式和内容，明确票据当事人之间的权利义务，调整因票据而发生的各种社会关系的法律规范。

20 世纪 80 年代票据的使用开始在我国有了较大的发展。1988 年 12 月中国人民银行颁布了《银行结算办法》，规定全面推行银行汇票、商业汇票、银行本票、支票，并规定了个体工商户和个人可以使用支票。1993 年 5 月中国人民银行发布了《商业汇票办法》，从而使我国的票据立法渐入正轨。1995 年 5 月 10 日第八届全国人大常委会第十三次会议正式通过《票据法》，于 1996 年 1 月 1 日起施行（2004 年 8 月 28 日修正）。

二、票据的当事人

票据的当事人可以分为两类：基本当事人和非基本当事人。基本当事人即在票据作成和交付的时候就已经存在的当事人。非基本当事人是指在票据作成并交付后，通过一定的票据行为加入到票据关系而享有一定权利、承担一定义务的当事人。

票据的基本当事人包括出票人、收款人和付款人；非基本当事人包括承兑人、背书人、被背书人和保证人等。

三、票据行为

（一）票据行为的概念

票据行为，是指票据当事人以发生票据债务为目的的、以在票据上签名或盖章为权利与义务成立要件的法律行为，包括出票、背书、承兑、保证和付款。

（二）票据行为的法律特征

1. 要式性

票据行为的要式性，是指票据行为均具有法律规定的行为方式与效力，不允许行为人任意选择或变更。票据行为要式性的目的在于使票据的款式明确统一，易于当事人辨别票据上的权利与义务，从而促进票据的流通。

2. 无因性

票据行为的无因性，是指票据行为具备法定形式有效成立后，即与其基础关系相分离，即使基础关系存在瑕疵或无效，对票据行为的效力均不产生影响。

3. 文义性

票据行为的文义性，是指票据行为的内容及效力范围，由票据上所记载的文义构成并加以确定，即使票据记载与实际情况不符甚至出现错误，也不允许当事人以票据外的证明方法来变更或补充。

4. 独立性

票据行为的独立性，又称票据行为独立原则，是指同一票据上如有数个票据行为时，各票据行为均依其票据上所载文义，分别独立发生效力，其中一个行为无效，不影响其他行为的效力。

（三）票据行为的要件

票据行为是《票据法》上的要式行为，除应具备民法上规定的一般法律行为的要件外，还应当具备《票据法》规定的要件。这些要件分为实质要件和形式要件两种。

实质要件包括：（1）行为人须具有票据行为能力。《票据法》规定，无民事行为能力人或者限制民事行为能力人在票据上签章的，其签章无效。（2）行为人的意思表示须合法、真实。以欺诈、偷盗或者胁迫等手段取得票据的，或者明知有前述情形，出于恶意取得票据的，不得享有票据权利。

票据行为除具备实质要件外，还要符合《票据法》规定的形式，才能产生《票据法》上的效力。这些形式要件主要包括：（1）票据行为必须以书面形式和法定格式作成方得发生效力。票据凭证的格式和印刷管理办法由中国人民银行规定。票据当事人应当使用中国人民银行规定的统一格式的票据，未使用按中国人民银行统一规定印制的票据，票据无效。（2）票据的记载事项要符合法律规定。按票据记载事项的效力不同，将其分为绝对记载事项、相对记载事项、任意记载事项和不产生票据法效力的记载事项四类。

票据签章是各种票据行为的共同要件。任何一种票据行为都必须由行为人在票据上签章方为有效。签章是指签名、盖章以及签名加盖章。法人或其他单位使用票据时，签章为该法人或该单位的盖章加其法定代表人或得其授权之人签章。另外，票据上的签名，须为当事人的本名。

四、票据权利

（一）票据权利的概念

票据权利，是指持票人向票据债务人请求支付票据金额的权利。包括付款请求权和追索权两种。其中，付款请求权是第一次请求权，追索权是第二次请求权。持票人必须首先行使付款请求权，只有在付款请求权不能实现时，才能行使追索权。

（二）票据权利的内容

1. 付款请求权

付款请求权，是指票据债权人请求票据主债务人或其他付款人按照票据所载金额支付金钱的权利。付款请求权是第一次请求权。

2. 追索权

追索权，是指当持票人的第一次请求权不能实现，即债权人行使付款请求权而遭拒绝或者因其他法定原因而不能实现时，在保全票据权利的基础上，向除主债务人以外的前手（包括出票人、背书人、保证人）请求偿还票据金额及其损失的权利。如经持票人追索，被追索人作了清偿，那么他对另外的相对人可再行使追索权，这种权利称为再追索权。

追索权一般应在票据到期不付款时才能行使。但根据《票据法》规定，票据到期日前，有下列情形之一的，持票人可以行使期前追索权：汇票被拒绝承兑；承兑人或者付款人死亡、逃匿；承兑人或者付款人被依法宣告破产或者因违法被责令终止业务活动。

追索人请求的债权金额包括被拒绝付款的票据金额、票据金额自到期日或者提示付款日至清偿日止的利息以及取得有关拒绝证明和发出通知书的费用。再追索权请求的债权金额包括已清偿的全部金额、该金额自清偿日起至再追索清偿日止的利息以及发出通知书的费用。

（三）票据权利的取得与限制

1. 票据权利的取得

票据权利一般可从以下三个途径取得：一是从出票人处取得；二是被背书人从背书人处取得，因为票据经背书可以转让他人，所以，只要背书连续，被背书人取得了票据，即取得了票据权利；三是依照法定方式，如因税收、继承、赠与、投资分红等原因取得。

2. 票据权利取得的限制

占有票据是取得票据权利的标志，因而为了防止通过不合法手段占有票据的行为，我国《票据法》对票据权利的取得有两项限制：（1）以欺诈、偷盗或者胁迫等手段取得票据的，或者明知有前列情形，出于恶意取得票据的，或者有重大过失取得票据的，不得享有票据权利；（2）以无偿或者不以相当对价，取得票据的，不得享有优于其前手的票据权利。

3. 票据权利时效

时效是指法律所确认的某种权利取得以行使的时间范围。为了有利票据的有序流通，票据法对票据权利的行使时间作了规定，如果持票人在法定时间内不行使票据权利，时间届满，其票据权利即告消灭。具体规定如下：

（1）持票人对票据的出票人和承兑人的权利，自票据到期日起 2 年。见票即付的汇票、本票，自出票日起 2 年。

（2）持票人对支票出票人的权利，自出票日起 6 个月。

（3）持票人对前手的追索权，在被拒绝承兑或者被拒绝付款之日起 6 个月。

（4）持票人对前手的再追索权，自清偿日或者被提起诉讼之日起 3 个月。

（四）票据丧失与补救

1. 票据丧失的概念

票据丧失，是指持票人非依本人意愿而失去对票据的占有，包括绝对丧失（如毁灭、焚毁等）与相对丧失（如遗失、被窃等）。

2. 票据丧失的补救方式

（1）挂失止付。失票人将丧失票据的情况通知付款人或代理付款人，并由接受通知的付款人暂停支付的临时性救济措施。《票据法》规定，未记载付款人或者无法确定付款人及其代理付款人的票据是不可作挂失止付的。已承兑的商业汇票、支票填明“现金”字样并填明代理付款银行的银行汇票、填明“现金”字样的银行本票可以挂失止付。但挂失止付是失票人在丧失票据后可以采取的一种暂时的预防措施，以防止票据被冒领或骗取。因此，失票人既可以在票据丧失后先采取挂失止付，再申请公示催告或提起诉讼；也可以直接申请公示催告，并由法院受理后发出止付通知；或直接向法院提起诉讼。

（2）公示催告。失票人在丧失票据后，向法院提出申请，请求法院以公告的方法通知不确定的利害关系人申报权利，逾期未申报者，则权利失效，而法院通过除权判决宣告丧失的票据无效的一种制度。

（3）普通诉讼。丧失票据的失票人可直接向人民法院提起民事诉讼，要求法院判令付款人向其支付票据金额的活动。这一票据丧失补救措施属一般民事诉讼范畴，所以被称为普通诉讼。其具体操作方法与一般民事诉讼是相同的。

五、票据伪造和变造

（一）票据伪造

1. 票据伪造的概念

票据伪造，是指假冒他人名义而实施的票据行为，包括假冒出票人的名义签发票据的行为，以及假冒他人名义而为的背书、承兑、保证等其他票据行为。票据伪造的行为特征是行为人不以自己的名义，而是假冒他人的名义进行票据行为。

2. 票据伪造的法律后果

（1）伪造人的责任。由于伪造人是以他人的名义伪造签章，而不是以自己名义进行的，因此不属于票据行为人，不承担票据上的责任。但必须承担侵权的民事责任、行政责任以及刑事责任。

（2）被伪造人的责任。被伪造人由于自己并未在票据上签章，因此也不负《票据法》上的责任。此项抗辩事由，被伪造人可以对抗一切持票人，为了保护合法持票人的合法权益，被伪造签章的人应当负举证责任，证明该伪造的签章并非自己所为。

（3）其他真实签章人的责任。由于票据行为具有独立性特点，因此，票据行为的无效不影响其他真实签章的效力。《票据法》规定，票据上有伪造、变造的签章的，不影响票据上其他真实签章的效力。

（4）持票人和付款人的责任。票据伪造如果是出票伪造时，持票人直接从伪造人手中取得票据的，则持票人不能对被伪造人和伪造人行使票据权利，而只能依照民法上的规定请求伪造者赔偿；如果持票人的前手有在票据上真实签章的人，则持票人可以向其行使追索权。对付款人来说，如果其发现票据是伪造的，有权拒绝承兑或拒绝付款；如果付款人没有辨认出持票人所持的是伪造票据（既无恶意也无重大过失时）而对此票据付了款的，付款人的付款行为有效。付款人由此遭受的损失只能向伪造人请求民法上的损害赔偿。

（二）票据变造

1. 票据变造的概念

票据变造，是指无变更权的人对票据上除签章以外的有关记载事项进行变更的行为。

2. 票据变造的法律后果

《票据法》规定，票据上其他记载事项被变造的，在变造之前签章的人，对原记载事项负责；在变造之后签章的人，对变造之后的记载事项负责；不能辨别是在票据被变造之前或者之后签章的，视同在变造之前签章。据此规定，票据变造的法律后果主要有以下内容：

（1）变造人的责任。如果变造人属于票据行为人，则应承担票据上的责任。同时，变造人不论是否承担了票据责任，均需为变造行为承担刑事责任和民事赔偿责任。

（2）被变造人的责任。这时的被变造人就是指变造前已经在票据上签章的所有票据行为人。被变造人只对变造前的记载事项承担责任。

（3）变造后真实签章行为人的责任。票据中记载的事项已作了变更记载，在此以后的票据行为人在票据上签章的，因此，在变造后签章的人，即应对变造后的记载事项负责。

（4）其他签章人的责任。主要是指不能辨别其签章是在变造前还是变造后的签章人。根据《票据法》的规定，在这种情况下，一律推定为是在变造前进行的签章行为，行为人只对变造前的记载事项负责。

（5）持票人的责任。对持票人来讲，主要是其票据权利的大小及性质问题。持票人如果向变造前的票据行为人主张权利的，那么，只能就变造前的记载主张权利，其不足部分的权利只能向变造人行使民事权利；持票人如果是向变造人或变造后的行为人主张权利的，则有可能实现票载的全部票据权利。

第二节　汇　　票

一、汇票的概念与种类

（一）汇票的概念

汇票，是出票人签发的，委托付款人在见票时或指定的到期日，向持有票据的人无条件支付确定金额的票据。汇票在出票时有三个当事人：出票人，即签发汇票的人；收款人，即持汇票向付款人请求付款的人；付款人，即受出票人的委托向受款人付款的人。

（二）汇票的种类

1. 按出票人不同，汇票可分为银行汇票和商业汇票

（1）银行汇票，是汇款人将款项交存当地出票银行，由出票银行签发的，由其在见票时，按照实际结算金额无条件支付给收款人或持票人的票据。银行汇票，出票人是银行，付款人也是银行。

（2）商业汇票，是指由付款人或存款人（或承兑申请人）签发，由承兑人承兑，并于到期日向收款人或被背书人支付款项的一种票据。商业汇票，出票人是企业或个人，付款人可以是企业、个人或银行。按付款人的不同，商业汇票又可分为银行承兑的商业汇票和商业承兑的商业汇票。

2. 按付款日期不同，汇票可分为即期汇票和远期汇票

（1）即期汇票，就是见票即付的汇票。

（2）远期汇票，是指约定付款日期，持票人只能在约定的付款日期才能提示付款的汇票，它分为见票即付、见票后定期付款、出票后定期付款、定日付款。

3. 根据汇票上记载收款人的方式不同，汇票可以分为记名汇票、指示汇票和无记名汇票

（1）记名汇票，是指出票人在票面上明确记载收款人的姓名或名称的汇票。

（2）指示汇票，是汇票上除记载收款人的姓名或名称外，还附加有“或其指定的人”字样的汇票。

（3）无记名汇票，是指汇票上不记载收款人的姓名或名称，或只记载“付来人”字样的汇票。

按照我国《票据法》的规定，“收款人名称”属于必须记载事项，由此可见在我国是禁止使用无记名汇票的。

4. 根据是否附有包括运输单据在内的商业单据，汇票可以分为光票汇票和跟单

汇票

(1) 光票汇票，是指不附带商业单据的汇票。银行汇票多是光票汇票。

(2) 跟单汇票，是指附有包括运输单据在内的商业单据的汇票。跟单汇票多是商业汇票。

☞【知识拓展】

本票与汇票的区别

本票是出票人签发的，承诺自己在见票时无条件支付确定的金额给收款人或者持票人的票据。我国的《票据法》所称本票，是指银行本票，不承认商业本票。汇票是出票人签发的，委托付款人在见票时或者在指定日期无条件支付确定的金额给收款人或者持票人的票据。二者之间有许多共同之处，汇票的出票、背书、付款、拒绝证书以及追索权等规定，基本上可适用于本票。

二者的区别主要有：

1. 证券性质和当事人个数不同

汇票为委付证券，本票为自付证券。本票是出票人自己付款的承诺，汇票是出票人要求他人付款的委托或指示。因此，汇票有三个当事人，即出票人、付款人与收款人；而本票只有两个当事人，即出票人（同时也是付款人）与收款人。

2. 主债务人不同

汇票为委付证券，经过承兑后，主债务人承兑人，出票人则居于从债务人的地位；本票为自付证券，出票人始终居于主债务人的地位，自负到期偿付的义务，不必办理承兑手续。

3. 有无承兑不同

本票无须承兑，汇票除见票即付的汇票外均可以或应当请求承兑；见票后定期付款的本票也无须承兑，而应当见票，见票后定期付款的汇票必须请求承兑，以确定汇票的到期日。

4. 有无资金关系不同

在票据的基础关系中，由于汇票为委付证券，所以一般都必须有资金关系；本票为自付证券，一般都不需要有资金关系。

5. 出票人和背书人责任不同

汇票的出票人应负担保承兑和担保付款的责任，本票的出票人应负绝对付款责任；汇票的背书人也应负承兑和付款的担保责任，本票的背书人仅负付款的担保责任。

6. 付款人的责任不同

汇票的付款人不在承兑时，可以不负任何票据责任，只有经承兑而成为承兑人后，才负付款责任；本票的出票人即为付款人，自出票之后即应负绝对付款责任。

7. 票据种类不同

在我国现行《票据法》中，本票仅指银行本票，而汇票包括银行汇票和商业汇票两种。

8. 付款方式不同

本票仅限于见票即付，而汇票可以见票即付、定日付款、出票后定期付款、见票后不定期付款。

9. 付款期限不同

本票的付款期限，自出票日起不得超过 2 个月，而汇票的付款期限无此特别限制。

10. 金额固定与否不同

本票的金额是固定的，而汇票的金额不固定。

二、汇票的出票

汇票的出票，是指行为人做成汇票并将其交给他人的一种票据行为。汇票出票必须记载的事项包括：表明“汇票”字样；无条件支付的委托；确定的金额；付款人名称；收款人名称；出票日期；出票人签章。汇票未记载上述事项之一的，汇票无效。

三、汇票的背书

背书，是指持票人依法定方式在票据的背面或者粘单上记载有关事项并签章，以实现转让票据权利或法律允许的其他目的的票据行为。背书的行为人称为背书人，接受其交付的人称为被背书人。

（一）背书的种类

1. 转让背书与非转让背书

转让背书，是指以转让票据权利为目的的背书；非转让背书，是指不以转让票据权利为目的的背书。非转让背书依其目的不同，又可分为设质背书和委托收款背书两种。

2. 一般转让背书与特殊转让背书

一般转让背书，是指在被背书人、背书时间等方面不存在特殊情形的背书，绝大多数背书都属于此。特殊转让背书，是指在被背书人、背书时间等方面具有特殊性的背书，一般包括回头背书、期后背书、限制背书三种。回头背书指以票据上的原债务人为被背书人的背书，回头背书的特点在于原票据债务人因背书而持有票据，成为票据权利人，因此回头背书的追偿权受到限制。期后背书指在票据被拒绝承兑、被拒绝付款或超过付款提示期限后所为的背书，《票据法》对期后背书未做规定，但期后背书的效力较弱，它没有担保效力。限制背书是在背书中附加某些特别的记载，从而对转让的票据权利给予一定限制的背书，如在背书中记载“不得转让”。其后手若再背书转让的，原背书人对后手的被背书人不承担保证责任。

3. 完全背书与空白背书

完全背书又称正式背书或记名背书，是指背书人记载背书旨意、背书人的名称并签章的背书；空白背书又称略式背书或无记名背书，是指背书人不记载被背书人的名称，仅由自己签章的背书。依据《票据法》的规定，被背书人名称是绝对应当记载的事项，如有欠缺，背书行为无效，因此我国不承认空白背书的效力。

(二) 背书的记载事项

1. 应记载事项

根据《票据法》的规定，背书应记载背书人签章、被背书人名称和背书日期。背书未记载日期的，视为在汇票到期日前背书。背书在粘单上进行的，粘单上的第一记载人，应在汇票和粘单的粘接处签章。

2. 可记载事项

根据《票据法》的规定，汇票上可记载“不得转让”字样。背书人记载“不得转让”字样的汇票，不得转让，其后手若再背书转让的，原背书人对后手的被背书人不承担保证责任。

3. 不得记载事项

根据《票据法》的规定，背书不得附有条件，附有条件的，所附条件不具有汇票上的效力，但背书转让仍然有效。此外，将汇票金额的一部分转让或将汇票金额分别转让给两人以上的背书无效。

(三) 背书的连续

背书的连续，是指在票据转让中，转让票据的背书人与受让票据的被背书人在票据上的签章依次前后衔接。背书连续对持票人产生权利证明的效力，持票人无须另外举证即可行使票据权利。如背书形式上不连续而实质上连续，票据并非无效，仅背书间断后的持票人不得主张票据上的权利，若持票人能以实质连续证明背书的连续，则可行使票据上的权利。就付款人来讲，对背书连续的票据进行付款的，为《票据法》上的有效支付，付款人可因此免责。

☞【思考】

2017 年 3 月，广州某公司业务员李明到河北省购买钢材，经申请开户银行开具以王军为收款人、以河北某银行为兑付行的银行承兑汇票。到河北后中间介绍人燕飞称发运钢材需要以其汇票作抵押，李明遂将汇票交于燕飞，之后燕飞将该汇票交给钢材公司赵政作抵押。赵政得到该汇票后，将其背书给某运输公司，运输公司持该汇票到上述河北某银行要求付款，因背书不连续遭到拒绝。请问：

1. 该汇票在流转过程中背书是否连续？

2. 河北某银行是否可以拒绝付款？

四、汇票的承兑

(一) 承兑的概念

承兑，是指远期汇票的付款人在票据的正面记载有关事项并签章，然后将票据交付请求承兑之人，承诺在汇票到期日支付汇票金额的票据行为。承兑是汇票上特有的制度，其意义在于确定汇票上的权利义务关系。

(二) 汇票承兑的原则

1. 自由承兑原则

汇票的付款人可以依自己独立的意思，决定是否进行承兑，不受出票人指定其为付款人的限制。具体来说，自由承兑原则体现在：一是汇票上记载的付款人是否对汇票承兑，由其自由决定；二是是否将汇票提示承兑，由持票人自由决定，即持票人将汇票提示承兑是其权利，而不是义务。

2. 完全承兑原则

付款人在对汇票承兑时，应该对全部汇票金额进行承兑，而不能仅就其中部分金额承兑。我国现行《票据法》规定在持票人依法提示付款时，付款人必须当日足额付款。

3. 单纯承兑原则

付款人对汇票承兑时，完全按照汇票所记载的文义实行，不得附加条件或者改变汇票上的已有记载事项。《票据法》规定，付款人承兑汇票，不得附有条件，承兑附有条件的，视为拒绝承兑。

(三) 承兑的程序

1. 提示承兑

汇票的持票人在应进行承兑的期限内，向付款人出示票据，并要求付款人承诺付款的行为。提示既是持票人行使票据权利的表现，也是其保全票据权利的手段。提示必须依法定提示期限进行，定日付款或出票后定期付款的汇票，持票人应当在汇票到期日之前向付款人提示承兑，见票后定期付款的汇票，持票人应当自出票日起 1 个月内向付款人提示承兑。

2. 承兑或拒绝承兑

承兑与否系付款人的权利，可以承兑，也可以拒绝承兑。如付款人拒绝承兑，持票人可据此行使期前追索权；如愿意承兑，则应自收到提示承兑的汇票之日起 3 天内作出。

3. 交还汇票

付款人为承兑的意思表示一旦完结，应立即将汇票交还持票人。承兑自付款人交还汇票与持票人后即产生效力。

(四) 承兑的效力

承兑的效力在于确定汇票付款人的付款责任。一经承兑，承兑人于票据到期日必须向持票人无条件地支付汇票上的金额。承兑人的票据责任不因持票人未在法定期限提示付款而解除，承兑人仍要对持票人承担票据责任。

☞【思考】

甲公司在与乙公司的交易中获得面额为 100 万元的商业汇票一张，付款人为丙公司。甲公司请求丙公司承兑时，丙公司在汇票上签注，承兑，待账上有资金时支付。

请问：丙公司的行为是否属于承兑？

五、汇票的保证

(一) 保证的概念

保证，是指票据债务人以外的第三人，以担保因票据行为所产生的债务为目的而进行的一种附属票据行为。按照《票据法》的规定，保证只适用于汇票和本票，支票不适用保证。原因在于我国支票的付款提示期限过短。

（二）票据保证的记载事项

保证人必须在票据或者粘单上记载下列事项：表明“保证”的字样；保证人名称和住所；被保证人的名称；保证日期；保证人签章。

（三）保证的效力

1. 对保证人的效力

保证人负有与被保证人相同的责任。保证人履行保证责任后，保证债务消灭，被保证人后手的票据债务也随之消灭，保证人取得持票人对被保证人及其前手的追索权。承兑人、被保证人及其前手，不得以对抗持票人的事由来对抗保证人。

2. 对持票人的效力

持票人在条件具备时，可以直接向保证人行使付款请求权或行使追索权。对被保证人及其前、后手的效力。如果保证人清偿了持票人的追索，被保证人的后手即可免责，但对被保证人及其前手来讲，仍然负有对保证人清偿的责任。

☞【思考】

甲公司向乙公司开出见票即付的商业汇票一张，偿付货款。乙将票据背书与丙，丙提出该提供票据保证人。经甲、丁两公司同意，两者为此票据提供保证，并办理了相关手续。在一定期限内，丙公司向银行提示付款时，银行以甲公司即将破产为由，拒绝付款。请问：

1. 甲公司是否承担保证责任？
2. 丁公司是否承担保证责任？
3. 甲、丁两公司各自承担责任的性质如何？

六、汇票的付款

付款，是指汇票的债务人承担票据责任对持票人所作的给付。付款人依法足额付款后，全体汇票债务人的责任解除。汇票到期被拒绝付款或汇票到期日前出现特有的法律规定情形的，持票人可以对背书人、出票人以及汇票的其他债务人行使追索权。

☞【延伸阅读】

飞　钱

飞钱是中国历史上早期的汇兑业务形式。《新唐书·食货志》记载：商贾至京师、委钱诸道进奏院及诸军、诸使、富家，经轻装趋四方、合券乃取之，号飞钱。在商业异常发达的唐代，各地商人运货到京城出售，售货得的大量钱币要带走既不安全又不方便，因此商人们就将钱币交给各地驻京的进奏院（类似于驻京办事处）和有关机构，或交给各地设的分支机构的富商，由这些单位发给半联赁证，另半联赁证寄回各地的相应单位。商人回本地区后，经验证相符，便可取款。这些赁证叫“飞钱”。主要特征为：一地出钱并取得有关证明，在异地凭证明取得钱款，类似于今天的汇票。飞钱的产生，与当时商业贸易发达有关。唐代内地与边远地区、外国通商日盛，许多商人奔波于崇山峻岭戈壁沙砾之间，铜钱面值小又重，运输很不便利，时遭被人抢劫风险，飞钱应运而生。

唐代的飞钱实际上是一种票证，它本身不介入流通，类似于今天的银行汇票，不行使货币的职能，不是真正意义上的纸币。

第三节 本 票

一、本票的概念

本票，是由出票人签发的，承诺自己在见票时无条件支付确定的金额给收款人或者持票人的票据。我国《票据法》所指的本票仅指银行本票，不包括商业本票和个人本票。

本票是一种自付票据。汇票与支票实际上是委托银行付款，而本票是由出票人本人对持票人付款。本票的当事人也相对简单，只有出票人和收款人两种。

二、本票的分类

（一）银行本票和商业本票

按出票人的不同，分为银行本票和商业本票。由银行签发的本票为银行本票，我国现行结算制度又将银行本票分为定额银行本票和不定额银行本票两种，定额银行本票由中国人民银行发行，各银行代办签发和兑付，我国定额银行本票的面额有 1000 元、5000 元、10000 元和 50000 元四种；不定额银行本票由经办银行签发和兑付，面额按照当事人约定确定。

（二）即期本票和远期本票

按照付款期限的不同，分为即期本票和远期本票。即期本票是指见票即付的本票；远期本票则是指持票人只有在票据到期日才能行使票据权利的本票。我国的《票据法》只承认即期本票。

（三）记名本票和无记名本票

按照记载收款人方式的不同，分为记名本票和无记名本票。我国的《票据法》只承认记名本票。

（四）现金本票和转账本票

本票按照付款方式的不同，分为现金本票和转账本票。用于支取现金的本票为现金本票，用于转账的为转账本票。

三、本票的出票

（一）本票出票的概念

本票的出票，是指出票人按照法定方式做成本票，并将票据交付给收款人的基本票据行为。《票据法》规定，本票必须记载以下事项：表明“本票”的字样；无条件支付的承诺；确定的金额；收款人名称；出票日期；出票人签章。本票上未记载上述事项之一的，本票无效。

（二）本票出票的效力

本票出票的效力，是指出票人签发本票后承担的责任以及收款人因此享有的权利。对出票人来说，出票必须承担对本票持票人的付款责任。出票人的这种付款责任是一种无条件的责任，本票到期，出票人必须对持票人付款，对此不得附加任何条件。这种付款责任也是一种绝对责任。出票人的付款义务不因持票人对其权利的行使或保全手续的欠缺而免除。

四、本票的付款

本票的出票人在持票人提示见票时，必须承担付款的责任。本票自出票日起，付款期限最长不得超过两个月。本票的持票人未按照规定期限提示见票的，丧失对出票人以外的前手的追索权。本票的出票、背书、保证、付款和追索的行使，除适用《票据法》的规定外，还适用《票据法》有关汇票的规定。

☞【知识拓展】

日升昌票号及其诚信故事

票号是清代出现的一种金融机构，开办最早的票号是日升昌票号，其财东是山西平遥县达蒲村李氏。日升昌票号是中国第一家专营存款、放款、汇兑业务的私人金融机构，开中国银行业之先河。日升昌票号成立于清道光三年（1823年），由山西省平遥县西达蒲村富商李大金出资与总经理雷履泰共同创办。总号设于山西省平遥县城内繁华街市的西大街路南，占地面积1600多平方米；分号达35处之多，遍布全国大中城市、商埠重镇。日升昌票号以汇通天下闻名于世。日升昌的黄金时期年汇兑金额高达3800万两白银，当时可谓日利千金。更让我们叹服的是：票号产生的大环境，外患频频，内乱不断，而日升昌却在风雨飘摇中纵横一百年，并形成了一整套让西方优秀管理学家叹服的管理制度。日升昌票号创立之后，继有祁县、太谷富商大贾竞相效仿；后有南方票号崛起，从而形成了全国性的金融网络，对清末民初商业贸易以及近代工业的发展起到了重大促进作用。如今的日升昌票号已改为中国票号博物馆，共设有二十余个展厅，大体上分为史料展示和原貌展示两部分，从中可以看出中国民族银行业的发展轨迹。

清末时期，平遥城内一位沿街讨饭数十年的寡妇老太太，有一天持一数额为12000两的日升昌张家口分号汇票，到日升昌总号提取银两。任柜头的一看签发时间在同治七年（1868年），与取款时间相隔了30多年，赶紧跑到后厅询问大掌柜，两人问清了汇票来历，并认真查阅了数十年的账簿，如数兑付了现银。原来，老太太的丈夫早年到张家口经商做皮货生意，同治七年收拾盈余，在日升昌分号汇款12000两白银，起程回籍，不料途中得病身亡。尸体运回家里，妻子哭得死去活来。换完衣服择日出殡后，一个好端端的家庭开始败落。妻子几十年熬过来，这位早已沦为乞丐的老妇，某天无意拿起丈夫留下的唯一一件夹袄，从衣角摸到一张日升昌汇票，抱着试试看的心理，到日升昌兑取现银。这件事之后，日升昌名声大振，汇兑、存放款业务一天比一天红火。

第四节 支 票

一、支票的概念

支票，是出票人签发的，委托办理支票存款业务的银行或者其他金融机构在见票时无条件支付确定的金额给收款人或者持票人的票据。可见，支票的付款人只能是银行和其他金融机构，其他任何公司和个人都不能成为支票的付款人。而且对开立支票存款账户的人来说，申请时必须使用本名，并提交证明其身份的合法证件。开具支票时，应当有可靠的资信并存入一定的资金。此外，还应当预留其本名的签名样式和印鉴。

二、支票的种类

支票按不同的标准可以作不同的划分：

（一）按用途不同，支票可分为现金支票、转账支票和普通支票

现金支票只能用于支取现金，不得背书转让；转账支票只能用于转账，不得支取现金；普通支票既可以支取现金，也可以用于转账。

（二）按是否记名，支票可分为记名支票和不记名支票

记名支票是在支票的收款人一栏，写明收款人姓名，取款时须由收款人签章，方可支取的支票；不记名支票又称空白支票。支票上不记载收款人姓名，只写“付来人”。取款时持票人无须在支票背后签章，即可支取，此项支票仅凭交付而转让。

三、支票的出票

（一）支票出票的概念

支票的出票，是指出票人作成票据，并将票据交付给收款人的票据行为。根据《票据法》的规定，支票必须记载下列事项：表明“支票”的字样；无条件支付的委托；确定的金额；付款人名称；出票日期；出票人签章。支票的出票人不得签发与其预留本名的签名式样或者印鉴不符的支票。除以上几点必载事项外，《票据法》还规定，支票上的金额可以由出票人授权补记，未补记前的支票，不得使用。支票上未记载收款人名称的，经出票人授权，可以补记。支票上未记载付款地的，付款人的营业场所为付款地。支票上未记载出票地的，出票人的营业场所、住所或者经常居住地为出票地。出票人可以在支票上记载自己为收款人。支票限于见票即付，不得另行记载付款日期。另行记载付款日期的，该记载无效。

（二）支票出票的效力

出票人作成支票并交付之后，对出票人产生相应的法律效力。依照《票据法》的

规定，出票人必须按照签发的支票金额承担保证向该持票人付款的责任。这一责任包括两项：一是出票人必须在付款人处存有足额可处分的资金，以保证支票票款的支付；二是当付款人对支票拒绝付款或超过支票付款提示期限的，出票人应向持票人承担付款责任。

四、支票的资金关系

（一）开立支票存款账户

支票是由出票人签发，委托办理支票业务的银行或其他金融机构向持票人进行支付的票据。当事人为了使用支票，必须先到银行等金融机构开立支票存款账户，具有可靠的资信并在银行或者其他金融机构存入一定的资金，以保证支票存款账户开立以后，其账户上有足够的资金来保证支付其所签发的支票。

《票据法》规定，禁止签发空头支票。出票人的支票金额超过其付款时在付款人处实有的存款金额的，为空头支票。支票的金额，收款人名称可以由出票人授权被记。未被记前，不得背书转让和提示付款。签发空头支票或印章与预留印鉴不符的支票，按票面金额对其处以5%，但不低于1000元以上的罚款；同时处以2%的赔偿金，赔偿收款人。

（二）足额付款

出票人与付款人之间的资金关系，可以是支票合同，也可以是透支合同。根据资金关系，一方面要求出票人必须保证在付款人处有足够支付的存款，不得签发空头支票；另一方面，付款人也需要及时支付支票金额。

五、支票的付款

《票据法》规定，支票的持票人应当自出票日起10日内提示付款；异地使用的支票，其提示付款的期限由中国人民银行另行规定。超过提示付款期限的，付款人可以不予付款；付款人不予付款的，出票人仍应当对持票人承担票据责任。《票据法》规定，支票的背书、付款行为和追索权的行使，除本章规定外，适用本法第二章有关汇票的规定。

☞【思考】

甲公司向乙公司购买一批货物，于9月21日签发一张转账支票给乙公司用于支付货款，但甲公司在支票上未记载收款人的名称，约定由乙公司自行填写，乙公司取得支票后，在支票收款人处填写上乙公司名称，并于当日将该支票背书转让给丙公司。丙公司于10月25日向付款银行提示付款。丙公司在付款银行的存款足以支付支票金额。请问：

1. 甲公司签发的未记载收款人名称的支票是否有效？

2. 甲公司签发的支票能否向银行支取现金？

3. 丙公司提示付款的日期是否合乎规定？

第八章　证　券　法

☞【学习目标】

1. 掌握证券的概念和特征
2. 掌握证券包销和代销
3. 掌握证券发行与交易的规定

第一节　证券与证券法概述

一、证券的概念及法律特征

证券，是指资金需求者为了筹措长期资金而向社会公众发放由社会公众购买且能对一定的收入拥有请求权的投资凭证。

证券具有以下几个法律特征：(1) 证券是一种投资权利证书；(2) 证券是一种可转让的权利证书；(3) 证券是一种面值均等的权利证书；(4) 证券是一种含有风险的权利证书。

二、证券市场

(一) 证券市场的概念

证券市场是包括证券投资活动全过程在内的证券供求交易的网络和体系，它是金融市场的重要组成部分。

证券市场是供给中长期资金的金融市场，它通过买卖各种中长期债券、股票，满足政府或企业对中长期资金的需要。因所筹资金通常被作为固定资产投资，所以证券市场被称为“资本市场”，这种证券又被称为“资本证券”。

(二) 证券市场的法律特征

(1) 市场主体广泛性。在交易过程中，除了证券买卖双方参与，还有各种中介机构参与。政府也要对交易活动进行监督管理。

(2) 市场客体特殊性。一般商品交易市场买卖的是具有使用价值的生产原材料和消费资料；证券市场上买卖的是特殊商品，如股票与债券等。

(3) 交易方式多样性。证券交易可在交易所进行，也可在交易所以外的场所进行；交易双方可直接交易，也可委托经纪人代理交易；既可进行现货交易，也可进行期货期权交易。

(4) 交易过程长期性。

(三) 证券市场的内部结构

证券市场由两个组成部分，一个是发行市场，一个是交易市场。

☞【思考】

根据中国银行业监督管理委员会的批复，某地商业银行向公众推出了公司理财系列产品。该系列产品分为稳健型、平衡型和成长型三种，产品期限从1个月至6个月，预期收益率为2.5%~5.5%。请问：

1. 商业银行出售的理财产品，属于什么性质的产品？是否属于证券法上的证券？

2. 商业银行向公众销售理财产品，是否适用《证券法》调整？

3. 结合《证券法》分析《商业银行个人理财业务惯例暂行办法》的性质。

三、证券法的概念与原则

证券法是关于证券募集、发行、交易、服务及对证券市场进行监督管理的法律规范的总和。证券法的原则包含以下几个方面：

(一) 公开原则

公开原则亦称为信息公开制度。它是指证券发行者在证券发行前或发行后根据法定的要求和程序向证券监督管理机构和证券投资者提供规定的能够影响证券价格的有关信息资料。公开原则要求企业所公开的信息做到真实、全面、及时、易得和易解五个方面。

(二) 公平原则

公平原则是指证券商事关系主体在证券募集、发行、交易、服务活动中应公平合理，照顾各方的权利和利益。公平原则要求证券商事关系主体做到平等、自愿、等价有偿、诚实守信。

(三) 公正原则

公正原则是指证券监督管理机构及其他组织和人员应充分运用法律，采取有效措施，对证券市场的违法犯罪活动进行制止和查处，以确保投资者得到公正的对待。公正原则要求证券监督管理机构及其他组织和人员做到反欺诈、反操纵、反内幕交易。

我国《证券法》总则从第3~9条规定了证券市场活动须遵守的七项基本原则。这七项原则概括起来是：(1)“三公原则”；(2) 自愿、有偿、诚实信用原则；(3)“三禁原则”，即“禁止欺诈、内幕交易和操纵证券交易市场的行为”的原则；(4) 证券业和银行业、信托业、保险业分业经营、分业管理的原则；(5) 集中统一监督管理原则；(6) 自律原则；(7) 国家审计监督原则。理解适用证券法，必须理解掌握这些原则。

第二节 证券发行与承销制度

一、证券发行

证券发行是指证券的发行者为筹集资金依法向投资者以同一条件招募和出售股票、公司债券以及其他证券的活动。证券发行有宣示权利的法律意义。所谓宣示指把权利表彰于证券之上，使无形的权利有形于纸上。

（一）证券发行审核程序

公开发行证券，必须符合法律、行政法规规定的条件，并依法报经国务院证券监督管理机构或者国务院授权的部门核准；未经依法核准，任何单位和个人不得公开发行证券。有下列情形之一的，为公开发行：（1）向不特定对象发行证券的；（2）向特定对象发行证券累计超过200人的；（3）法律、行政法规规定的其他发行行为。

非公开发行证券，不得采用广告、公开劝诱和变相公开方式。

发行人申请公开发行股票、可转换为股票的公司债券，依法采取承销方式的，或者公开发行法律、行政法规规定实行保荐制度的其他证券的，应当聘请具有保荐资格的机构担任保荐人。保荐人应当遵守业务规则和行业规范，诚实守信，勤勉尽责，对发行人的申请文件和信息披露资料进行审慎核查，督导发行人规范运作。保荐人的资格及其管理办法由国务院证券监督管理机构规定。

我国证券法根据发行证券的种类分别采核准制与审批制。股票发行采核准制；公司债券发行采审批制。

1. 股票发行核准和提交的文件

（1）设立股份有限公司公开发行股票，应当符合《中华人民共和国公司法》规定的条件和经国务院批准的国务院证券监督管理机构规定的其他条件，向国务院证券监督管理机构报送募股申请和下列文件：公司章程；发起人协议；发起人姓名或者名称，发起人认购的股份数、出资种类及验资证明；招股说明书；代收股款银行的名称及地址；承销机构名称及有关的协议。

依照本法规定聘请保荐人的，还应当报送保荐人出具的发行保荐书。法律、行政法规规定设立公司必须报经批准的，还应当提交相应的批准文件。

（2）公司公开发行新股，应当符合下列条件：具备健全且运行良好的组织机构；具有持续盈利能力，财务状况良好；最近3年财务会计文件无虚假记载，无其他重大违法行为；经国务院批准的国务院证券监督管理机构规定的其他条件。

上市公司非公开发行新股，应当符合经国务院批准的国务院证券监督管理机构规定的条件，并报国务院证券监督管理机构核准。

公司公开发行新股，应当向国务院证券监督管理机构报送募股申请和下列文件：公司营业执照；公司章程；股东大会决议；招股说明书；财务会计报告；代收股款银行的名称及地址；承销机构名称及有关的协议。

依照本法规定聘请保荐人的，还应当报送保荐人出具的发行保荐书。

公司对公开发行股票所募集资金，必须按照招股说明书所列资金用途使用。改变招股说明书所列资金用途，必须经股东大会作出决议。擅自改变用途而未作纠正的，或者未经股东大会认可的，不得公开发行新股。

2. 公司债券发行审批和提交的文件

公司债券发行审批是指国务院授权的部门依法对有关公司债券发行申请进行审查批准的一种制度或程序。

（1）公开发行公司债券，应当符合下列条件：股份有限公司的净资产不低于人民币3000万元，有限责任公司的净资产不低于人民币6000万元；累计债券余额不超过公司净资产的40%；最近3年平均可分配利润足以支付公司债券1年的利息；筹集的资金投向符合国家产业政策；债券的利率不超过国务院限定的利率水平；国务院规定的其他条件。

公开发行公司债券筹集的资金，必须用于核准的用途，不得用于弥补亏损和非生产性支出。上市公司发行可转换为股票的公司债券，除应当符合第一款规定的条件外，还应当符合本法关于公开发行股票的条件，并报国务院证券监督管理机构核准。

（2）申请公开发行公司债券，应当向国务院授权的部门或者国务院证券监督管理机构报送下列文件：公司营业执照；公司章程；公司债券募集办法；资产评估报告和验资报告；国务院授权的部门或者国务院证券监督管理机构规定的其他文件。依照本法规定聘请保荐人的，还应当报送保荐人出具的发行保荐书。

有下列情形之一的，不得再次公开发行公司债券：前一次公开发行的公司债券尚未募足；对已公开发行的公司债券或者其他债务有违约或者延迟支付本息的事实，仍处于继续状态；违反本法规定，改变公开发行公司债券所募资金的用途。

（二）证券发行信息公开

1. 证券发行信息公开的意义

证券发行信息公开，是指证券发行人按照法律、行政法规的规定，在证券公开发行前，公告公开发行募集文件，并将该文件置备于指定场所供公众查阅的制度。建立证券发行信息公开制度的意义在于：（1）有利于投资者作出正确的投资选择。（2）保证所有投资者有均等获得信息的权利。（3）有利于规范发行公司的行为。

2. 证券发行需公开的信息

证券发行需公开的信息主要是募集文件的内容。募集文件主要包括招股意向书、招股说明书、配股说明书、公司债券募集办法等。对于上述文件的内容和格式，中国证监会及国务院授权部门均以信息披露内容与格式、信息披露编报规则、信息披露规范问答等形式加以明确规定。

二、证券承销

证券承销是指发行人委托证券公司（亦称承销商）向证券市场上不特定的投资人公开销售股票、债券及其他投资证券的活动。发行人向不特定对象发行的证券，法律、行政法规规定应当由证券公司承销的，发行人应当同证券公司签订承销协议。

（一）证券承销方式

证券承销业务采取代销或者包销方式。

1. 证券代销

证券代销是指证券公司代发行人发售证券，在承销期结束时，将未售出的证券全部退还给发行人的承销方式。

2. 证券包销

证券包销是指证券公司将发行人的证券按照协议全部购入或者在承销期结束时将售后剩余证券全部自行购入的承销方式。

向不特定对象发行的证券票面总值超过人民币 5000 万元的，应当由承销团承销。承销团应当由主承销和参与承销的证券公司组成。

（二）证券承销合同

证券承销合同是指证券发行人与证券承销商或是主承销商与分销商就证券承销的有关内容所达成的明确双方权利义务的书面协议。

证券公司承销证券，应当同发行人签订代销或包销协议，载明以下内容：（1）当事人的名称、住所及法定代表人姓名；（2）代销、包销证券的种类、数量、金额及发行价格；（3）代销、包销的期限及起止日期；（4）代销、包销的付款方式及日期；（5）代销、包销的费用和结算办法；（6）违约责任；（7）国务院证券监督管理机构规定的其他事项。

（三）证券承销需注意的几个问题

1. 发行人有权自主选择承销商

公开发行证券的发行人有权依法自主选择承销的证券公司。证券公司不得以不正当竞争手段招揽证券承销业务。

2. 证券承销商对公开发行募集文件负有核查的责任

证券公司承销证券，应当对公开发行募集文件的真实性、准确性、完整性进行核查；发现有虚假记载、误导性陈述或者重大遗漏的，不得进行销售活动；已经销售的，必须立即停止销售活动，并采取纠正措施。

3. 承销商不得预留承销的证券

证券公司在代销、包销期内，对所代销、包销的证券应当保证先行出售给认购人，证券公司不得为本公司预留所代销的证券和预先购入并留存所包销的证券。

4. 承销期满，应当报告证券承销情况

公开发行股票，代销、包销期限届满，发行人应当在规定的期限内将股票发行情况报国务院证券监督管理机构备案。

第三节 证券交易基本理论

一、证券交易概述

（一）证券交易的概念与特征

证券交易是指对已经依法发行并经投资者认购的证券进行买卖的行为。

证券交易的主要特征包括：（1）它是一种具有财产价值的特定权利的买卖；（2）它是一种标准化合同的买卖；（3）它是一种已经依法发行并经投资者认购的证券的买卖。

（二）证券交易的分类

证券交易依不同的标准可作不同的分类。从交易场所的角度来看，可分为集中交易市场和分散交易市场；从买卖双方交易主体结合方式来看，可分为议价交易和竞价交易；从达成交易的方式来看，可分为直接交易和间接交易（委托交易）；按交割期限和投资方式的不同，可分为现货交易、期货交易、期权交易、信用交易和回购。

现货交易，是指买卖双方在成交后很短的时间内进行交割，买者付出现金，卖者交付证券。期货交易，又称期货合约交易，是指交易双方成交后，交割和清算要按契约中规定的价格在远期进行。

期权交易，又称选择权交易，是指金融商品交易权利的一种买卖。这种权利就是以未来特定时间为行使期限，以协定价格（即履约价格）买卖特定数量的某种金融商品的权利。金融期权通常有外汇期权、利率期权、股票期权及股价指数期权等。

信用交易，也称保证金交易，是指证券交易者在买卖证券时只向经纪人交付欲交易总量一定百分比的现款或证券（称为保证金），不足部分由经纪人或是通过银行贷款提供而进行的交易。

回购，是指在卖出（或买入）证券的同时，事先约定到一定时间后按规定的价格买回（或卖出）这笔证券，实际上就是附有购回（或卖出）条件的证券交易。

以上证券交易的种类，在我国正在采用的是现货交易和回购交易。

二、证券交易的程序

由于我国上市的证券交易主要是通过证券交易所电脑竞价方式进行的，以下着重介绍这种交易方式的程序。

（一）名册登记与开设账户

名册登记是委托人（投资者）在集中市场进行证券买卖的前提。名册登记分为个人和法人两种。

根据法律规定，属于下列情况之一者，不予办理个人名册登记：（1）证券从业人员；（2）因违反证券法，经有权机关认定为市场禁入者；（3）未成年人未经法定监护人的代理或允许者。

开设账户是投资者进行证券买卖的基本条件。每个投资者必须开设证券与资金两个账户，证券账户用于存储投资者已经购得的证券；资金账户主要用于存储投资者的存款和卖出股票时的价金。在证券交易完成时，只在两个账户中划拨，即增减证券或资金数额，而不必实际提取证券和现金。

（二）委托

进入证券交易所参与集中竞价交易的，必须是具有证券交易所会员资格的证券公司。一般投资者买卖证券均需通过委托其开户的证券公司，应与证券公司建立委托买卖合同关系。

从委托的途径划分，证券交易委托可分为书面方式委托、电话方式委托、电脑方式委托等。

（三）成交

成交是指证券公司相互间通过交易所内竞价，就买卖证券的价格和数量达成一致的行为，一般均是通过电脑进行和完成的。

（四）结算交割与过户

结算交割是指证券买卖的最后结算行为。证券登记结算机构根据成交结果，按照结算交割规则，进行证券和资金的清算交割。

证券过户是指证券由证券转让人移转至证券受让人的登记过程。上市的记名证券的过户由证券登记结算公司通过电脑统一办理。

三、证券交易的规则

（1）非依法发行的证券不得买卖。在市场上交易的任何证券都必须是合法的证券，即已经法定的主管部门核准或批准且已经发行的证券。

（2）转让期限有限制性规定的证券，在限定期内不得买卖。依法发行的股票、公司债券及其他证券，法律对其转让期限有限制性规定的，在限定的期限内不得买卖。有转让限定期的证券，在一定期限内不得买卖，主要是防止利用特殊地位谋取利益，而影响市场的健康发展。

（3）证券从业人员不得买卖股票。证券交易所、证券公司和证券登记结算机构的从业人员、证券监督管理机构的工作人员以及法律、行政法规禁止参与股票交易的其他人员，在任期或者法定限期内，不得直接或者以化名、借他人名义持有、买卖股票，也不得收受他人赠送的股票。任何人在成为上述所列人员时，其原已持有的股票，必须依法转让。

（4）经依法核准上市交易的证券应在证券交易所挂牌交易。依法公开发行的股票、公司债券及其他证券，应当在依法设立的证券交易所上市交易或者在国务院批准的其他证券交易场所转让。

（5）挂牌交易的证券应采用公开的集中竞价交易方式。集中竞价实行价格优先和时间优先的原则。所谓价格优先，即买方出价高的优于买方出价低的，卖方出价低的优先于卖方出价高的，多数卖方中出价最低的与多数买方中出价最高的优先成交，依此类推，连续竞价。所谓时间优先，是指出价相同时，以最先出价者优先成交。

（6）证券公司不得从事向客户融资或者融券的证券交易活动。

（7）证券交易所、证券公司、证券登记结算机构必须依法为客户所开立的账户保密。为证券交易开立的账户，是投资者进行证券交易的记录，也是证明投资者权益的资料。

（8）证券交易的收费必须合理。证券交易的收费必须合理，并公开收费项目、收费标准和收费办法。

（9）持股5%应当报告。股份有限公司的股东持股达到一定比例应当进行报告，根据我国证券法的规定：持有一个股份有限公司已发行的股份5%的股东，应当在其持股数额达到该比例之日起3日内向该公司报告，公司必须在接到报告之日起3日内向国务院证券监督管理机构报告，属于上市公司的，应当同时向证券交易所报告。

（10）大股东限期内买卖股票收益归入公司。持股5%以上的股东在法定期限内不得进行反向操作，反向操作所得收益归公司所有。所谓反向操作是指持股达到5%以上的股东，将其所持有的该公司的股票在买入后6个月内卖出，或者在卖出后6个月内又买入的行为。公司董事会对有这种反向操作行为的股东，应当行使收益“归入权”。

四、证券交易的禁止行为

（一）禁止内幕交易

内幕交易是指内幕人员利用内幕信息进行证券交易活动的行为。所谓内幕人员是知悉证券交易内幕信息的知情人员。具体包括：（1）发行人的董事、监事、高级管理人员；（2）持有公司5%以上股份的股东及其董事、监事、高级管理人员，公司的实际控制人及其董事、监事、高级管理人员；（3）发行人控股的公司及其董事、监事、高级管理人员；（4）由于所任公司职务可以获取公司有关内幕信息的人员；（5）证券监督管理机构工作人员以及由于法定职责对证券的发行、交易进行管理的其他人员；（6）保荐人、承销的证券公司、证券交易所、证券登记结算机构、证券服务机构的有关人员；（7）国务院证券监督管理机构规定的其他人。

所谓内幕信息，是指证券交易活动中，涉及公司的经营、财务或者对该公司证券的市场供求有重大影响的尚未公开的信息。这些信息包括：（1）《证券法》第67条第2款所列重大事件：①公司的经营方针和经营范围的重大变化；②公司的重大投资行为和重大的购置财产的决定；③公司订立重要合同，可能对公司的资产、负债、权益和经营成果产生重要影响；④公司发生重大债务和未能清偿到期重大债务的违约情况；⑤公司发生重大亏损或者重大损失；⑥公司生产经营的外部条件发生的重大变化；⑦公司的董事、三分之一以上监事或者经理发生变动；⑧持有公司5%以上股份的股东或者实际控制人，其持有股份或者控制公司的情况发生较大变化；⑨公司减资、合并、分立、解散及申请破产的决定；⑩涉及公司的重大诉讼，股东大会、董事会决议被依法撤销或者宣告无效；⑪公司涉嫌犯罪被司法机关立案调查，公司董事、监事、高级管理人员涉嫌犯罪被司法机关采取强制措施；⑫国务院证券监督管理机构规定的其他事项。（2）公司分配股利或者增资的计划。（3）公司股权结构的重大变化。（4）公司债务担保的重大变更。（5）公司营业用主要资产的抵押、出售或者报废一次超过该资产的30%。（6）公司的董事、监事、高级管理人员的行为可能依法承担重大损害赔偿责任。（7）上市公司收购的有关方案。（8）国务院证券监督管理机构认定的对证券交易价格有显著影响的其他重要信息。

证券交易内幕信息的知情人和非法获取内幕信息的人，在内幕信息公开前，不得买卖该公司的证券，或者泄露该信息，或者建议他人买卖该证券。持有或者通过协议、其他安排与他人共同持有公司5%以上股份的自然人、法人、其他组织收购上市公司的股份，本法另有规定的，适用其规定。内幕交易行为给投资者造成损失的，行为人应当依法承担赔偿责任。

（二）禁止操纵证券市场

禁止任何人以下列手段操纵证券市场：（1）单独或者通过合谋，集中资金优势、持股优势或者利用信息优势联合或者连续买卖，操纵证券交易价格或者证券交易量；（2）与他人串通，以事先约定的时间、价格和方式相互进行证券交易，影响证券交易价格或者证券交易量；（3）在自己实际控制的账户之间进行证券交易，影响证券交易价格或者证券交易量；（4）以其他手段操纵证券市场。

操纵证券市场行为给投资者造成损失的，行为人应当依法承担赔偿责任。

（三）禁止编造和传播虚假信息

编造并传播虚假信息是指没有某种情况而进行制造，并通过他人或者机构将其进行传播的情形，或者单独制造、传播等。这种行为与信息公开原则相悖，常常使人信以为真，导致投资判断失误。在有的国家称之为“违反信息公开义务”。

禁止国家工作人员、传播媒介从业人员和有关人员编造、传播虚假信息，扰乱证券市场。禁止证券交易所、证券公司、证券登记结算机构、证券服务机构及其从业人员，证券业协会、证券监督管理机构及其工作人员，在证券交易活动中作出虚假陈述或者信息误导。各种传播媒介传播证券市场信息必须真实、客观，禁止误导。

（四）禁止欺诈客户

欺诈客户是指证券公司及其从业人员在证券交易活动中诱骗投资者买卖证券以及其他违背投资者真实意愿、损害其利益的行为。

禁止证券公司及其从业人员从事下列损害客户利益的欺诈行为：（1）违背客户的委托为其买卖证券；（2）不在规定时间内向客户提供交易的书面确认文件；（3）挪用客户所委托买卖的证券或者客户账户上的资金；（4）未经客户的委托，擅自为客户买卖证券，或者假借客户的名义买卖证券；（5）为牟取佣金收入，诱使客户进行不必要的证券买卖；（6）利用传播媒介或者通过其他方式提供、传播虚假或者误导投资者的信息；（7）其他违背客户真实意思表示，损害客户利益的行为。

欺诈客户行为给客户造成损失的，行为人应当依法承担赔偿责任。

（五）法人禁止的行为

禁止法人非法利用他人账户从事证券交易；禁止法人出借自己或者他人的证券账户。

（六）禁止任何人挪用公款买卖证券

挪用公款从事经营牟利活动，情节严重的会触犯刑事法律。

（七）依法拓宽资金入市渠道，禁止资金违规流入股市

流入股市的资金应当符合相关法律法规的规定，资金违规流入股市扰乱证券市场，涉嫌违法犯罪的应严厉打击。

☞【延伸阅读】

黄光裕：从首富到阶下囚

国美电器集团成立于1987年元月1日，是以电子产品零售为主的全国性连锁企业，旗下一度拥有国美、永乐、大中、黑天鹅等全国性和区域性家电零售品牌，

年销售额为1000亿元。2003年、2006年国美电器相继在香港、澳门开业；2004年国美电器在香港成功上市，成为具有国际竞争力的民族连锁零售企业。其掌舵人黄光裕从汕头农村一路打拼到北京，最后荣登中国富豪榜首。直到2008年11月18日，黄光裕的星光大道戛然而止。当日，黄光裕因涉嫌内幕交易罪被北京市公安局监视居住。2010年5月18日，北京市第二中级法院作出一审判决，以非法经营罪，内幕交易、泄露内幕信息罪和单位行贿罪判处黄光裕有期徒刑14年，罚金6亿元，没收财产2亿元。北京市高级人民法院8月30日对黄光裕非法经营罪、内幕交易罪和单位行贿罪案终审宣判，维持一审判决，黄光裕获有期徒刑14年。

第四节 证券上市制度

一、证券上市的概念及意义

证券上市是指发行人发行的证券，依法定条件和程序，在证券交易所或其他法定交易市场公开挂牌交易的法律行为。

证券上市具有重要的意义：(1) 它使证券的流通（自由的买卖）成为可能，市场的作用可以得到充分的、广泛的发挥；(2) 扩大了上市公司的影响，为上市公司进一步筹资提供了更多的机会；(3) 使投资者的投资可得到及时的变现，同时，也为投资者避险提供了条件；(4) 使上市公司置于公众的监督之下，有利于规范上市公司的行为，提高上市公司的素质。

二、证券上市的标准

证券上市的标准是指具备怎样的条件才能在法定的交易场所上市。各国规定的上市标准有很大差异。一般来说，股票上市的标准要严于公司债券上市的标准；第一步上市的标准要严于第二步上市的标准。有的证券交易所将股票按不同的资本总额、盈利能力、股权分布等分为多部类，进入第一步市场的标准最高，其余依次类推。政府债券的上市享有审核的豁免的权利。

股票上市的基准（即“基本标准”）通常包括：

(一) 规模基准

规模基准的指标一般以公司资本额（净资产）或证券发行量来衡量，也有同时用两个指标衡量的。

(二) 经营年限基准

经营年限基准主要是指公司已有的经营期限。

(三) 经营基础基准

经营基础基准一般指对公司资本结构、盈利水平等。

（四）股权分布基准

股权分布基准是指对最低持股人数及公众持股比例或持股数的要求。

（五）其他基准

其他基准包括：公司最近3年的财务报表中没有虚假记载，财务报表经注册会计师验证；上市证券的设计符合证交所的要求，对证券的转让未加限制等。

根据我国《证券法》的规定，股份有限公司申请股票上市，应当符合下列条件：（1）股票经国务院证券监督管理机构核准已公开发行；（2）公司股本总额不少于人民币3000万元；（3）公开发行的股份达到公司股份总数的25%以上；公司股本总额超过人民币4亿元的，公开发行股份的比例为10%以上；（4）公司最近3年无重大违法行为，财务会计报告无虚假记载。

证券交易所可以规定高于上述规定的上市条件，并报国务院证券监督管理机构批准。

三、证券上市的程序

（一）股票上市的程序

1. 申请核准

申请证券上市交易，应当向证券交易所提出申请，由证券交易所依法审核同意，并由双方签订上市协议。

申请股票上市交易，应当向证券交易所报送下列文件：（1）上市报告书；（2）申请股票上市的股东大会决议；（3）公司章程；（4）公司营业执照；（5）依法经会计师事务所审计的公司最近3年的财务会计报告；（6）法律意见书和上市保荐书；（7）最近一次的招股说明书；（8）证券交易所上市规则规定的其他文件。

2. 签署上市协议

申请证券上市交易，应当向证券交易所提出申请，由证券交易所依法审核同意，并由双方签订上市协议。

上市协议的主要内容应包括：（1）上市公司申请上市的证券种类、发行日期、发行股数、每股金额；（2）上市费用的数额及其交纳办法；（3）上市公司定期报告的要求；（4）上市公司临时报告的要求；（5）证交所质询、调查上市公司的事宜；（6）股票停牌、复牌事宜；（7）违反上市协议的处理办法；（8）解决争议的仲裁条款；（9）双方认为应增列的其他事项。在我国，上市协议的签署应当符合《证券交易所管理办法》规定的要求。

3. 公告上市

股票上市交易申请经证券交易所同意并签署上市协议后，上市公司应当在上市交易的5日前公告经核准的股票上市的有关文件，并将该文件置备于指定场所供公众查阅。上市公司除公告上市申请文件外，还应公告下列事项：（1）股票获准在证券交易所交易的日期；（2）持有公司股份最多的前10名股东的名单和持股数额；（3）公司的实际控制人；（4）董事、监事、经理及有关高级管理人员的姓名及其持有本公司股票和债券的情况等。

（二）公司债券上市的条件和程序

1. 上市条件

公司申请公司债券上市交易，应当符合下列条件：（1）公司债券的期限为1年以上；（2）公司债券实际发行额不少于人民币5000万元；（3）公司申请债券上市时仍符合法定的公司债券发行条件。

2. 上市程序

申请公司债券上市交易，应当向证券交易所报送下列文件：（1）上市报告书；（2）申请公司债券上市的董事会决议；（3）公司章程；（4）公司营业执照；（5）公司债券募集办法；（6）公司债券的实际发行数额；（7）证券交易所上市规则规定的其他文件。

申请可转换为股票的公司债券上市交易，还应当报送保荐人出具的上市保荐书。公司债券上市交易申请经证券交易所审核同意后，签订上市协议的公司应当在规定的期限内公告公司债券上市文件及有关文件，并将其申请文件置备于指定场所供公众查阅。

四、证券上市的暂停与终止

证券上市的暂停与终止是既有联系又有区别的两个概念。前者是指上市公司发生法定原因时，上市证券暂时停止在证券交易所挂牌交易的情形。一旦暂停原因消除，证券即可恢复上市。后者是指发生法定原因后，原上市证券不得继续在证券交易所交易的情形。二者共同点是上市证券的停止交易活动。区别点是上市暂停可在具备法定条件时，证券恢复上市交易。上市终止不能恢复上市。

上市公司有下列情形之一的，由证券交易所决定暂停其股票上市交易：（1）公司股本总额、股权分布等发生变化不再具备上市条件；（2）公司不按照规定公开其财务状况，或者对财务会计报告作虚假记载，可能误导投资者；（3）公司有重大违法行为；（4）公司最近3年连续亏损；（5）证券交易所上市规则规定的其他情形。

上市公司有下列情形之一的，由证券交易所决定终止其股票上市交易：（1）公司股本总额、股权分布等发生变化不再具备上市条件，在证券交易所规定的期限内仍不能达到上市条件；（2）公司不按照规定公开其财务状况，或者对财务会计报告作虚假记载，且拒绝纠正；（3）公司最近3年连续亏损，在其后一个年度内未能恢复盈利；（4）公司解散或者被宣告破产；（5）证券交易所上市规则规定的其他情形。

第五节　信息公开制度

一、持续信息公开的概念及特征

信息公开，也称信息披露，主要是指为股份发行人在发行市场、交易市场依法向证券监督管理机构以及投资者报告自身经营、资产以及财务等状况而设置的一种制度。凡在交易市场的信息公开，称为持续信息公开。

持续信息公开具有以下几个特点：（1）公开的功能主要是为投资者提供证券交易

价值判断的依据；(2) 信息公开不是一次性完成的，而是要持续不断地进行；(3) 信息公开的形式和内容在法律上有不同的要求。

二、持续信息公开的内容

上市公司和公司债券上市交易的公司，应当在每一会计年度的上半年结束之日起 2 个月内，向国务院证券监督管理机构和证券交易所报送记载以下内容的中期报告，并予公告：(1) 公司财务会计报告和经营情况；(2) 涉及公司的重大诉讼事项；(3) 已发行的股票、公司债券变动情况；(4) 提交股东大会审议的重要事项；(5) 国务院证券监督管理机构规定的其他事项。

上市公司和公司债券上市交易的公司，应当在每一会计年度结束之日起 4 个月内，向国务院证券监督管理机构和证券交易所报送记载以下内容的年度报告，并予公告：(1) 公司概况；(2) 公司财务会计报告和经营情况；(3) 董事、监事、高级管理人员简介及其持股情况；(4) 已发行的股票、公司债券情况，包括持有公司股份最多的前十名股东的名单和持股数额；(5) 公司的实际控制人；(6) 国务院证券监督管理机构规定的其他事项。

发生可能对上市公司股票交易价格产生较大影响的重大事件，投资者尚未得知时，上市公司应当立即将有关该重大事件的情况向国务院证券监督管理机构和证券交易所报送临时报告，并予公告，说明事件的起因、目前的状态和可能产生的法律后果。

三、持续信息公开的操作规程

信息公开的操作提出了具体要求。

(1) 公开的文件不得有虚假记载、误导性陈述或者重大遗漏。

(2) 公开文件的公告和置备。依照法律、行政法规规定必须作出的公告，应当在国家有关部门规定的报刊上或者专项出版的公报上刊登，同时将其置备于公司住所、证券交易所，供社会公众查阅。

(3) 指定专人负责持续信息公开事务。

(4) 对持续信息公开的监督。为保证持续信息公开的顺利进行，保证投资者的权益得到实现，国务院证券监督管理机构要对上市公司的年度报告、中期报告、临时报告以及公告的情况进行监督。

第六节 上市公司收购

一、上市公司收购的概念及法律特征

上市公司收购是指投资者（收购人）旨在获得特定上市公司（目标公司）股份控制权或将该公司合并所进行的批量股份购买行为。它具有以下几个特点：(1) 被收购公司是股票公开上市的股份有限公司。(2) 收购人可以是企业法人，也可以是自然人。

（3）收购人须通过市场向多个投资者批量购买股份。（4）收购人收购股份的行为不单纯是投资，更重要的是要在控制股份的基础上控制目标公司的经营管理权，或干脆将目标公司与收购人合并。

二、上市公司收购的分类

投资者可以采取要约收购、协议收购及其他合法方式收购上市公司。

要约收购是指收购人为取得或强化对目标公司的控制权，通过向目标公司全体股东公开发出购买该上市公司股份的要约方式，收购该上市公司股份的行为。

协议收购是指收购人与目标公司的股票持有人约定收购股份的价格及其他条件，由股票持有人向收购人转让目标公司股份的收购方式。

三、上市公司收购的一般规则

（一）权益公开规则

通过证券交易所的证券交易，投资者持有或者通过协议、其他安排与他人共同持有一个上市公司已发行的股份达到5%时，应当在该事实发生之日起3日内，向国务院证券监督管理机构、证券交易所作出书面报告，通知该上市公司，并予公告；在上述期限内，不得再行买卖该上市公司的股票。

（二）“台阶规则”

“台阶规则”要求投资者通过证券交易所的证券交易持有一上市公司已发行股份5%以后，每增加或者减少持有一定比例时，均需暂停买卖该公司的股票，且需依法定要求公开其持股变化情况。投资者持有或者通过协议、其他安排与他人共同持有一个上市公司已发行的股份达到5%后，其所持该上市公司已发行的股份比例每增加或者减少5%，应当依照上述规定进行报告和公告。在报告期限内和作出报告、公告后2日内，不得再行买卖该上市公司的股票。

（三）强制要约规则

通过证券交易所的证券交易，投资者持有或者通过协议、其他安排与他人共同持有一个上市公司已发行的股份达到30%时，继续进行收购的，应当依法向该上市公司所有股东发出收购上市公司全部或者部分股份的要约。

收购上市公司部分股份的收购要约应当约定，被收购公司股东承诺出售的股份数额超过预定收购的股份数额的，收购人按比例进行收购。

在收购要约确定的承诺期限内，收购人不得撤销其收购要约。收购人需要变更收购要约的，必须事先向国务院证券监督管理机构及证券交易所提出报告，经批准后，予以公告。收购要约提出的各项收购条件，适用于被收购公司的所有股东。采取要约收购方式的，收购人在收购期限内，不得卖出被收购公司的股票，也不得采取要约规定以外的形式和超出要约的条件买入被收购公司的股票。

（四）终止上市规则

收购期限届满，被收购公司股权分布不符合上市条件的，该上市公司的股票应当由证券交易所依法终止上市交易。

（五）强制接受规则

其余仍持有被收购公司股票的股东，有权向收购人以收购要约的同等条件出售其股票，收购人应当收购。

（六）同等条件收购规则

采取要约收购方式的，收购人在收购要约期限内，不得采取要约规定以外的形式和超出要约的条件买卖目标公司的股票。

（七）转让股份限制规则

在上市公司收购中，收购人持有的被收购的上市公司的股票，在收购行为完成后的12个月内不得转让。

第七节　证券交易所与证券业协会

一、证券交易所的概念及法律特征

证券交易所是为证券集中交易提供场所和设施，组织和监督证券交易，实行自律管理的法人。

证券交易所具有以下特征：

（1）证券交易所一般都是依法设立的法人组织。

（2）证券交易所是集中竞价交易的场所。

（3）证券交易所是证券交易的组织者。

（4）证券交易所是特殊法人。我国现行法律规定，证券交易所是会员制非营利事业单位法人。

二、证券交易所的功能

证券交易所的主要功能可概括为：创造持续、高效的证券交易市场，提供便利的交易条件，形成公平的市场价格环境，为筹集融通资金和经济发展服务等方面。

三、证券交易所的设立和解散

设立证券交易所首先涉及组织形式的选择主要有两种组织形式，一种是会员制，一种是公司制。

我国的深圳证券交易所和上海证券交易所也都是会员制交易所。

证券交易所的设立和解散，由国务院决定。

设立证券交易所必须制定章程。证券交易所章程的制定和修改，必须经国务院证券监督管理机构批准。证券交易所必须在其名称中标明证券交易所字样。其他任何单位或者个人不得使用证券交易所或者近似的名称。

证券交易所可以自行支配的各项费用收入，应当首先用于保证其证券交易场所和设施的正常运行并逐步改善。实行会员制的证券交易所的财产积累归会员所有，其权益由会员共同享有，在其存续期间，不得将其财产积累分配给会员。

四、证券交易所的组织机构

证券交易所设理事会。证券交易所设总经理一人，由国务院证券监督管理机构任免。

有《中华人民共和国公司法》第 146 条规定的情形或者下列情形之一的，不得担任证券交易所的负责人：

（1）因违法行为或者违纪行为被解除职务的证券交易所、证券登记结算机构的负责人或者证券公司的董事、监事、高级管理人员，自被解除职务之日起未逾 5 年；

（2）因违法行为或者违纪行为被撤销资格的律师、注册会计师或者投资咨询机构、财务顾问机构、资信评级机构、资产评估机构、验证机构的专业人员，自被撤销资格之日起未逾 5 年。

因违法行为或者违纪行为被开除的证券交易所、证券登记结算机构、证券服务机构、证券公司的从业人员和被开除的国家机关工作人员，不得招聘为证券交易所的从业人员。

进入证券交易所参与集中交易的，必须是证券交易所的会员。

五、证券交易所的职责

证券交易所应当为组织公平的集中交易提供保障，公布证券交易即时行情，并按交易日制作证券市场行情表，予以公布。未经证券交易所许可，任何单位和个人不得发布证券交易即时行情。

因突发性事件而影响证券交易的正常进行时，证券交易所可以采取技术性停牌的措施；因不可抗力的突发性事件或者为维护证券交易的正常秩序，证券交易所可以决定临时停市。证券交易所采取技术性停牌或者决定临时停市，必须及时报告国务院证券监督管理机构。

证券交易所对证券交易实行实时监控，并按照国务院证券监督管理机构的要求，对异常的交易情况提出报告。证券交易所应当对上市公司及相关信息披露义务人披露信息进行监督，督促其依法及时、准确地披露信息。证券交易所根据需要，可以对出现重大异常交易情况的证券账户限制交易，并报国务院证券监督管理机构备案。

证券交易所应当从其收取的交易费用和会员费、席位费中提取一定比例的金额设立风险基金。风险基金由证券交易所理事会管理。风险基金提取的具体比例和使用办法，由国务院证券监督管理机构会同国务院财政部门规定。

证券交易所应当将收存的风险基金存入开户银行专门账户，不得擅自使用。证券交易所依照证券法律、行政法规制定上市规则、交易规则、会员管理规则和其他有关规则，并报国务院证券监督管理机构批准。证券交易所的负责人和其他从业人员在执行与证券交易有关的职务时，与其本人或者其亲属有利害关系的，应当回避。

按照依法制定的交易规则进行的交易，不得改变其交易结果。对交易中违规交易者应负的民事责任不得免除；在违规交易中所获利益，依照有关规定处理。在证券交易所内从事证券交易的人员，违反证券交易所有关交易规则的，由证券交易所给予纪律处分；对情节严重的，撤销其资格，禁止其入场进行证券交易。

第八节 证 券 公 司

一、证券公司的概念

证券公司是指依照公司法和证券法规定，经证券监督管理机构审查批准设立的从事证券经营业务的有限责任公司或者股份有限公司。

二、证券公司的种类和业务范围

我国证券公司主要分为两种：

（一）经纪类证券公司

这类公司是指接受客户的委托，以自己的名义从事证券买卖，收取一定佣金的经纪组织。公司通常提供交易的基本条件和服务。

（二）综合类证券公司

这类公司既可从事经纪业务，又可开展自营、承销及其他业务，因而是同时为本人或客户从事证券买卖、为客户提供服务的经纪组织。

经国务院证券监督管理机构批准，证券公司可以经营下列部分或者全部业务：（1）证券经纪；（2）证券投资咨询；（3）与证券交易、证券投资活动有关的财务顾问；（4）证券承销与保荐；（5）证券自营；（6）证券资产管理；（7）其他证券业务。

三、证券公司的设立条件和程序

设立证券公司，应当具备下列条件：（1）有符合法律、行政法规规定的公司章程；（2）主要股东具有持续盈利能力，信誉良好，最近3年无重大违法违规记录，净资产不低于人民币2亿元；（3）有符合本法规定的注册资本；（4）董事、监事、高级管理人员具备任职资格，从业人员具有证券从业资格；（5）有完善的风险管理与内部控制制度；（6）有合格的经营场所和业务设施；（7）法律、行政法规规定的和经国务院批准的国务院证券监督管理机构规定的其他条件。

设立综合类证券公司，注册资本最低限额为人民币1亿元。

设立经纪类证券公司，注册资本最低限额为人民币5000万元。

国务院证券监督管理机构根据审慎监管原则和各项业务的风险程度，可以调整注册资本最低限额，但不得少于规定的限额。

四、证券监管机构对证券公司的监管

（一）对证券公司设立的监管

国务院证券监督管理机构应当自受理证券公司设立申请之日起6个月内，依照法定条件和法定程序并根据审慎监管原则进行审查，作出批准或者不予批准的决定，并通知申请人；不予批准的，应当说明理由。证券公司设立申请获得批准的，申请人应当在规定的期限内向公司登记机关申请设立登记，领取营业执照。证券公司应当自领取营业执照之日起 15 日内，向国务院证券监督管理机构申请经营证券业务许可证。未取得经营证券业务许可证，证券公司不得经营证券业务。

证券公司设立、收购或者撤销分支机构，变更业务范围或者注册资本，变更持有5%以上股权的股东、实际控制人，变更公司章程中的重要条款，合并、分立、变更公司形式、停业、解散、破产，必须经国务院证券监督管理机构批准。证券公司在境外设立、收购或者参股证券经营机构，必须经国务院证券监督管理机构批准。

（二）对证券公司资本的监管

国务院证券监督管理机构应当对证券公司的净资本，净资本与负债的比例，净资本与净资产的比例，净资本与自营、承销、资产管理等业务规模的比例，负债与净资产的比例，以及流动资产与流动负债的比例等风险控制指标作出规定。证券公司不得为其股东或者股东的关联人提供融资或者担保。

（三）对证券公司任职人员的监管

证券公司的董事、监事、高级管理人员，应当正直诚实，品行良好，熟悉证券法律、行政法规，具有履行职责所需的经营管理能力，并在任职前取得国务院证券监督管理机构核准的任职资格。

有《中华人民共和国公司法》第 146 条，《中华人民共和国证券法》第 132 条、第 133 条规定的情形的，不得担任证券公司的董事、监事、高级管理人员：（1）因违法行为或者违纪行为被解除职务的证券交易所、证券登记结算机构的负责人或者证券公司的董事、监事、高级管理人员，自被解除职务之日起未逾 5 年；（2）因违法行为或者违纪行为被撤销资格的律师、注册会计师或者投资咨询机构、财务顾问机构、资信评级机构、资产评估机构、验证机构的专业人员，自被撤销资格之日起未逾 5 年。（3）因违法行为或者违纪行为被开除的证券交易所、证券登记结算机构、证券服务机构、证券公司的从业人员和被开除的国家机关工作人员，不得招聘为证券公司的从业人员。（4）国家机关工作人员和法律、行政法规规定的禁止在公司中兼职的其他人员，不得在证券公司中兼任职务。

（四）对证券公司经营安全和投资者保护的监管

国家设立证券投资者保护基金。证券投资者保护基金由证券公司缴纳的资金及其他依法筹集的资金组成，其筹集、管理和使用的具体办法由国务院规定。

证券公司从每年的税后利润中提取交易风险准备金，用于弥补证券交易的损失，其提取的具体比例由国务院证券监督管理机构规定。

证券公司应当建立健全内部控制制度，采取有效隔离措施，防范公司与客户之间、不同客户之间的利益冲突。证券公司必须将其证券经纪业务、证券承销业务、证券自营业务和证券资产管理业务分开办理，不得混合操作。

证券公司的自营业务必须以自己的名义进行，不得假借他人名义或者以个人名义进行。证券公司的自营业务必须使用自有资金和依法筹集的资金。证券公司不得将其自营账户借给他人使用。

证券公司依法享有自主经营的权利，其合法经营不受干涉。

证券公司客户的交易结算资金应当存放在商业银行，以每个客户的名义单独立户管理。具体办法和实施步骤由国务院规定。证券公司不得将客户的交易结算资金和证券归入其自有财产。禁止任何单位或者个人以任何形式挪用客户的交易结算资金和证券。证券公司破产或者清算时，客户的交易结算资金和证券不属于其破产财产或者清算财产。非因客户本身的债务或者法律规定的其他情形，不得查封、冻结、扣划或者强制执行客户的交易结算资金和证券。

证券公司办理经纪业务，应当置备统一制定的证券买卖委托书，供委托人使用。采取其他委托方式的，必须作出委托记录。客户的证券买卖委托，不论是否成交，其委托记录应当按照规定的期限，保存于证券公司。证券公司接受证券买卖的委托，应当根据委托书载明的证券名称、买卖数量、出价方式、价格幅度等，按照交易规则代理买卖证券，如实进行交易记录；买卖成交后，应当按照规定制作买卖成交报告单交付客户。证券交易中确认交易行为及其交易结果的对账单必须真实，并由交易经办人员以外的审核人员逐笔审核，保证账面证券余额与实际持有的证券相一致。证券公司为客户买卖证券提供融资融券服务，应当按照国务院的规定并经国务院证券监督管理机构批准。证券公司办理经纪业务，不得接受客户的全权委托而决定证券买卖、选择证券种类、决定买卖数量或者买卖价格。

证券公司不得以任何方式对客户证券买卖的收益或者赔偿证券买卖的损失作出承诺。证券公司及其从业人员不得未经过其依法设立的营业场所私下接受客户委托买卖证券。证券公司的从业人员在证券交易活动中，执行所属的证券公司的指令或者利用职务违反交易规则的，由所属的证券公司承担全部责任。证券公司应当妥善保存客户开户资料、委托记录、交易记录和与内部管理、业务经营有关的各项资料，任何人不得隐匿、伪造、篡改或者毁损。上述资料的保存期限不得少于 20 年。

证券公司应当按照规定向国务院证券监督管理机构报送业务、财务等经营管理信息和资料。国务院证券监督管理机构有权要求证券公司及其股东、实际控制人在指定的期限内提供有关信息、资料。证券公司及其股东、实际控制人向国务院证券监督管理机构报送或者提供的信息、资料，必须真实、准确、完整。

国务院证券监督管理机构认为有必要时，可以委托会计师事务所、资产评估机构对证券公司的财务状况、内部控制状况、资产价值进行审计或者评估。具体办法由国务院证券监督管理机构会同有关主管部门制定。

证券公司的净资本或者其他风险控制指标不符合规定的，国务院证券监督管理机构应当责令其限期改正；逾期未改正，或者其行为严重危及该证券公司的稳健运行、损害客户合法权益的，国务院证券监督管理机构可以区别情形，对其采取下列措施：（1）限制业务活动，责令暂停部分业务，停止批准新业务；（2）停止批准增设、收购营业性分支机构；（3）限制分配红利，限制向董事、监事、高级管理人员支付报酬、提供福利；（4）限制转让财产或者在财产上设定其他权利；（5）责令更换董事、监事、高级管理人员或者限制其权利；（6）责令控股股东转让股权或者限制有关股东行使股东权利；(7) 撤销有关业务许可。证券公司整改后，应当向国务院证券监督管理机构提交报告。国务院证券监督管理机构经验收，符合有关风险控制指标的，应当自验收完毕之日起3日内解除对其采取的上述规定的有关措施。

证券公司的股东有虚假出资、抽逃出资行为的，国务院证券监督管理机构应当责令其限期改正，并可责令其转让所持证券公司的股权。在上述规定的股东按照要求改正违法行为、转让所持证券公司的股权前，国务院证券监督管理机构可以限制其股东权利。

证券公司的董事、监事、高级管理人员未能勤勉尽责，致使证券公司存在重大违法违规行为或者重大风险的，国务院证券监督管理机构可以撤销其任职资格，并责令公司予以更换。

证券公司违法经营或者出现重大风险，严重危害证券市场秩序、损害投资者利益的，国务院证券监督管理机构可以对该证券公司采取责令停业整顿、指定其他机构托管、接管或者撤销等监管措施。

在证券公司被责令停业整顿、被依法指定托管、接管或者清算期间，或者出现重大风险时，经国务院证券监督管理机构批准，可以对该证券公司直接负责的董事、监事、高级管理人员和其他直接责任人员采取以下措施：(1) 通知出境管理机关依法阻止其出境；(2) 申请司法机关禁止其转移、转让或者以其他方式处分财产，或者在财产上设定其他权利。

☞【延伸阅读】

操纵证券市场罪

2008年12月11日，纳斯达克股票市场公司前董事会主席伯纳德·麦道夫(Bernard Madoff) 因涉嫌证券欺诈遭警方逮捕，检察人员称其利用庞氏骗局给投资者造成了至少500亿美元的巨额损失。消息一出，举世皆惊，人们无法想象这位曾被誉为“金融市场的作势交易的先驱者”、“美国华尔街传奇人物”的名人竟是一位毫无职业操守的诈骗犯。2009年6月29日，纽约南区联邦法院判处麦道夫150年监禁、1700亿美元罚款。2008年10月23日，中国证监会对北京首放投资顾问有限公司的执行董事汪某某开出了没收1.25亿元违法所得，并处1.25亿元罚款的巨额罚单，而汪某某除了是该公司的执行董事、经理外，还曾任中央电视台二套《中国证券》栏目的特约嘉宾，被安徽电视台选为“资本市场的安徽七大名人”之一，因其曾成功地预测了众多市场热点与重大行情变动而被誉为“股票名嘴”。而北京首放投资顾问有限公司发布的《掘金报告》咨询报告也同时被东方财富网、新浪网、搜狐网、全景网、《上海证券报》、《证券时报》等多家权威的证券交易媒体所发布或刊载。无论汪某某本人还是首放公司都在业内拥有广泛与深远的影响力。无论在证券法制发达的美国，还是在中国，金融犯罪所能攫取的巨额利润会使某些不法分子铤而走险。在长达数百年的证券发展史中，该罪是最为恶劣的证券犯罪，一直是各国监管部门打击的重点。虽然监管部门不断加大打击力度，但该类犯罪还是屡见不鲜，并且涉案金额的记录也不断被刷新。

第九章　产品质量法

☞【学习目标】

1. 理解产品、产品质量的概念
2. 熟悉产品质量监督管理制度
3. 掌握生产者与销售者的产品质量义务、产品质量责任
4. 运用产品质量法的理论分析处理产品质量纠纷

第一节　产品质量法

一、产品与产品质量

（一）产品

广义上，产品泛指与自然物相对的一切劳动生产物，是人类运用生产资料对劳动对象加工、改造而成的物质成果，是人们和社会需要的物化体现。法律上一般对产品作狭义理解，并非任何产品都在产品责任法调整范围之内。《中华人民共和国产品质量法》（以下简称《产品质量法》）对产品的范围进行明确的限定，本法所称产品是指经过加工、制作，用于销售的产品。这里的加工既包括工业加工，也包括手工加工，但建设工程不适用。由此可见：《产品质量法》调整的产品，是以销售为目的，通过工业加工、手工制作等生产方式获得的具有特定使用性能的物品。

各种未经加工天然形成的产品及初级农产品，如石油、原煤、天然气等，不适用《产品质量法》的规定。

虽经加工、制作但不用于销售的产品，纯为科学研究或为自己使用而加工制作的产品不属于《产品质量法》的调整范围。

建设工程不适用《产品质量法》规定。但是，建设工程使用的建筑材料、建筑物构配件和设备，属于产品质量法规定的产品范围的，适用该法的规定。军工产品不适用《产品质量法》。

（二）产品质量

产品质量，是指产品在正常使用条件下，为满足合理的使用要求所必须具备的物质、技术、心理和社会特征的总和。我国产品质量是指国家有关法律法规、质量标准以及合同规定的对产品功能性、安全性、可靠性、经济性、维修性和其他特性的要求。

1. 功能性

即产品在一定条件下实现预定目的或规定用途的能力。它是产品质量最基本的特征之一。

2. 安全性

即产品在使用过程中不致危害人身、财产和环境的能力。

3. 可靠性

即产品在规定条件下和规定时间内完成规定功能的能力。

4. 经济性

即最经济地提供使消费者满意的产品质量，包括产品适当的价格和企业质量成本，也就是消费者要求的物美价廉。

5. 维修性

即产品在发生故障后能迅速修好恢复其功能的能力，表现为消除故障的速度，售后服务等。

二、产品质量法

产品质量法是调整在生产、流通和消费过程中因产品质量所发生的社会关系的法律规范的总称。《产品质量法》是1993年2月22日第七届全国人民代表大会常务委员会第三十次会议通过的，自1993年9月1日起施行。2000年7月8日第九届全国人民代表大会常务委员会第十六次会议对该法进行第一次修正，2009年8月27日第十一届全国人民代表大会常务委员会第十次会议对该法进行第二次修正。

《产品质量法》共6章74条，是一部综合性的法律规范，其立法宗旨是加强对产品质量的监督管理，提高产品质量水平，明确产品质量责任，保护消费者的合法权益，维护社会经济秩序，体现国家干预市场的精神。《产品质量法》是经济法的重要组成部分。

☞【延伸阅读】

欧盟的产品质量保护

欧盟对产品质量安全非常重视，1992年2月成员国共同签署了《马斯特里赫特条约》（简称《马约》，也称《欧洲联盟条约》），旨在进一步强化经济联盟，《马约》虽然没有直接涉及产品质量安全议题，但是将与产品质量安全密切相关的公共健康和消费者保护问题提升到了共同体共同政策的地位，《马约》明确提出欧共体将致力于高标准的保护人类健康和消费者利益。此后1992年6月欧理会颁布了《通用产品安全指令》（GPSD1992），该指令是欧共体历史上第一个以保护普通产品安全为核心目标，并以建立统一的产品质量安全体系为主要内容的综合性指令。GPSD1992规定的通用产品安全要求适用于任何没有专项法规保护的产品，以及虽有专项法规保护但产品安全风险和管理控制要求没有相关立法规定的产品。2004年1月GPSD1992被新的《通用产品安全指令》（GPSD2001）正式取代，GPSD2001在GPSD1992的基础上做了进一步的完善，致力于确保投放市场产品的安全性。

第二节　产品质量的监督与管理

一、产品质量监督与管理的体制

（一）产品质量监督管理

产品质量监督管理，是指国家质量监督部门依据法定职权对产品质量进行监督管理的活动。《产品质量法》规定，国务院产品质量监督管理部门负责全国产品质量监督管理工作。县级以下地方人民政府管理产品质量监督工作的部门负责本行政区域内的产品质量监督管理工作。县级以上地方人民政府有关部门在各自的职权范围内负责产品质量监督管理工作。

国家通过实施产品质量监督，一是有利于及时掌握产品质量信息，为政府实施产品质量宏观调控提供决策依据；二是有利于引导企业明确产品责任，全面提高企业产品的质量；三是有利于遏制假冒伪劣商品的生产和流通，打击生产、销售不合格产品的不法行为，保护消费者的利益。

（二）管理的体制

产品质量监督组织机构主要行使两方面的职权：一是产品质量的宏观监督。按照规定，各级人民政府应当把提高产品质量纳入国民经济和社会发展规划，加强对产品质量工作的统筹规划和组织领导，引导、督促生产者、销售者加强产品质量管理，提高产品质量，组织各有关部门依法采取措施，制止产品生产、销售中的违法行为。二是查处产品质量违法案件。按照规定，县级以上产品质量监督部门根据已经取得的违法嫌疑证据或者举报，对涉嫌违反《产品质量法》规定的行为进行查处时，可以行使以下职权：(1) 对当事人涉嫌从事违法的生产、销售活动的场所实施现场检查。(2) 向当事人的法定代表人、主要负责人和其他有关人员调查、了解与涉嫌从事违法的生产、销售活动有关的情况。(3) 查阅、复制当事人有关的合同、发票、账簿以及其他有关资料。(4) 对有根据认为不符合保障人体健康和人身、财产安全的国家标准、行业标准的产品或者有其他严重质量问题的产品，以及直接用于生产、销售该项产品的原辅材料、包装物、生产工具，予以查封或者扣押。县级以上工商行政管理部门按照国务院规定的职责范围，对涉嫌违法的行为进行查处时，可以行使以上各项职权。

二、产品质量监督与管理具体制度

（一）产品质量检验制度

1. 产品质量检验制度

产品质量检验制度，是指由检验机构根据特定标准对产品质量检验，以保证产品质量合格的制度。

2. 产品质量检验的标准

产品质量检验的标准可以是国家标准、地方标准、行业标准或企业标准，但有强制性标准的产品，应该按照强制性标准检验。产品质量应当检验合格，不得以不合格产品（包括处理品、劣质品）冒充合格产品。产品或者其包装上的标识，要有产品质量检验合格证明。产品质量检验合格制度包括两个层次：一是企业的自我合格检验；二是有关机构的合格检验。产品质量检验机构必须具备相应的监测条件和能力，经有权考核的部门考核合格后，方可承担产品质量检验工作。产品出厂要检验，商家进货也要检验。通过检验，确保产品质量合格。

（二）工业产品生产许可证制度

1. 含义

工业产品生产许可证制度是我国政府为了加强产品质量管理，保证重要产品质量依据国家的有关法规、规章对影响国计民生、危及人体健康和人身财产安全的重要工业产品实施的一项质量监控制度。

2. 适用范围

国家对下列重要工业产品实行生产许可证制度：一是乳制品、肉制品、饮料、米、面、食用油、酒类等直接关系人体健康的加工食品；二是电热毯、压力锅等可能危及人身、财产安全的产品；三是税控收款机、卫星电视广播地面接收设备等关系金融安全和通信质量安全的产品；四是安全网、安全帽等保障劳动安全的产品；五是电力铁塔、危险化学品等影响生产安全、公共安全的产品；六是法律、行政法规要求依照《工业产品质量责任条例》的规定实行生产许可证管理的其他产品。

☞【知识拓展】

工业产品生产许可证标志

工业产品生产许可证标志由“企业产品生产许可”拼音（Qiye chan pin Sheng chan xu ke）的缩写“QS”和“生产许可”中文字样组成。标志主色调为蓝色，字母“Q”与“生产许可”四个中文字样为蓝色，字母“S”为白色。QS标志由企业自行印（贴）可以按照规定放大或者缩小。

三、产品质量的标准化管理制度

（一）产品质量的标准化管理

产品质量的标准化管理，是产品质量标准及与产品质量有关的其他标准的制定、实施活动的总称。它是实现产品质量管理专业化、社会化和现代化的前提，也是促进技术进步，改进产品质量，提高社会经济效益的基本保障。

（二）产品质量标准的制定

按照我国标准化法的规定，产品质量标准按其制定的部门或者单位以及适用范围的不同，分为国家标准、行业标准、地方标准、企业标准四级。国家标准是指由国家标准化主管机构批准发布，对全国经济、技术发展有重大意义，且在全国范围内统一的标准。行业标准是指中国全国性的各行业范围内统一的标准。对没有国家标准而又需要在全国某个行业范围内统一的技术要求，可以制定行业标准。行业标准应报国务院标准化行政主管部门备案。地方标准是在国家的某个地区通过并公开发布的标准。在我国对没有国家标准和行业标准而又需要在省、自治区、直辖市范围内统一的工业产品的安全和卫生要求，可以制定地方标准。制定地方标准的项目，由省、自治区、直辖市人民政府标准化行政主管部门确定。地方标准应报国务院标准化行政主管部门和国务院有关行政主管部门备案。企业标准是指企业所制定的产品标准和在企业内需要协调、统一的技术要求和管理、工作要求所制定的标准。企业生产的产品在没有相应的国家标准、行业标准和地方标准时，应当制定企业标准，作为组织生产的依据。已有相应的国家标准、行业标准和地方标准时，国家鼓励企业制定严于国家标准、行业标准和地方标准的企业标准，在企业内部适用。

（三）产品质量的实施

我国标准化法将标准按性质的不同，分为强制性标准和推荐性标准。强制性标准必须执行，不符合强制性标准的产品，禁止生产、销售和进口。强制性标准主要有药品标准，食品卫生标准，兽药标准，产品及产品生产、储运和使用中的安全、卫生标准，劳动安全、卫生标准，运输安全标准，国家需要控制的重要产品质量标准等。推荐性标准，是指生产、交换、使用等方面，通过经济手段调节而自愿采用的一类标准，又称自愿性标准。除了强制性标准以外的标准是推荐性标准。《产品质量法》规定，可能危及人体健康和人身、财产安全的工业产品，必须符合保障人体健康、人身、财产安全的国家标准、行业标准；未制定国家标准、行业标准的，必须符合保障人体健康，人身、财产安全的要求。除此之外，质量是合同的条款之一，当事人对此应有明确的约定。无法达成明确约定的，按照国家标准、行业标准履行，没有国家标准、行业标准的，按照通常标准或者符合合同目的的特定标准履行。

（四）企业质量体系认证制度

质量体系是指为实施质量管理所需的组织结构、程序、过程和资源。企业质量体系认证，是由国家标准化组织（ISO）提出，并为国际社会所普遍接受的质量管理措施，它是指依据国家质量管理和质量保证系列标（GB/T19000—ISO9000），经过认证机构对企业质量体系进行审核，通过颁发认证证书的形式，证明企业质量保证能力符合相应要求的活动。产品质量是企业的生命，产品质量又是企业多方面活动的综合反映。在质量形成过程中，影响质量的因素很多，企业要确保产品质量，必须建立相应的质量体系。为使企业质量体系认证制度化、法制化，《产品质量法》规定，国家根据国际通用的质量管理标准，推选企业向质量管理部门，或者国务院产品质量监督管理部门授权的部门所认可的认证机构申请企业质量体系认证，经认证合格的，由认证机构颁发企业质量体系认证证书。可见，企业是否申请企业质量体系认证，可根据自身的情况来决定，完全自愿。

1. 产品质量认证制度

产品质量认证制度，是指依据具有国际水平的产品标准和技术要求，经过认证机构确认并通过颁发认证证书和产品质量认证标志的形式，证明产品符合相应标准和技术要求的活动。分为安全认证和合格认证。《产品质量法》规定，国家参照国际先进的产品标准和技术要求，推行产品质量认证。推行产品质量认证制度的目的是通过对符合认证标准的产品颁发认证证书和认证标志，便于消费者识别，同时也有利于经认证合格的企业和产品的市场销售，增强产品的市场竞争能力，以激励企业加强质量管理，提高产品质量水平。

根据我国产品质量认证制度基本内容为：

（1）认证依据。《产品质量法》规定，国家参照先进的产品标准和技术要求，推行产品质量认证制度。这就表明，我国产品质量认证，是根据国家认可的标准进行的。

（2）认证原则。我国产品质量认证实行自愿认证制，即产品质量认证由企业自愿申请。

（3）认证对象。我国目前开展产品质量认证的对象主要包括电工产品、电动工具、电线电缆、低压电器、电子元器件、水泥、橡胶、汽车安全玻璃等产品。

（4）认证方式。我国产品质量认证方式采用国际上通行的第三方认证制度。质量认证由国务院产品质量监督管理部门或其授权的部门所认可的认证机构承担。

（5）认证种类。我国产品质量认证分为合格认证和安全认证两种。

（6）认证的条件。中国企业、外国企业均可提出认证申请。

2. 产品质量的监督检查制度

产品质量监督检查制度，是指行政性监督检查，即由产品质量监督管理部门组织的对产品质量实行以抽查为主要方式的监督检查制度。产品质量监督检查是国家对产品质量实施的一项强制性行政管理措施。

国家实行以抽查为主要方式的监督检查制度，抽查的对象包括：（1）可能危及人体健康和人身、财产安全的产品；（2）影响国计民生的重要工业产品；（3）用户、消费者或有关组织反映有质量问题的产品。

经检查不合格的，质量技术监督部门有权依法作出处理，如警告、罚款、责令停止生产或销售等，并将抽查的结果登报公布。

（五）产品质量社会监督制度

产品质量社会监督，是指用户、消费者以及其他社会组织对产品质量进行监督的制度。《产品质量法》规定，用户、消费者有权就产品质量问题，向产品的生产者、销售者查询；向产品质量监督部门、工商行政管理部门及有关部门申诉，接受申诉的部门应当负责处理。保护消费者权益的社会组织可以就消费者反映的产品质量问题建议有关部门负责处理，支持消费者对因产品质量造成的损害向人民法院起诉。

任何单位和个人有权对违反《产品质量法》规定的行为，向产品质量监督部门或者其他有关部门检举。产品质量监督部门和有关部门应当为检举人保密，并按照省、自治区、直辖市人民政府的规定给予奖励。

（六）产品召回制度

产品召回制度，是指产品进入流通领域后，发现存在可能危害消费者人身及财产安全的缺陷时，经营者依法从市场上收回，并免费对其进行修理或更换的制度。

2004 年发布的《缺陷汽车产品召回管理规定》是我国第一个产品召回制度。2007 年国家质量监督检验检疫总局颁布了《食品召回管理规定》，建立了系统的食品召回制度。

2009 年颁布的《食品安全法》首次以法律形式确立了食品召回制度。2009 年 12 月通过的《中华人民共和国侵权责任法》规定，产品投入流通后发现存在缺陷的，生产者、销售者应当及时采取警示、召回等补救措施。未及时采取补救措施或者补救措施不力造成损害的，应当承担侵权责任。至此，产品召回制度正式以法律形式确立了。2009 年颁布的《食品安全法》首次以法律形式确立了食品召回制度。2009 年 12 月通过的《中华人民共和国侵权责任法》规定，产品投入流通后发现存在缺陷的，生产者、销售者应当及时采取警示、召回等补救措施。未及时采取补救措施或者补救措施不力造成损害的，应当承担侵权责任。至此，产品召回制度正式以法律形式确立了。

☞【延伸阅读】

汽车召回

2017 年 9 月 14 日国家质检总局宣布，大众汽车包括进口大众、一汽大众、上汽大众召回部分进口大众、奥迪、西雅特、斯柯达品牌以及国产大众、奥迪品牌，共计 486 万多辆。9 月 15 日，通用汽车包括进口萨博及欧宝品牌，以及国产雪佛兰及别克品牌，宣布共召回近 253 万辆汽车。9 月 25 日，广汽本田召回部分国产雅阁、飞度、锋范等汽车，共计 24.5 万余辆。短短半个月内，几大车企召回汽车数量的总和达 760 多万辆！再加上长安福特、华晨宝马等多家车企此前也宣布召回部分车辆，短时间内国内共有 30 多家整车企业将召回 2000 万辆汽车。短时间内国内如此大规模的车辆召回，究竟是什么原因呢?

据了解，如此庞大数量的召回都指向一家日本的供应商——高田公司（TAKATA）。作为世界的三大气囊公司之一，它配备给整车厂的安全气囊其实不安全。据悉，日本高田公司所生产的未带干燥剂的硝酸铵气体发生器安装于上述部分车辆的驾驶席或副驾驶席，在气囊展开时，气体发生器可能会发生异常破损，从而导致金属碎片飞出，犹如割喉刀，直接刺向人的面部、颈部，会伤及车内人员，存在极大的安全隐患。另外，据国内检测机构专家指出：日本高田公司所提供的劣质气囊在气体发生器里面装的是不稳定的硝酸铵助燃剂，在高温高湿的情况下，使得硝酸铵的介质发生了变化，从原来的片状变成了粉末状，从而在爆炸的过程中，产生了更大的爆炸当量，使得气体发生器的壳体发生了破裂，直接威胁驾驶者及车内人员的生命安全。

自 2008 年，日本高田公司生产的安全气囊发生了第一起致命事故后，到 2017 年 2 月底，已造成近 200 人伤亡事故。而日本高田公司也承认隐匿安全气囊会致命风险长达 15 年，并同意支付 2500 万美元罚款，另加 1.25 亿美元对受害者家属的补偿，以及 8.5 亿美元支付汽车制造商召回的成本。而截至 2017 年 5 月，因为高田气囊存在安全隐患，本田、丰田、日产、宝马、奔驰、特斯拉等 19 家汽车制造商在全球市场召回汽车高达 1.2 亿辆。

四、生产者、销售者的产品质量义务

生产者、销售者的产品质量义务，是指法律、法规规定的生产者、销售者在产品质量方面应当承担的作为和不作为的责任。

保证产品的内在质量符合要求《产品质量法》规定，生产者应当对其生产的产品质量负责。

产品质量应当符合以下要求：

(1) 产品不存在危及人身、财产安全的不合理危险。有保障人体健康、人身财产安全的国家标准、行业标准的，应当符合该标准。

(2) 产品质量应当具备的使用性能，但是，对产品存在使用性能上的瑕疵作出说明的除外。

(3) 产品质量符合在产品或者包装上注明采用的产品标准，符合以产品说明等方式表明的质量状况。

(4) 产品的内在质量应当与生产者对自身产品作出的说明一致，与该产品的国家、行业标准一致，与实物样品一致。

《产品质量法》规定，产品或者其包装上的标识必须真实，并符合下列要求：

(1) 产品或者包装上应当有产品质量检验合格证明。

(2) 产品或者包装上的标识应当有中文标明的产品名称、生产厂家和厂址，不能只用英文或者其他文字标明。

(3) 根据产品的性质和特点，需要标明主要成分的必须标明，如食品、饮料、药品和化妆品等涉及人身安全的产品，必须标明主要成分的名称和含量。

(4) 限期使用的产品，应当标明生产日期、安全使用期或者失效日期。

(5) 使用不当容易造成产品本身损害或者可能危及人身、财产安全的产品，应当有警示标志或者中文警示说明。

(6) 并非所有的产品都必须有产品标识，如裸装食品和其他根据产品的特点难以附加标识的裸装产品，可以不附加产品标识。

(7) 特殊产品的包装必须符合特定要求。

《产品质量法》规定，易碎、易燃、易爆、有毒、有腐蚀性、有放射性等危险物品以及储运中不能倒置和其他有特殊要求的产品，其包装质量必须符合相应要求，依照国家有关规定作出警示标志或者中文警示说明，标明储运注意事项。这里规定的危险物品、储运中不能倒置和其他有特殊要求的产品属于特殊产品，如玻璃制品、酒精、汽油、炸药装质量必须符合相应要求，是指产品的包装必须符合国家法律、法规、规章及规范性文件规定的包装要求，保证人身、财产安全，防止产品损坏并且应当在产品包装上标相应的产品标识。不得为法律禁止实施的行为。

《产品质量法》对生产者还规定了禁止性的义务：

(1) 生产者不得生产国家明令淘汰的产品。国家明令淘汰的产品，是指国务院有关行政部门依据其行政职能，对消耗能源、污染环境、疗效不确定、毒副作用大、技术明显落后的产品，按照一定的程序，采用行政的措施，通过发布行政文件的形式，向社会公布自某日起禁止生产、销售的产品。

（2）生产者不得伪造产地，伪造或者冒用他人的厂名、厂址。伪造产品产地，是指在甲地生产产品，而在产品标识上标乙地的地名的质量欺诈行为。伪造或者冒用他人厂名、厂址，是指非法标注他人厂名、厂址标识，在产品上编造、捏造不真实的生产厂名和厂址以及在产品上擅自使用他人的生产厂名和厂址的行为。

（3）生产者不得伪造或者冒用认证标志、名优标志等质量标志。质量标志是指表明产品质量状况的证书、标记。伪造或者冒用认证标志等质量标志是指在产品、标签、包装上，用文字符号、图案等方式，非法制作、标注质量标志以及擅自使用未获批准的质量标志的行为。

（4）生产者生产产品，不得掺杂、掺假，以假充真、以次充好，以不合格产品冒充合格产品。掺杂、掺假，是指生产者、销售者在产品中掺入杂质或者造假，进行质量欺诈的违法行为。以假充真，是指以此产品冒充与其特征、特性等都不同的他产品，或冒充同一类产品中具有特定质量特征、特性产品的欺诈行为。以次充好，是指以低档次、低等级产品冒充高档次、高等级产品或者以旧产品冒充新产品的违法行为。以不合格产品冒充合格产品，是指以质量不合格的产品作为或者充当合格产品。

五、销售者的产品质量责任和义务

销售者是产品流转过程中的重要主体，在保证产品质量方面具有重要地位。因此，法律规定销售者应承担以下产品质量义务：

（一）执行进货验收制度

销售者应当执行进货验收制度，验明产品合格证明和其他合格标识。通过产品质量验收，可以确定产品流转过程中产品质量状况，保证销售产品的质量，也能够分清生产者和销售者的责任。

（二）保持销售产品的质量

销售者在进货后在向用户、消费者出售产品之前的一段时间内，应当根据产品的性质、特点采取必要的措施，保持销售产品的质量。如果进货时产品质量符合要求，而销售时出现缺陷，销售者就要承担相应的责任。

（三）销售符合质量要求的产品

销售者最重要的义务，是保证所销售的产品符合规定的质量要求。不销售假冒伪劣产品，对用户和消费者来说，销售者这一义务是最直接的。

（四）销售给用户、消费者的产品不失效、不变质

销售者所销售产品的标识应符合下述规定的要求：

（1）不得伪造产地，伪造或冒用他人厂名、厂址；

（2）不得伪造或冒用认证标志、名优标志等质量标志；

（3）销售产品不得掺杂、掺假，不得以假充真、以次充好；

（4）不得以不合格产品冒充合格产品。

☞【思考】

大学生尚某在某火锅餐厅就餐，桌上的卡式炉燃气罐突然爆炸，造成尚某头部和面部深度烧伤，虽经治疗尚某面部仍然留有疤痕，给其造成巨大的身心伤害。经查，卡式炉生产者为甲公司、石油气燃气罐的生产者为乙公司，两个设备均存在质量缺陷，是造成事故的原因。请问：

1. 餐厅、甲、乙公司是否都应承担责任？

2. 三者的责任应当如何划分？

第三节　产品质量的责任

一、产品质量责任

（一）含义

产品质量责任，是指产品的生产者、销售者以及对产品质量负有直接责任的人违反产品质量法规定的产品质量义务应承担的法律后果。

（二）分类

产品质量责任可分为民事责任、行政责任和刑事责任三种。

二、民事责任

（一）分类

产品质量民事责任分为产品瑕疵担保责任和产品缺陷损害赔偿责任两种。瑕疵，是指产品质量不符合法律规定或当事人约定的质量标准。缺陷，是指产品存在危及人身、他人财产安全的不合理的危险。

1. 产品瑕疵担保责任

产品瑕疵担保责任又称产品合同责任，是指销售者提供的产品违反法律规定或当事人约定的质量标准，致使用户、消费者造成财产损害所应承担的民事责任。

《产品质量法》规定，售出的产品有下列情形之一的，销售者应当负责修理、更换、退货；给购买产品的消费者造成损失的，销售者应当赔偿损失：（1）不具备产品应当具备的使用性能而事先未作说明的。（2）不符合在产品或者其包装上注明采用的产品标准的。（3）不符合以产品说明、实物样品等方式表明的质量状况的。

销售者依照上述规定负责修理、更换、退货、赔偿损失后，属于生产者的责任或者属于向销售者提供产品的其他销售者（以下简称供货者）的责任的，销售者有权向生产者、供货者追偿。销售者未按规定给予修理、更换、退货或者赔偿损失的，由产品质量监督部门或者工商行政管理部门责令改正。生产者之间、销售者之间、生产者与销售者之间订立的买卖合同、承揽合同有不同约定的，合同当事人按照合同约定执行。

2. 产品缺陷损害赔偿责任

产品缺陷损害赔偿责任又称产品责任或产品侵权责任，是指生产者、销售者因产品存在缺陷而造成他人人身伤害或缺陷产品以外的其他财产损失时所应承担的赔偿责任。《产品质量法》对生产者和销售者规定了不同的归责原则。

（1）生产者承担严格责任。《产品质量法》对生产者的产品责任归责原则实行严格责任原则。生产者承担产品责任的条件有：①产品存在缺陷；②造成了他人人身、财产（指缺陷产品以外的其他财产）损害；③缺陷与损害之间存在因果关系。三者同时具备，即使生产者无过错，也要依法承担责任。

如果生产者能够证明有下列情形之一的，则不须承担赔偿责任：①未将产品投入流通的；②产品投入流通时，引起损害的缺陷尚不存在的；③将产品投入流通时的科学技术水平尚不能发现缺陷的存在的。

（2）销售者承担过错责任。《产品质量法》对于销售者承担产品责任主要实行过错责任原则。由于销售者的过错使产品存在缺陷，造成人身、他人财产损害的，销售者应当承担赔偿责任。

另一种情况是实行过错推定原则。销售者不能指明缺陷产品的生产者，也不能指明缺陷产品的供货者的，销售者应当承担赔偿责任。

上述两种情况的前提仍然是存在缺陷，并且造成损害。

（二）赔偿方式和赔偿标准

造成人身伤害的。因产品存在缺陷造成受害人人身伤害的，侵害人应当赔偿医疗费、因误工减少的收入、残废者生活补助费等费用；造成受害人死亡的，并应当支付丧葬费、抚恤费以及死者生前抚养的人必要的生活费（此项为间接损失赔偿）等费用。

造成财产损失的。因产品存在缺陷造成受害人财产损失的，侵害人应当恢复原状或者折价赔偿。受害人因此遭受其他重大损失的，侵害人应当赔偿损失。其他重大损失是指其他经济等方面的损失，包括可以获得的利益的损失。

关于对受害人由此受到的精神损害的赔偿问题，《产品质量法》未作规定。精神损害，可以给予精神赔偿，也可以给予物质赔偿。

☞【思考】

某商场出售一批皮鞋，其中有几双有质量问题，属于生产厂家责任。商场为消费者退换后，即向生产厂家追偿。而生产厂家称，在订这批货时的合同中已写明，因给予了商场优惠价格，厂家不再负担任何质量问题。请问：

1. 商场为消费者退换后可否向生产厂家追偿？

2. 生产厂家所持的理由是否合法？为什么？

三、行政责任

（一）承担行政责任的违法行为

根据《产品质量法》的规定，承担行政责任的违法行为有：

（1）生产不符合保障人体健康，人身、财产安全的国家标准、行业标准的产品。

(2) 生产国家明令淘汰的产品。

(3) 销售失效、变质产品。

生产者、销售者在产品中掺杂、掺假，以假充真、以次充好，或者以不合格产品冒充合格产品；伪造产品的产地，伪造或者冒用他人的厂名、厂址，伪造或者冒用认证标志、名优标志等质量标志。

(4) 产品标识或者有包装的产品标识不符合法律规定。

(5) 伪造检验数据或者检验结论。

(二) 承担行政责任的主要形式

承担行政责任的主要形式是行政处罚。产品质量监督部门、工商行政管理部门依照各自的职权，对违反《产品质量法》的行为可以责令纠正，并给予下列行政处罚：警告，罚款，没收违法生产、销售的产品和没收违法所得，责令停止生产、销售，吊销营业执照。

四、刑事责任

生产者、销售者以及国家工作人员违反《产品质量法》的行为，如已触犯《中华人民共和国刑法》、构成犯罪的，依照《中华人民共和国刑法》的规定追究刑事责任。

☞【知识拓展】

《侵权责任法》对产品责任的新发展

《中华人民共和国侵权责任法》(以下简称《侵权责任法》) 于2010年7月1日起施行，该法第五章对“产品责任”作了专章规定，这对“产品责任”的理论和实践产生了较大的影响。

一、明确“产品责任”的性质为侵权责任

《中华人民共和国侵权责任法》(以下简称《侵权责任法》) 明确规定，因产品存在缺陷造成他人损害的，生产者应当承担侵权责任。还规定，因销售者的过错使产品存在缺陷，造成他人损害的，销售者应当承担侵权责任。销售者不能指明缺陷产品的生产者也不能指明缺陷产品的供货者的，销售者应当承担侵权责任。因此，无论是与缺陷产品的生产者或销售者有直接合同关系的消费者、用户，还是其他第三人，因使用缺陷产品造成人身伤害或财产损失，受害人均可要求赔偿。

二、第三者过错造成产品缺陷可追偿

《侵权责任法》规定，因运输者、仓储者等第三人的过错使产品存在缺陷，造成他人损害的，产品的生产者、销售者赔偿后，有权向第三人追偿。这一规定明确了造成产品缺陷第三人的过错责任，保护了生产者、销售者的合法权益。

三、“产品缺陷危险”可以预先介入

《侵权责任法》规定，因产品缺陷危及他人人身、财产安全的，被侵权人有权请求生产者、销售者承担排除妨碍、消除危险等侵权责任。通过及时排除、消除缺陷产品损害的危险，防患于未然，能够最大限度保护消费者的人身、财产安全。

四、惩罚性赔偿适用于“产品责任”

《侵权责任法》规定，明知产品存在缺陷仍然生产、销售，造成他人死亡或者健康严重损害的，被侵权人有权请求相应的惩罚性赔偿。这一规定，一方面提高了受害人获取赔偿的积极性；另一方面，通过样板作用，惩罚过去的行为遏制未来类似的行为。这无疑能对一些缺乏社会责任感的经营者产生巨大的威慑作用。

五、"产品责任"作为侵权责任应当优先

《侵权责任法》的"一般规定"中确立了侵权责任优先的原则，即侵权人因同一行为应当承担侵权责任和行政责任、刑事责任，侵权人的财产不足以支付的，先承担侵权责任。

"产品责任"适用精神损害赔偿。《侵权责任法》规定，侵害他人人身权益，造成他人严重精神损害的，被侵权人可以请求精神损害赔偿。这是我国在现行法律中第一次明确规定了精神损害赔偿。产品责任也适用这一精神损害赔偿规定。

☞【思考】

2016 年 3 月 15 日袁女士在 A 商场购买了一只电熨斗，在正常使用该电熨斗过程中，因电熨斗漏电而被电流击伤，经救治，于 5 月份出院，事故造成袁女士手指残废。2017 年 4 月 15 日袁女士向法院提起诉讼，要求 A 商场对其因触电致残承担赔偿责任。A 商场在答辩状中称：第一，根据《民法通则》的规定，因身体伤害要求赔偿的诉讼时效期间为 1 年，原告的起诉已过诉讼时效；第二，电熨斗存在质量缺陷销售者没有过错，原告无权要求 A 商场承担赔偿责任，而应向电熨斗的生产者某省 B 电器厂要求赔偿。请问：

1. A 商场的第一条答辩理由是否成立？

2. A 商场的第二条答辩理由是否成立？

3. A 商场应承担哪些赔偿责任？

4. 经鉴定，电熨斗漏电确系由于该产品的设计与制造工艺缺陷所致，A 商场赔偿后可否向 B 电器厂追偿？

第十章　消费者权益保护法

☞【学习目标】

1. 掌握消费者的概念和消费者权益保护法的适用范围
2. 了解消费者的权利和经营者的义务
3. 熟悉侵犯消费者权益的法律责任承担

第一节　消费者权益保护法概述

一、消费者

（一）消费者的概念

作为社会再生产的一个重要环节，消费对经济发展有着重要的影响。消费是由主体的需求而产生的，包括生产消费和生活消费，既可能来自单个的自然人，也可能是单位或社会组织的需求。因此，一般意义上的消费者具有广泛性。从比较法上看，不同国家、不同法律间，消费者的含义可能不同，本章的消费者是指消费者保护法意义下的内涵。

《中华人民共和国消费者权益保护法》（以下简称《消费者权益保护法》）规定，消费者为生活消费需要购买、使用商品或者接受服务，其权益受本法保护；未作规定的，受其他有关法律、法规保护。虽然该条并未给消费者下一个明确的定义，但根据消费者权益保护范围的界定，我们可以推导出消费者的含义，即为生活消费需要购买、使用商品或者接受服务的人。

综上，消费者是指为了满足个人生活消费需要而购买、使用商品或接受服务的人。

（二）消费者的特征

（1）以生活消费为目的根据平等、自愿、公平原则，我们通过《消费者权益保护法》要特殊保护的是交易双方中的弱势一方，而不是所有“消费者”。如果购买商品或接受服务是为生产消费，进行专门的生产、交易活动，不需要特殊保护。

（2）以生活消费为目的不能狭隘地理解，为自己使用、为供家人使用等都属于生活消费目的。生活消费可以是物质方面的，如吃、穿、住、行等，也可以是精神方面的消费，如旅游、休闲娱乐等。以商品或服务为消费对象在消费者和经营者之间形成的消费法律关系中，双方权利、义务所指向的消费对象可以是商品，也可以是服务。该商品或服务是经营者提供的，商品的表现形式具有多样性，如服装、家具、电器等，服务是具有商品属性的各种劳务，如运输、洗浴等。

（3）以购买、使用或接受服务为消费方式。消费法律关系的消费对象包括商品和服务，而且商品、服务都有不同的特点和表现形式，因此，消费者针对不同的客体有不同的消费方式。对于商品的需求，消费者可以通过购买和使用两种方式来实现。对于服务的需求，消费者可以自付费，也可以是其他方式。

☞【知识拓展】

消费者必须为自然人

关于消费者是否必须为自然人，目前理论不一，国内教材也有不同的看法，地方立法普遍认为单位应成为本章主体。笔者认为，生活消费主要是个人消费，根据立法宗旨、单位的自然属性和国际通说等，消费者权益保护法应以个人作为消费的最终主体。单位购买商品或接受服务可受其他法律，如民法、合同法的调整。

二、消费者权益保护法

（一）消费者权益保护法的概念

消费者权益保护法，是指调整在保护消费者权益中产生的社会关系的法律规范的总称。从法律覆盖范围的角度，消费者权益保护法有广义和狭义之分。

从广义看，所有有关保护消费者权益的法律规范都属于消费者权益保护法的范畴。除《消费者权益保护法》外，还包括《民法通则》、《合同法》、《产品质量法》、《价格法》、《反不正当竞争法》、《食品安全法》等。

从狭义上看，我们所说的消费者权益保护法仅指 1993 年 10 月 31 日第八届全国人大常委会第四次会议通过，1994 年 1 月 1 日起施行的《中华人民共和国消费者权益保护法》。该法经过 2009 年、2013 年两次修正，共 8 章 63 条，它是我国首次以全面确认和保护消费者权益为内容和宗旨的法典。本章的学习是从狭义角度出发，主要通过《消费者权益保护法》进行讲解。

（二）消费者权益保护法的适用范围

法是社会关系的调整器，《消费者权益保护法》对其适用范围作出了规定：

1. 适用于消费者的生活消费

消费者为生活消费需要购买、使用商品或者接受服务，其权益受《消费者权益保护法》保护，《消费者权益保护法》未作规定的，受其他有关法律、法规保护。

2. 适用于经营者的经营行为

经营者为消费者提供其生产、销售的商品或者提供服务，应当遵守《消费者权益保护法》，《消费者权益保护法》未作规定的，应当遵守其他有关法律、法规。

3. 农民购买、使用直接用于农业生产的生产资料，参照执行

为了保护农民权益，《消费者权益保护法》在特殊条件下适用于生产消费，需要注意的是，该项是例外性规定，有特殊的适用条件，只能发生在农民购买、使用直接用于农业生产的生产资料时。

☞【思考】

村民刘某从甲公司购得100斤种子，但农作物并未取得任何收获，经查，该种子是未按标准生产的假种子。刘某因购买了假种子损失巨大，找到甲公司要求按照《消费者权益保护法》给予赔偿，但该公司称刘某买的是生产资料，所以不是消费者。

请问：农民购买、使用直接用于农业生产的生产资料是否适用《消费者权益保护法》？

第二节　消费者的权利与经营者的义务

一、消费者的权利

消费者的权利是指法律赋予消费者为了满足生活消费的需要为一定行为，以及要求经营者等义务主体为或不为一定行为的意思自由。《消费者权益保护法》为消费者设定了九项权利：

（一）安全保障权

消费者的安全保障权，是指消费者在购买、使用商品和接受服务时享有人身、财产安全不受损害的权利。这是消费者最基本的权利，包括两项内容：一是人身安全权（生命健康权#消费者有保持身体完整性、完善性以及生命不受剥夺的权利；二是财产安全权。消费者购买、使用的商品或接受的服务及其之外的其他财产不存在危险性。

（二）知情权

消费者的知情权，是指消费者在购买、使用商品或者接受服务时，有权了解和知悉相关真实情况。随着消费领域越来越复杂，消费者需要对商品和服务作必要的了解。消费者购买商品或接受服务是为满足自身的特定需要，只有在了解经营的真实状况的基础上，消费者才能作出符合自身需要的选择，决定是否消费。因此，消费者有权要求经营者提供商品的价格、产地、生产者、用途、性能、规格、等级、主要成分、生产日期、有效期限、检验合格证明、使用方法说明书、售后服务，或者服务的内容、规格、费用等有关情况。

（三）自主选择权

消费者的自主选择权，是指消费者在购买、使用商品或者接受服务时，享有根据自己的意愿自主选择商品或者服务的权利。在社会生活多样化的今天，每位消费者都是不可复制的、个别的，都有自己的喜好、品位、需求和经济能力，任何人无权将自己的意志强加于他人。

自主选择权的主要内容有以下四个方面：自主选择提供商品或者服务的经营者；自主选择商品品种或者服务方式；自主决定购买或者不购买任何一种商品、接受或者不接受任何一项服务；消费者有权进行比较、鉴别和挑选。

（四）公平交易权

消费者的公平交易权，是指消费者在购买、使用商品或者接受服务时，享有获得公平交易条件和拒绝强制交易的权利。

公平交易权可以概括为以下两个方面：

1. 交易条件公平

消费者有权获得质量保障、价格合理、计量正确等公平交易条件，经营者不得有歧视性、不平等的交易要求，要以诚信的态度对待消费者。

2. 拒绝强制交易

消费者有权按照自己内心真实意愿自主从事交易活动，对强制交易行为有权加以拒绝。

☞【思考】

两名女大学生逛街时看到某美容美发店宣传广告写“洗剪吹28元”，本打算每人花28元剪个头，没想到结账时一共4000元。美容店声称用的是进口洗发水、染烫药剂等。无奈之下，两学生向同学借钱，才得以脱身。请问：

1. 该美容美发店侵犯了消费者的什么权利？

2. 该两名大学生应通过什么方式来维护自己的合法权益？

（五）获得赔偿权

消费者的获得赔偿权也称为求偿权，是指消费者在购买、使用商品或者接受服务的过程中受到损害时享有依法请求赔偿的权利。

求偿权的主体包括：商品的购买者、使用者和服务的接受者、消费者以外的因商品、服务造成损害的第三人。求偿权的范围包括：人身损害的赔偿，如生命权、健康权、身体权、名誉权、自由权等受到侵害；财产损害的赔偿，可以是直接损失，也可以是间接损失。

（六）结社权

消费者的结社权，是指消费者享有依法成立维护自身合法权益的社会组织的权利。结社自由是民主政治发展的重要基础，是《宪法》赋予公民的权利。消费者有权在法律许可范围内，成立消费者协会和其他消费者组织。中国消费者协会及地方各级消费者协会已经成立并发挥了越来越重要的功用，起到了沟通消费者与政府的纽带作用，协助行政部门完成社会管理工作，帮助消费者维权、获得相关知识，缓解经营者与消费者的利益冲突，为相关立法提供参考意见，保证政府决策的民主化、科学化，维护社会主义市场经济健康发展。

（七）获得相关知识权

消费者获得相关知识权，是指消费者享有的获得有关消费和消费权益保护方面知识的权利。它有利于消费者自我保护能力的提高和实现其他消费者权利。该项权利包括两方面内容：一是获得商品和服务的消费知识，如使用常识；二是获得消费者权益保护方面的知识，如消费权益内容、纠纷解决、损害赔偿等法律知识。该权利的实现需要社会的共同努力，经营者应当真实说明自己的经营活动，政府、社会应通过多种方式进行宣传教育，保证消费者能够获得相关消费知识和法律知识，减少消费者的维权成本。同时，消费者自身也应当努力掌握所需商品或者服务的知识和使用技能，正确使用商品，提高自我保护意识。

（八）受尊重权

消费者的受尊重权，是指消费者享有在购买、使用商品和接受服务时，人格尊严、民族风俗习惯受到尊重的权利，享有个人信息依法得到保护的权利。人格尊严是作为一个人所应有的最起码的社会地位和资格。我国《宪法》、《民法通则》和最高人民法院《关于确定民事侵权精神损害赔偿责任若干问题的解释》明确了对人格尊严的保护。我国是统一的、多民族国家，各民族一律平等，国家保障各少数民族的合法权利和利益，维护和发展各民族的平等、团结、互助关系。禁止对任何民族的歧视和压迫，禁止破坏民族团结和制造民族分裂的行为，各民族风俗习惯应得到尊重。

（九）监督批评权

1. 含义

消费者的监督批评权，是指消费者享有对商品和服务以及保护消费者权益工作进行监督、批评、控告的权利。

2. 内容

监督批评权包括三方面内容：（1）对经营者提供的商品和服务监督。在经营者侵害消费者权益时，消费者有权检举、控告。（2）对国家机关及其工作人员监督。国家机关及其工作人员在保护消费者权益工作中的违法失职行为，消费者有权检举、控告，请求有关机关予以惩处。（3）对保护消费者权益工作提出批评、建议。消费者有权对保护消费者权益工作中的错误、不足及其完善提出批评意见和合理化建议，以推动工作民主化、公开化，提高办事效率。

二、经营者的义务

（一）含义

经营者的义务，是指经营者为实现消费者的利益而实施一定行为的法律拘束。《消费者权益保护法》专章规定了经营者的义务。

（二）履行法定及约定义务

履行法定及约定义务，是指经营者应按照法律、法规及双方约定向消费者提供商品或服务。

1. 履行法定义务

法定义务，是指由国家法律、法规明确规定的义务。经营者向消费者提供商品或者服务，应当依照《消费者权益保护法》和其他有关法律、法规的规定履行义务。

2. 履行约定义务

约定义务，是指经营者和消费者达成的协议中所约定的义务。经营者和消费者有约定的，应当按照约定履行义务，但双方的约定不得违背法律、法规的规定。约定义务体现了双方的意思自治，依法成立的合同，对双方有法律约束力，不得擅自变更或解除。如果约定内容违法，如提供淫秽物品，则不受法律保护。履行诚信、公平交易义务。

经营者向消费者提供商品或者服务，应当恪守社会公德，诚信经营，保障消费者的合法权益；不得设定不公平、不合理的交易条件，不得强制交易。

（三）接受监督的义务

接受监督的义务，是指经营者应当听取消费者对其提供的商品或者服务的意见，接受消费者监督的义务。通过听取监督意见，经营者可以及时发现自己的缺点和不足，提高商品质量和服务水平，既满足了消费者的需求又能获得自身的经济效益，并最终推动社会进步。

（四）保障安全的义务

经营者的保障安全义务，是指经营者应当保证其提供的商品或者服务符合保障人身、财产安全的义务，包括保障人身安全和财产安全两方面内容，具体要求包括：(1)对可能危及人身、财产安全的商品和服务，应当向消费者作出真实的说明和明确的警示，并说明和标明正确使用商品或者接受服务的方法以及防止危害发生的方法。(2)宾馆、商场、餐馆、银行、机场、车站、港口、影剧院等经营场所的经营者，应当对消费者尽到安全保障义务。(3) 经营者发现其提供的商品或者服务存在缺陷，有危及人身、财产安全危险的，应当立即向有关行政部门报告和告知消费者，并采取停止销售、警示、召回、无害化处理、销毁、停止生产或者服务等措施。采取召回措施的，经营者应当承担消费者因商品被召回支出的必要费用。

☞【思考】

秦某和朋友在某饭店三楼吃饭，该房间邻近消防通道。吃饭过程中，因为饭店比较吵，秦某为接手机来到消防通道，推门进去，由于饭店工程不合规范，消防通道尚未完工，没有灯、栏杆，也没有设置警示标志，通道内放有各种杂物，直接悬空，秦某从消防通道二楼摔下，经抢救无效身亡。请问：

1. 饭店主张秦某是成年人擅自进入非就餐区域，应对自己意外坠楼负责，饭店的主张合理吗？

2. 依照法律规定该案应如何处理？

（五）提供真实信息的义务

1. 就有关询问提供真实信息

提供真实信息的义务，是指经营者应当向消费者提供有关商品或者服务的质量、性能、用途、有效期限等信息，应当真实、全面，不得作虚假或者引人误解的宣传。

2. 真实、明确答复有关询问

经营者对消费者就其提供的商品或者服务的质量和使用方法等问题提出的询问，应作出真实、明确的答复。经营者不得隐瞒真实情况、捏造虚假事实或作虚假说明误导和欺骗消费者，干扰其真实意志。

3. 经营者提供商品或者服务应当明码标价

经营者对自己提供的商品或者服务应标明真实、准确、明确的价格和计量单位，不得随意变化。

（六）标明真实名称和标记

名称和标记可以用来区分不同的经营者，因而名称具有一定使用价值，在发生纠纷时可以明确责任主体。如果是租赁他人柜台或者场地，经营者也应当标明自己的真实名称和标记，以区别出租方。

（七）出具发票等购货凭证或单据的义务

经营者出具凭证或单据的义务，是指经营者在提供商品或者服务时，应当按照国家有关规定或者商业惯例向消费者出具发票等购货凭证或者服务单据的义务。购货凭证或者服务单据在消费纠纷中具有重要作用，是消费者索赔的重要根据。经营者对自己的商品和服务有义务出具证明，消费者索要购货凭证或者服务单据的，经营者必须出具符合国家有关规定或者商业惯例的凭证或单据。

（八）提供符合要求的商品或服务的义务

提供符合要求的商品或服务的义务，是指经营者应当保证其提供的商品或服务符合正常使用时应具有的相关要求或自己表明的质量状况。

经营者应当保证在正常使用商品或者接受服务的情况下其提供的商品或者服务应当具有的质量、性能用途和有效期限；但消费者在购买该商品或者接受该服务前已经知道其存在瑕疵，且存在该瑕疵不违反法律强制性规定的除外。

经营者以广告、产品说明、实物样品或者其他方式表明商品或者服务的质量状况的，应当保证其提供的商品或者服务的实际质量与表明的质量状况相符。

经营者提供的机动车、计算机、电视机、电冰箱、空调器、洗衣机等耐用商品或者装饰装修等服务，消费者自接受商品或者服务之日起 6 个月内发现瑕疵，发生争议的，由经营者承担有关瑕疵的举证责任。

（九）承担“三包”或其他责任的义务

承担“三包”或其他责任的义务，是指经营者应当依法或依约定，对提供的商品或者服务，承担包修、包换、包退或者其他责任。

经营者提供的商品或者服务不符合质量要求的，消费者可以依照国家规定、当事人约定退货，或者要求经营者履行更换、修理等义务。没有国家规定和当事人约定的，消费者可以自收到商品之日起 5 日内退货；7 日后符合法定解除合同条件的，消费者可以及时退货，不符合法定解除合同条件的，可以要求经营者履行更换、修理等义务，并且，依此进行退货、更换、修理的，经营者应当承担运输等必要费用。

（十）商品无理由退货的义务

商品无理由退货的义务，是指经营者采用网络、电视、电话、邮购等方式销售商品，消费者有权自收到商品之日起 7 日内退货，且无须说明理由。消费者退货的商品应当完好。经营者应当自收到退回商品之日起 7 日内返还消费者支付的商品价款。退回商品的运费由消费者承担；经营者和消费者另有约定的，按照约定。

商品无理由退货并不适用所有商品，下列商品不适用无理由退货：消费者定作的；鲜活易腐的；在线下载或者消费者拆封的音像制品、计算机软件等数字化商品；交付的报纸、期刊。此外，其他根据商品性质并经消费者在购买时确认不宜退货的商品，也不适用无理由退货。

（十一）不得单方作出不合理，不公平规定的义务

不得单方作出不合理、不公平规定的义务，是指经营者不得以单方意思表示作出对消费者不公平、不合理的规定。经营者不得利用自己的某种优势地位，排除或限制消费者的公平交易权，使双方权利义务不对等。

该项义务包括：（1）经营者在经营活动中使用格式条款的，应当以显著方式提请消费者注意商品或者服务的数量和质量、价款或者费用、履行期限和方式、安全注意事项和风险警示、售后服务、民事责任等与消费者有重大利害关系的内容，并按照消费者的要求予以说明。（2）经营者不得以格式条款、通知、声明、店堂告示等方式，作出排除或者限制消费者权利、减轻或者免除经营者责任、加重消费者责任等对消费者不公平、不合理的规定，不得利用格式条款并借助技术手段强制交易。（3）格式条款、通知、声明、店堂告示等含有以上内容的，其内容无效。

（十二）不侵犯人格权的义务

不侵犯人格权的义务，是指经营者应当尊重消费者的人格权，不得侵犯消费者的人身自由和人格尊严。具体包括以下内容：经营者不得对消费者进行侮辱、诽谤；经营者不得搜查消费者的身体及其携带的物品；经营者不得侵犯消费者的人身自由。

☞【思考】

“超市强检”是与非

自超市登陆中国后，“超市强检”事件时有发生。顾客付款后需通过验票口，如果商品没消磁，随人通过时它就会响起示警，提醒商家检查。而检查事件发生后，商家和消费者通常是各执一词，为自己辩解。许多消费者表示，超市也许只是怀疑就要检查，太随意，经常不顾顾客感受乱翻一气，检查完盖好章才放人；一旦闹起来，当初的事情不可能完全回放，因此很难说清究竟。例如某大型超市发生一起因场外拦截检查与顾客发生冲突的事件，在这起冲突事件中，公说公有理，婆说婆有理。据当事人于某介绍他与老伴走过超市的“二道门”，当时没听到任何动静。没想到走出“二道门”两米多时，超市一位工作人员把他拦住，声称要检查。于某据理力争，但无济于事，对方仍抓着货车不放。后来，超市一位负责人在办公室里检查了货物，没有发现问题。警察来到后与于某一道看了录像，证明于某所说属实，并将货车在“二道门”上推了几个来回，报警器也没响。后来，在警察协调下，于某愤然而归。超市工作人员王某在接受媒体采访时说，于某和老伴走到检查口时，有七八个顾客同时出现在出口，此时“二道门”的报警器响了，这表明有顾客可能未付款，于是对顾客进行检查。当初于先生不配合，防损员就让他们走了，但两个老人以为被拦住是对他们的侮辱，一定要弄个明白以示清白，工作人员只好按其要求检查了货物。到底实情怎样？现在双方各执己见，因此此案迟迟未决。

(十三) 网络等方式经营者及金融服务经营者的信息提供义务

采用网络、电视、电话、邮购等方式提供商品或者服务的经营者，以及提供证券、保险、银行等金融服务的经营者，应当向消费者提供经营地址、联系方式、商品或者服务的数量和质量、价款或者费用、履行期限和方式、安全注意事项和风险警示、售后服务、民事责任等信息。

(十四) 保护消费者个人信息的义务

保护消费者个人信息的义务，是指经营者应当按照合法、正当、必要、公开及明示的原则收集和使用消费者的个人信息，确保个人信息安全，未经同意不得发送商业信息。该项义务包括：(1) 经营者收集、使用消费者个人信息，应当遵循合法、正当、必要的原则，明示收集、使用信息的目的、方式和范围，并经消费者同意。(2) 经营者收集、使用消费者个人信息，应当公开其收集、使用规则，不得违反法律、法规的规定和双方的约定收集、使用信息。(3) 经营者及其工作人员对收集的消费者个人信息必须严格保密，不得泄露、出售或者非法向他人提供。(4) 经营者应当采取技术措施和其他必要措施，确保信息安全，防止消费者个人信息泄露、丢失。在发生或者可能发生信息泄露、丢失的情况时，应当立即采取补救措施。(5) 经营者未经消费者同意或者请求，或者消费者明确表示拒绝的，不得向其发送商业性信息。

第三节　消费者权益的法律保护

随着生产的社会化、专业化和科学化，消费者与经营者能力日益不衡，经营者为了利益可能置消费者于不顾。因此，需要全面、多角度地对消费者合法权益进行保护。

一、国家对消费者合法权益的保护

国家有责任保护消费者的合法权益不受侵害，采取措施保障消费者依法行使权利，维护消费者的合法权益。

(一) 立法保护

有权立法机关应及时制定、修改、废止有关保护消费者权益的法律、法规和其他规范性文件。国家制定有关消费者权益的法律、法规、规章和强制性标准，应当听取消费者和消费者协会等组织的意见。

(二) 行政保护

政府及其相关部门具有维护社会秩序，规范市场经营行为，保护消费者权益方面的行政职责。

各级人民政府应当加强领导，组织、协调、督促有关行政部门做好保护消费者合法权益的工作，落实保护消费者合法权益的职责。各级人民政府应当加强监督，预防危害消费者人身、财产安全行为的发生，及时制止危害消费者人身、财产安全的行为。

各级人民政府工商行政管理部门和其他有关行政部门应当依照法律、法规的规定，在各自的职责范围内，采取措施，保护消费者的合法权益。有关行政部门应当听取消费者和消费者协会等组织对经营者交易行为、商品和服务质量问题的意见，及时调查处理。消费者向有关行政部门投诉的，该部门应当自收到投诉之日起5个工作日内，予以处理并告知消费者。

有关行政部门在各自的职责范围内，应当定期或者不定期对经营者提供的商品和服务进行抽查检验，并及时向社会公布抽查检验结果。有关行政部门发现并认定经营者提供的商品或者服务存在缺陷，有危及人身、财产安全危险的，应当立即责令经营者采取停止销售、警示、召回、无害化处理、销毁、停止生产或者服务等措施。

（三）司法保护

有关国家机关应当依照法律、法规的规定，惩处经营者在提供商品和服务中侵害消费者合法权益的违法犯罪行为。人民法院应当采取措施，方便消费者提起诉讼。对符合《中华人民共和国民事诉讼法》起诉条件的消费者权益争议，必须受理，及时审理。

二、消费者组织对消费者合法权益的保护

消费者组织是依法成立的对商品和服务进行社会监督的保护消费者合法权益的社会组织。消费者组织是消费者行使结社权的结果，包括消费者协会和其他消费者组织。对侵害众多消费者合法权益的行为，中国消费者协会以及在省、自治区、直辖市设立的消费者协会，可以向人民法院提起诉讼。

消费者协会履行下列公益性职责：(1) 向消费者提供消费信息和咨询服务，提高消费者维护自身合法权益的能力，引导文明、健康、节约资源和保护环境的消费方式。(2) 参与制定有关消费者权益的法律、法规、规章和强制性标准。(3) 参与有关行政部门对商品和服务的监督、检查。(4) 就有关消费者合法权益的问题，向有关部门反映、查询，提出建议。(5) 受理消费者的投诉，并对投诉事项进行调查、调解。(6) 投诉事项涉及商品和服务质量问题的，可以委托具备资格的鉴定人鉴定，鉴定人应当告知鉴定意见。(7) 就损害消费者合法权益的行为，支持受损害的消费者提起诉讼或者依照本法提起诉讼。(8) 对损害消费者合法权益的行为，通过大众传播媒介予以揭露、批评。

各级人民政府对消费者协会履行职责应当予以必要的经费等支持。消费者协会应当认真履行保护消费者合法权益的职责，听取消费者的意见和建议，接受社会监督。依法成立的其他消费者组织依照法律、法规及其章程的规定，开展保护消费者合法权益的活动。消费者组织不得从事商品经营和营利性服务，不得以收取费用或者其他牟取利益的方式向消费者推荐商品和服务。

三、社会监督和舆论监督对消费者权益的保护

保护消费者的合法权益是全社会的共同责任，除了国家和消费者组织外，还应当通过社会和舆论的力量来保护消费者合法权益。国家鼓励、支持一切组织和个人对损害消费者合法权益的行为进行社会监督。消费者也应主动监督经营行为，尤其要敢于拿起法律武器向违法行为说“不”。因此，个人、企业、事业单位或其他社会组织都应当发挥各自的力量，形成监督的社会网络。大众传播媒介应当做好维护消费者合法权益的宣传

和教育，对损害消费者合法权益的行为进行舆论监督，发挥广播、新闻、电台等媒介的特殊力量，对损害消费权益的行为进行举报、批评、监督和曝光。

四、侵犯消费者权益的法律责任

（一）争议的解决途径

消费者和经营者发生消费者权益争议的，可以通过下列途径解决。

1. 与经营者协商和解

消费者和经营者是争议的主体，他们对争议的事项享有充分的处分权能，在自愿平等的基础上可以达成和解协议。

2. 请求消费者协会或者依法成立的其他调解组织调解

受理消费者的投诉，并对投诉事项进行调查、调解是消费者协会的一项重要职能，该调解是民间调解，不具有强制力。

3. 向有关行政部门投诉

政府有关部门有责任保护消费者合法权益，听取和及时调查处理消费者对商品和服务问题的意见。因此，消费者可以向有管辖权的行政部门投诉，寻求行政保护。

根据与经营者达成的仲裁协议提请仲裁机构仲裁仲裁是指在仲裁庭的主持下，根据双方达成的仲裁协议，在冲突双方的参与下，依法对消费争议居中裁决。仲裁具有快速、灵活的特点。

4. 向人民法院提起诉讼

诉讼是公力救济方式，具有强制性、权威性，是最有效的也是最后的防线。

（二）侵犯消费者权益的责任承担

《消费者权益保护法》规定在消费者权益受到侵害时，可以根据不同情况分别确定赔偿义务主体。

1. 销售者先行赔付

消费者在购买、使用商品时，其一般合法权益受到损害的，可以向销售者要求赔偿。销售者赔偿后，属于生产者的责任或者属于向销售者提供商品的其他销售者的责任的，销售者有权向生产者或者其他销售者追偿。

2. 生产者与销售者的连带责任

消费者或者其他受害人因商品缺陷造成人身、财产损害的，可以向销售者要求赔偿，也可以向生产者要求赔偿。属于生产者责任的，销售者赔偿后，有权向生产者追偿。属于销售者责任的，生产者赔偿后，有权向销售者追偿。

3. 服务者

消费者在接受服务时，其合法权益受到损害的，可以向服务者要求赔偿。

4. 变更后的经营者

消费者在购买、使用商品或者接受服务时，其合法权益受到损害，因原企业分立、合并的，可以向变更后承受其权利义务的企业要求赔偿。这样可以防止经营者利用企业变更，逃避法律责任。

5. 营业执照持有人与使用人

使用他人营业执照的违法经营者提供商品或者服务，损害消费者合法权益的，消费者可以向其要求赔偿，也可以向营业执照的持有人要求赔偿。

6. 展销会举办者及柜台出租者

消费者在展销会、租赁柜台购买商品或者接受服务，其合法权益受到损害的，可以向销售者或者服务者要求赔偿。展销会结束或者柜台租赁期满后，也可以向展销会的举办者、柜台的出租者要求赔偿。展销会的举办者、柜台的出租者赔偿后，有权向销售者或者服务者追偿。这样可以保障在展销会结束或者柜台租赁期满后，消费者的赔偿请求权得以实现。

7. 网络交易平台提供者

消费者通过网络交易平台购买商品或者接受服务，其合法权益受到损害的，可以向销售者或者服务者要求赔偿。网络交易平台提供者不能提供销售者或者服务者的真实名称、地址和有效联系方式的，消费者也可以向网络交易平台提供者要求赔偿；网络交易平台提供者作出更有利于消费者的承诺的，应当履行承诺。网络交易平台提供者赔偿后，有权向销售者或者服务者追偿。

网络交易平台提供者明知或者应知销售者或者服务者利用其平台侵害消费者合法权益，未采取必要措施的，依法与该销售者或者服务者承担连带责任虚假广告的广告经营者、发布者消费者因经营者利用虚假广告或者其他虚假宣传方式提供商品或者服务，其合法权益受到损害的，可以向经营者要求赔偿。广告经营者、发布者发布虚假广告的，消费者可以请求行政主管部门予以惩处。广告经营者、发布者不能提供经营者的真实名称、地址和有效联系方式的，应当承担赔偿责任。

广告经营者、发布者设计、制作、发布关系消费者生命健康商品或者服务的虚假广告，造成消费者损害的，应当与提供该商品或者服务的经营者承担连带责任。

社会团体或者其他组织、个人在关系消费者生命健康商品或者服务的虚假广告或者其他虚假宣传中向消费者推荐商品或者服务，造成消费者损害的，应当与提供该商品或者服务的经营者承担连带责任。

（三）侵权的法律责任

1. 民事责任

承担民事责任的一般情形。经营者提供商品或者服务有下列情形之一的，除《消费者权益保护法》另有规定外，应当依照其他有关法律、法规的规定，承担民事责任：（1）商品或者服务存在缺陷的；（2）不具备商品应当具备的使用性能而出售时未作说明的；（3）不符合在商品或者其包装上注明采用的商品标准的；（4）不符合商品说明、实物样品等方式表明的质量状况的；（5）生产国家明令淘汰的商品或者销售失效、变质的商品的；（6）销售的商品数量不足的；（7）服务的内容和费用违反约定的；（8）对消费者提出的修理、重作、更换、退货、补足商品数量、退还货款和服务费用或者赔偿损失的要求，故意拖延或者无理拒绝的；（9）法律、法规规定的其他损害消费者权益的情形经营者对消费者未尽到安全保障义务，造成消费者损害的，应侵权责任。

（1）人身损害的民事责任

经营者提供商品或者服务，造成消费者或者其他受害人人身伤害的，应当赔偿医疗费、护理费、交通费等为治疗和康复支出的合理费用，以及因误工减少的收入。造成残疾的，还应当赔偿残疾生活辅助具费和残疾赔偿金。造成死亡的，还应当赔偿丧葬费和死亡赔偿金。

☞【知识拓展】

残疾赔偿金如何确定

残疾赔偿金根据受害人丧失劳动能力程度或者伤残等级，按照受诉法院所在地上一年度城镇居民人均可支配收入或者农村居民人均纯收入标准，自定残之日起按20年计算。但60周岁以上的，年龄每增加1岁减少1年；75周岁以上的，按5年计算。受害人因伤致残但实际收入没有减少，或者伤残等级较轻但造成职业妨害严重影响其劳动就业的，可以对残疾赔偿金作相应调整。

（2）财产损害的民事责任

经营者提供商品或者服务，造成消费者财产损害的，应当依照法律规定或者当事人约定承担修理、重作、更换、退货、补足商品数量、退还货款和服务费用或者赔偿损失等民事责任。

（3）预收款方式提供商品或者服务的民事责任

经营者以预收款方式提供商品或者服务的，应当按照约定提供。未按照约定提供的，应当按照消费者的要求履行约定或者退回预付款；并应当承担预付款的利息、消费者必须支付的合理费用。

（4）不合格商品的民事责任

依法经有关行政部门认定为不合格的商品，消费者要求退货的，经营者应当负责退货。

对欺诈行为的惩罚性赔偿。经营者提供商品或者服务有欺诈行为的，应当按照消费者的要求增加赔偿其受到的损失，增加赔偿的金额为消费者购买商品的价款或者接受服务的费用的3倍；增加赔偿的金额不足500元的，为500元。法律另有规定的，依照其规定。

经营者明知商品或者服务存在缺陷，仍然向消费者提供，造成消费者或者其他受害人死亡或者健康严重损害的，受害人有权要求经营者依照《消费者权益保护法》关于人身损害的民事责任等法律规定赔偿损失，并有权要求所受损失2倍以下的惩罚性赔偿。

☞【思考】

王某从某手机专卖店购得一部某品牌手机，专卖店表示售出的手机为进口原装最新款。王某买回使用半年后经常出现死机、通话质量差等问题，遂到维修点维修。维修点告知其手机已经过了保修期。后经有关部门鉴定为二手组装手机，质量不合格。王某想退货并要求加倍赔偿，但公司以商场告示写着“商品售出，概不退换”为由拒绝。请问：

1. 手机专卖店是否属于欺诈消费者？

2. 王某除要求退货外，还可以主张什么赔偿？

2. 行政责任

经营者有下列情形之一，除承担相应的民事责任外，其他有关法律、法规对处罚机关和处罚方式有规定的，依照法律、法规的规定执行；法律、法规未作规定的，由工商行政管理部门或者其他有关行政部门责令改正，可以根据情节单处或者并处警告、没收违法所得、处以违法所得 1 倍以上 10 倍以下的罚款，没有违法所得的，处以 50 万元以下的罚款；情节严重的，责令停业整顿、吊销营业执照。

（1）提供的商品或者服务不符合保障人身、财产安全要求的；

（2）在商品中掺杂、掺假，以假充真，以次充好，或者以不合格商品冒充合格商品的；

（3）生产国家明令淘汰的商品或者销售失效、变质的商品的；

（4）伪造商品的产地，伪造或者冒用他人的厂名、厂址，篡改生产日期，伪造或者冒用认证标志等质量标志的；

（5）销售的商品应当检验、检疫而未检验、检疫或者伪造检验、检疫结果的；

（6）对商品或者服务作虚假或者引人误解的宣传的；

（7）拒绝或者拖延有关行政部门责令对缺陷商品或者服务采取停止销售、警示、召回、无害化处理、销毁、停止生产或者服务等措施的；

（8）对消费者提出的修理、重作、更换、退货、补足商品数量、退还货款和服务费用或者赔偿损失的要求，故意拖延或者无理拒绝的；

（9）侵害消费者人格尊严、侵犯消费者人身自由或者侵害消费者个人信息依法得到保护的权利的；

（10）法律、法规规定的对损害消费者权益应当予以处罚的其他情形。经营者有上述规定情形的，除依照法律、法规规定予以处罚外，处罚机关应当记入信用档案，向社会公布。经营者对行政处罚决定不服的，可以依法申请行政复议或者提起行政诉讼。

3. 刑事责任

经营者违反《消费者权益保护法》规定提供商品或者服务，侵害消费者合法权益，构成犯罪的，依法追究刑事责任。

以暴力、威胁等方法阻碍有关行政部门工作人员依法执行职务的，依法追究刑事责任。国家机关工作人员玩忽职守或者包庇经营者侵害消费者合法权益的行为的，情节严重，构成犯罪的，依法追究刑事责任。经营者违反《消费者权益保护法》规定，应当承担民事赔偿责任和缴纳罚款、罚金，其财产不足以同时支付的，先承担民事赔偿责任。

第十一章　反不正当竞争法

☞【学习目标】

1. 理解反不正当竞争的立法意义
2. 了解《反不正当竞争法》的立法概况
3. 掌握不正当竞争行为的具体表现形式

第一节　反不正当竞争概述

一、不正当竞争行为的概念和特征

（一）不正当竞争行为的概念

不正当竞争行为，是指经营者违背自愿、平等、公平、诚实信用的原则和公认的商业道德，损害其他经营者的合法权益，扰乱社会经济秩序的行为。这里的经营者，是指从事商品经营或者营利性服务的法人、其他经济组织和个人。

（二）不正当竞争行为的特征

1. 主体的特定性

不正当竞争行为的主体是经营者。非经营者不是竞争行为主体，所以也不能成为不正当竞争行为的主体。但是在有些情况下，非经营者的某些行为也会妨害经营者的正当经营活动，侵害经营者的合法权益，这种行为也是反不正当竞争法的规制对象。如政府及其所属部门滥用行政权力妨害经营者的正当竞争行为就是这种类型。

2. 行为的反道德性

不正当竞争行为违背了自愿、平等、公平、诚实信用等公认的交易原则和商业道德。

3. 后果的危害性

不正当竞争行为的危害性后果主要表现在侵犯竞争者和消费者合法权益，损害市场机制和市场秩序。此外，商业贿赂等不正当竞争行为还败坏了社会风气。

二、反不正当竞争法的概念和调整对象

反不正当竞争法，是指调整在维护公平竞争、制止不正当竞争过程中发生的社会关系的法律规范的总称。

为保障社会主义市场经济的健康发展，鼓励和保护公平竞争，保护经营者的合法权

益，我国于 1993 年 9 月通过了《中华人民共和国反不正当竞争法》（以下简称《反不正当竞争法》），并于同年 12 月 1 日施行。《反不正当竞争法》主要调整的社会关系有：一是市场竞争中，经营者之间的不正当竞争关系；二是监督检查部门和市场竞争主体之间的竞争管理关系。

第二节 不正当竞争行为

《反不正当竞争法》采取列举方式，规定了 11 种不正当竞争行为：

一、欺骗性交易行为

欺骗性交易行为，是指经营者采用假冒、仿冒或者其他虚假手段从事市场交易牟取非法利益的行为。表现为：

（一）假冒他人注册商标

假冒他人注册商标的行为包括：（1）未经注册商标所有人的许可，在同一种商品或者类似商品上使用与其注册商标相同或者近似的商标的；（2）销售明知是假冒注册商标的商品的；（3）伪造、擅自制造他人注册商标标识或者销售伪造、擅自制造的注册商标标识的；（4）给他人的注册商标专用权造成其他损害的。

（二）擅自使用知名商品特有的名称、包装、装潢，或者使用与知名商品近似的名称、包装、装潢，造成和他人的知名商品相混淆，使购买者误认为是该知名商品

知名商品，是指在中国境内具有一定的市场知名度，为相关公众所知悉的商品。擅自使用，是指未经所有权人的许可而自行使用其知名商品的名称、包装、装潢。经营者在自己的非知名商品上擅自使用知名商品特有的或与其相似的名称、包装、装潢等，其结果是在市场上产生混淆，造成误认、误购，侵犯了知名商品经营者特定的知识产权，构成知名商品经营者利益的损害，同时也危害了消费者的利益。

（三）擅自使用他人的企业名称或姓名，引人误以为是他人商品

企业名称或经营者姓名是区别商品或者服务来源的重要营业标志。企业名称或者经营者姓名体现了经营者通过付出努力和资本获得的无形财产。保护企业名称或者经营者姓名主要是保护附于企业名称或者经营者姓名中的商业信誉。经营者凡未经他人许可而在市场中使用他人的企业名称或者姓名，引人误认为是他人商品的，均构成此不正当竞争行为。

（四）在商品上伪造或冒用认证标志、名优标志等质量标志，伪造产地，对商品质量作引人误解的虚假表示

认证标志，是指质量认证机构准许经其认证产品质量合格的企业在产品或者其包装使用的质量标志。名优标志，是指经国际或国内有关机构或社会组织评定为名优产品而发给经营者的一种质量荣誉标志。伪造产地，是指经营者为提高其商品信誉，隐匿其商品真实的产地，而在商品上标注为商业声誉较好的产地。这类不正当竞争行为并不侵犯

某个特定经营者的知识产权，它或虚构事实，或隐瞒事实真相，是对商品的质量、信誉作引人误解的虚假表示的欺诈性行为。

二、商业贿赂行为

商业贿赂，是指经营者为销售或购买商品而采用财物或者其他手段贿赂对方单位或者个人的不正当竞争行为。商业贿赂行为有如下特征：

（一）行为具有对合性

有行贿才有受贿，因此，商业贿赂包括行贿和受贿两个对合性行为。商业贿赂的行为主体也就包括行贿者和受贿者两个方面。《反不正当竞争法》规定，经营者不得采用财物或者其他手段进行贿赂以销售或者购买商品中在账外暗中给予对方单位或者个人回扣的，以行贿论处；对方单位或者个人在账外暗中收受回扣的，以受贿论处。

（二）以排斥竞争为目的

商业贿赂多存在于竞争较为激烈的商业活动当中，行贿的目的就是为了排挤竞争对手，使自己获得竞争优势。

（三）方式灵活多样

《反不正当竞争法》所说的“财物”是指现金和实物，包括经营者为销售或者购买商品，假借促销费、宣传费、赞助费、科研费、劳务费、咨询费、佣金等名义，或者以报销各种费用等方式，给付对方单位或者个人的财物；“其他手段”是指提供国内外各种名义的旅游、考察等财物以外的其他利益的手段。

《反不正当竞争法》规定，经营者销售或者购买商品，可以以明示方式给对方折扣，可以给中间人佣金。经营者给对方折扣、给中间人佣金的，必须如实入账。接受折扣、佣金的经营者必须如实入账。

☞【知识拓展】

如何区分回扣、折扣、佣金

折扣是指购销商品时价款总额按一定比例的扣除，即俗称的“打折”，在支付价款时立即扣除或者是先支付价款总额再退回一部分。佣金是指具有独立地位的中间商，如经纪人等为他人提供商业服务，撮合交易而得到的报酬。折扣和佣金在商品购销中是允许的，但给予和接受折扣或佣金的交易双方必须采用明示和入账的方式。回扣，是在商品交易中，一方在收取的货款中，扣出一部分送给对方或其委托代理人（指经办人）的钱财。回扣在形式上通常由卖方支付，用以酬谢买方或其委托代理人。但某些情况下也可能由买方支付给卖方或其代理人，如购买紧俏产品时，常出现这种情况。回扣实际上是对销售利益的再分配。账外暗中给付回扣是禁止的。账外指不入正规的财务账，暗中指不在合同、发票等中明确表示出来。账外、暗中指在商品购销中落入个人腰包或者单位小金库的那部分收入。这种回扣往往以各种名目出现，诸如手续费、茶水费、咨询费等。“回扣”作为商业贿赂的主要形式，正确区分回扣、折扣与佣金，有效制裁商业贿赂行为，有利于维护经济秩序，保障社会经济健康发展。

三、侵犯商业秘密行为

商业秘密，是指不为公众所知悉、能为权利人带来经济效益，具有实用性并经权利人采取保密措施的技术信息和经营信息。商业秘密是一类特殊的知识产权客体，它既不同于专利、商标等知识产权的一般客体，又区别于政治秘密、个人隐私等一般秘密。商业秘密有如下三个特征或要件：

（一）秘密性

秘密性，是指有关信息不为公众所知悉，正常情况下，不易获得或探明。这一特征也使商业秘密与专利技术相区别。专利技术是公开的、具有下列情形之一的，可以认定有关信息不构成不为公众所知悉：（1）该信息为其所属技术或者经济领域的人的一般常识或者行业惯例；（2）该信息仅涉及产品的尺寸、结构、材料、部件的简单组合等内容，进入市场后相关公众通过观察产品即可直接获得；（3）该信息已经在公开出版物或者其他媒体上公开披露；（4）该信息已通过公开的报告会、展览等方式公开；（5）该信息从其他公开渠道可以获得；（6）该信息无须付出一定的代价而容易获得。

（二）商业性

具有实用价值并能为权利人带来经济利益的商业秘密，受《反不正当竞争法》的保护。

（三）保密性

保密性，是指权利人对商业秘密采取了保密措施。根据《最高人民法院关于审理不正当竞争民事案件应用法律若干问题的解释》，所谓保密措施，是指权利人为防止信息泄露所采取的与其商业价值等具体情况相适应的合理保护措施。具有下列情形之一，在正常情况下足以防止涉密信息泄露的，应当认定权利人采取了保密措施：（1）限定涉密信息的知悉范围，只对必须知悉的相关人员告知其内容；（2）对于涉密信息载体采取加锁等防范措施；（3）在涉密信息的载体上标有保密标志；（4）对于涉密信息采用密码或者代码等；（5）签订保密协议；（6）对于涉密的机器、厂房、车间等场所限制来访者或者提出保密要求；（7）确保信息秘密的其他合理措施。

侵犯商业秘密，是指以不正当手段获取、披露、使用他人商业秘密的行为。根据《反不正当竞争法》及《关于禁止侵犯商业秘密行为的若干规定》的内容，侵犯商业秘密的行为主要包括：（1）以盗窃、利诱、胁迫或其他不正当手段获取权利人的商业秘密；（2）披露、使用或者允许他人使用以前项手段获取的权利人的商业秘密；（3）违反约定或违反权利人有关保守商业秘密的要求，披露、使用或允许他人使用其所掌握的商业秘密。第三人明知或应知前面三种违法行为，获取、使用或者披露他人的商业秘密，视为侵犯商业秘密行为。

四、不正当有奖销售行为

有奖销售，是指经营者以提供奖品或奖金的手段推销商品或提供服务的行为，主要包括附赠式和抽奖式两种形式。不正当有奖销售，是指经营者在销售商品或提供服务时，以欺骗或者其他不正当手段，附带提供给用户和消费者金钱、实物或其他好处，作为对交易的奖励。

我国《反不正当竞争法》及相关法律禁止的不正当有奖销售行为有：

（1）谎称有奖销售或者对中奖概率、最高奖金额、总奖金额、奖品种类、数量、质量、提供方法等作虚假不实表示的行为。

（2）采用不正当手段故意让内定人员中奖的行为。

（3）故意将设有中奖标志的商品、奖券不投放市场或者不与商品、奖券同时投放市场；故意将带有不同奖金金额或者奖品标志的商品、奖券按不同时间投放市场的行为。

（4）抽奖式的有奖销售最高奖金额超过5000元（以非现金的物品或者其他经济利益作为奖励的，按照同期市场同类商品或者服务的正常价格折算其金额）的行为。

（5）利用有奖销售的手段推销质次价高的商品。

（6）其他欺骗性有奖销售行为。

五、限定专购的限制竞争行为

公用企业，是指涉及公用事业的经营者，包括供水、供电、供热、供气、邮政、电信、交通、运输等行业的经营者。公用企业或其他依法具有独占地位的经营者，限定他人购买其指定的经营者的商品，排挤其他经营者的公平竞争行为即限制竞争行为。

限定他人购买其指定的经营者的商品情况有：（1）限定他人购买其自己提供的商品；（2）限定他人购买其下属单位提供的商品；（3）限定他人购买其指定的其他经营者提供的商品。公用企业或依法具有独占地位的经营者的限制竞争行为，妨碍了消费者选择权的行使，扰乱了公平竞争的市场秩序，因此为法律所禁止。

六、滥用行政权力限制竞争行为

滥用行政权力限制竞争行为即行政性垄断行为，是指政府及其所属部门滥用行政权力限定他人购买其指定的经营者的商品，限制其他经营者正当经营活动的行为。其表现形式多种多样，主要有：（1）限定客户和消费者只能购买行政部门下属企业或挂靠企业生产或经营的商品；（2）限定客户和消费者购买行政部门关系户的商品；（3）限定客户和消费者接受指定单位的有偿服务；（4）规定在本辖区内未经批准不得购买和销售某些外地商品；（5）在本辖区边界或交通要道设置检查站，阻止外地商品进入本地和阻止本地紧俏商品及重要原材料运往外地；（6）对进入本辖区的外地商品收取各种不合理的附加费等；（7）借口保护本地工商业企业，封锁市场信息等。

七、低价倾销行为

低价倾销行为，是指经营者以排挤竞争对手为目的，以低于成本的价格销售商品的行为。低价倾销行为违背了公平贸易的原则，冲击了正常的市场秩序，影响了正常的生产经营活动，属于不正当竞争。但《反不正当竞争法》规定，有下列情形之一的，不属于不正当竞争行为：（1）销售鲜活商品；（2）处理有效期限即将到期的商品或者其他积压的商品；（3）季节性降价；（4）因清偿债务、转产、歇业降价销售商品。

☞【思考】

价格大战对消费者有利吗？

2016年8月，晨曦纸厂推出“清新”牌餐巾纸，每箱价格为30元。该品牌投放市场以后，以其低廉的价格、良好的质量赢得了广大消费者的青睐。与此同时百花纸厂的“丽人”牌餐巾纸在市场上却无人问津。百花纸厂面对严峻的市场形式，作出战略调整，以每箱28元的价格投放市场。因百花纸厂的产品质量也不错，很快就赢得了一定的市场份额。2004年3月，晨曦纸厂将产品价格降为每箱25元。于是，双方打起了价格大战。2004年7月，百花纸厂为了彻底击垮对手，作出了大胆决定，以低于成本价的每箱18元的价格投放市场，并同时优化纸质。2005年2月，百花纸厂凭借其雄厚的实力终于将对手击垮。2005年2月19日，晨曦纸厂因产品滞销、财政困难而停产。2005年3月13日，晨曦纸厂向人民法院提起诉讼，状告百花纸厂的不正当竞争行为，并要求赔偿损失。

本案涉及以低于成本价格销售商品以排挤竞争对手的不正当竞争行为及其应承担的法律后果。第一，百花纸厂的行为构成不正当竞争行为。我国《反不正当竞争法》第11条规定，经营者不得以排挤竞争对手为目的，以低于成本的价格销售商品。而本案中百花纸厂以明显低于成本价（每箱18元）的价格销售餐巾纸，其目的是击垮其竞争对手晨曦纸厂，由此认定其行为构成不正当竞争。第二，百花纸厂应当承担的法律责任。根据《反不正当竞争法》第20条的规定，百花纸厂应当承担其行为给晨曦纸厂所造成的损失及其因此所支付的合理费用。

八、搭售或附加不合理条件的交易行为

搭售即搭配销售，是指经营者以购买接受其搭配的商品或服务为条件，与对方进行交易的行为。附加不合理条件进行交易的行为，主要是指经营者在销售价格、销售方式、销售对象等方面，要求对方与自己进行交易的行为。搭售或附加不合理交易条件行为严重侵犯了用户和消费者的自主权利，并且为推销质次价高产品甚至假冒产品提供了便利条件，属于不正当竞争行为。搭售或附加不合理交易条件行为，被认定为不正当竞争行为的前提，它违背了购买者的意愿。如果双方自愿达成协议，则不构成不正当竞争行为。

九、商业诽谤行为

商业诽谤行为，是指通过捏造、公开虚伪事实或虚假信息，对特定商事主体的商誉、商品或服务进行贬低和诋毁，造成其商业利益损失的侵权行为。商业诽谤行为具有以下特征：（1）行为主体是市场经营活动中的经营者，其他经营者如果受其指使从事商业诽谤行为的，可构成共同侵权人。（2）经营者的行为表现为捏造、散布虚假事实或者对真实的事件采用不正当的说法，对竞争对手的商誉进行诋毁、贬低，给其造成或可能造成一定的损害后果。（3）诽谤行为是针对一个或多个特定对手的。（4）经营者对其他竞争者进行诽谤，其目的是败坏对方的商誉，其主观心态是出于故意。

商业诽谤行为，是对竞争对手合法享有的商誉及商誉权的严重损害和侵犯。这种以损害竞争对手合法权益为手段的竞争行为，破坏了市场公平竞争的正常秩序，属于典型的不正当竞争行为。

☞【知识拓展】

商业诽谤可入刑

商业诽谤包括以下几种形式：最简单的是口头中伤，指口头向第三者（如客户）进行有关竞争者的不公正或不符合事实的陈述，即对竞争者的商誉或个人名誉的伤害。其次是书面诽谤，是指在与客户的书面文字交流中出现的不公正或不符合事实的陈述，包括给客户的信件、销售文字资料、广告或公司手册等。还有就是产品贬损，是指对竞争者的产品或服务进行不切实际或欺骗性的比较和歪曲性的评论。最后一种是不公平竞争，是指销售人员在进行产品介绍时对产品的性能或质量作出的不符合事实的表述。

《刑法》第221条规定，捏造并散布虚伪事实，损害他人的商业信誉、商品声誉，给他人造成重大损失或者有其他严重情节的，处2年以下有期徒刑或者拘役，并处或者单处罚金。《全国人民代表大会常务委员会关于维护互联网安全的决定》第3条规定，利用互联网损害他人商业信誉和商品声誉，构成犯罪的，依照刑法有关规定追究刑事责任。本条具体规定了两个罪名，即“损害商业信誉罪”和“损害商品声誉罪”。

十、串通投标行为

串通投标行为，是指投标者之间串通投标，抬高或压低标价，以及投标者为排挤竞争对手而与招标者相互勾结的行为。

按照国家工商局1998年1月发布的《关于禁止串通招标投标行为的暂行规定》的规定，招标者相互之间不得从事以下串通投标行为：（1）投标者之间相互约定，一致抬高或者压低投标报价；（2）投标者之间相互约定，在招标项目中轮流以高价位或者低价位中标；（3）投标者之间先进行内部竞价，内定中标人，然后再参加投标；（4）投标者之间其他串通投标行为。

投标者和招标者不得进行相互勾结，实施下列排挤竞争对手的公平竞争的行为：（1）招标者在公开开标前，开启标书，并将投标情况告知其他投标者，或者协助投标者撤换标书，更改报价；（2）招标者向投标者泄露标底；（3）投标者与招标者商定，在招标投标时压低或者抬高标价，中标后再给投标者或者招标者额外补偿；（4）招标者预先内定中标者，在确定中标者时以此决定取舍；（5）招标者和投标者之间其他串通招标投标行为。

十一、虚假宣传行为

虚假宣传行为，是指经营者利用广告或者其他方法，对商品的质量、制作方法、性能、用途、生产者、有效期限、产地等作引人误解的虚假宣传的行为。虚假宣传行为有以下特征：(1) 行为主体是经营者，包括广告商品和服务的经营者（广告主、广告经营者、广告发布者；(2) 宣传的内容与客观事实不符；(3) 足以引人误解。

《反不正当竞争法》规定，经营者不得利用广告或者其他方法，对商品的质量、制作成分、性能、用途、生产者、有效期限、产地等作引人误解的虚假宣传。广告的经营者不得在明知或者应知的情况下，代理、设计、制作、发布虚假广告。

☞【经典案例】

"金胆与银胆"

某省一保温瓶厂在新闻发布会上，公布了一条"惊世骇俗"的消息，声称我国百姓几十年来一直使用的保温瓶胆存在着砒霜渗透的问题。该厂为了弥补这一缺陷，经过几年的研制，生产出无毒的"金胆"，安全、可靠，这是保温瓶生产的一次革命。这一消息引起了广大消费者的关注，很多商家也关心这一问题，大家纷纷打听如何购买所谓的"金胆"。这家企业又及时地发出广告，开展"金胆"换"银胆"的销售活动，消费者只要交两元人民币可以用一个"银胆"换一个"金胆"，厂家大发其财。但是，与此同时，全国各地的"银胆"销售受到影响，厂家大量积压产品。另外，很多外国商人闻听此讯，也纷纷发出退货、解除合同等电文和传真。该保温瓶厂"金胆"产品的宣传、广告及销售方法，冲击了其他生产保温瓶厂家的生产、经营，给这些企业造了巨大的经济损失，触怒了许多生产"银胆"的厂家，纷纷要求工商行政管理部门、各级技术监督管理部门调查有关事实真相，为"银胆"平反。经过某省技术监督部门的技术鉴定，作出如下结论：一、普通的保温瓶所使用的"银胆"根本不存在砒霜渗透的问题；二、所谓的"金胆"和普通保温瓶使用的"银胆"在原材料、设计方法、外形、制造工艺等方面都完全一样。当地的工商行政部门经过调查也发现该保温瓶厂生产的所谓"金胆"实际上就是用换来的"银胆"冒充的。鉴于此，有关部门作出了如下处罚：一、责令该厂立即停止违法行为；二、在全国性的报纸杂志上登报一个月，澄清事实的真相，消除影响；三、赔偿"银瓶"生产厂家的经济损失；四、处以 20 万元的罚款。

本案例涉及经营者的虚假宣传行为构成不正当竞争及其法律责任问题。第一，保温瓶厂的虚假宣传行为已构成不正当竞争。按照我国《反不正当竞争法》第 9 条的规定，经营者不得利用广告或其他方法，对商品的质量、制作成分、性能、用途、生产者、有效期、产地等作引人误解的虚假宣传的。广告的经营者不得在明知或者应知的情况下，代理、设计、制作、发布虚假广告。本案保温瓶厂宣传其他保温瓶存在着砒霜渗透的问题，并声称自己所生产的保温瓶已经克服了该缺陷，实际上就是对其产品的性能作引人误解的虚假宣传，已经构成了不正当竞争。第二，保温瓶厂应当承担相应的法律责任。根据《中华人民共和国反不正当竞争法》第24条的规定，监督检查部门应当责令保温瓶厂停止违法行为，消除影响，并根据其情节处以1万元以上20万元以下的罚款。

第三节　对不正当竞争行为的监督检查

《反不正当竞争法》对不正当竞争行为进行的监督检查，既包括专门机构的监督检查，也包括其他组织和公民个人进行的社会监督。

一、监督检查部门

《反不正当竞争法》规定，县级以上人民政府工商行政管理部门对不正当竞争行为进行监督检查；法律、行政法规规定由其他部门监督检查的，依照其规定。在我国，县级以上人民政府工商行政管理部门及法律、行政法规规定的其他部门是对不正当竞争行为进行监督检查的部门。

二、监督检查部门的职权

县级以上监督检查部门对不正当竞争行为，可以进行监督检查。监督检查部门在监督检查不正当行为时，有权行使下列职权：

（一）询问权

监督检查部门有权按照规定的程序询问被检查的经营者、利害关系人、证明人，并要求提供证明材料或者与不正当竞争行为有关的其他资料；被检查的经营者、利害关系人和证明人应当如实提供有关资料或者情况。

（二）查询、复制权

监督检查部门在监督检查不正当竞争行为时，可以查询、复制与不正当竞争行为有关的协议、账册、单据、文件、记录、业务函电和其他资料。

（三）检查权

监督检查部门有权对与不正当竞争行为有关的财物进行检查，必要时可以责令被检查的经营者说明该商品的来源和数量，暂停销售，听候检查，不得转移、隐匿、销毁该财物。

（四）行政处罚权

监督检查部门有权对不正当竞争行为进行处罚，处罚的具体形式包括责令停止违法行为、消除影响、没收违法所得、吊销营业执照、处以罚款。

需要指出的是，监督检查部门的工作人员监督检查不正当竞争行为时，应当出示检查证件。这既是监督检查工作的程序之一，也是监督检查部门工作人员应遵守的义务。

第四节　法律责任

不正当竞争行为不但侵害了其他经营者甚至消费者的合法权益，而且破坏了良好公平的市场经济秩序，是一种违法行为，必须受到法律的制裁，承担相应的法律责任。我国《反不正当竞争法》对不正当竞争行为采取综合性的调整方式。违反《反不正当竞争法》，要根据情况分别承担民事责任、行政责任和刑事责任。

一、民事责任

不正当竞争行为的民事法律责任是指市场经营者违反法律规定，实施了不正当竞争行为，给其他经营者的合法权益造成了非法侵害所要承担的民事法律后果。不正当竞争行为应承担的损害赔偿责任是一种因侵权行为而承担的民事责任。不正当竞争行为给被侵害的经营者造成的损害主要是财产上的损害，所以承担损害赔偿责任的方式主要是赔偿财产损失，并以金钱赔偿为主，辅之以非财产损害的责任。

二、行政责任

行政责任以行政违法为前提，其后果则是行政制裁。追究行政法律责任的形式主要是行政处分和行政处罚。我国《反不正当竞争法》规定的行政责任形式主要有责令停止违法行为、责令改正、没收违法所得、罚款、吊销营业执照等。

三、刑事责任

不正当竞争的刑事法律责任是指经营者在市场经济活动中，违反《反不正当竞争法》，情节严重因而构成犯罪，依法应当承担的以刑罚为处罚形式的法律责任。其中，包括实施不正当竞争行为的经营者的刑事责任和监督检查不正当竞争行为的国家机关工作人员的刑事责任。

第十二章　反垄断法

☞【学习目标】

1. 理解垄断的概念及反垄断法的功能、制度体系
2. 掌握垄断协议、滥用市场支配地位、经营者集中、行政垄断的具体内涵及识别
3. 了解反垄断执法机构的职权及义务、垄断行为的法律责任及处罚措施

第一节　垄断法概述

一、反垄断法的概念、特征及规制对象

反垄断法的具体称谓和内容在不同的国家和不同的经济发展阶段有所不同，如德国称为限制竞争法，美国称为反托拉斯法，日本称为禁止垄断法。我国将反垄断法与反不正当竞争法一起并列称为竞争法，从不同角度维护竞争秩序。反垄断法是基于维护竞争自由，通过规制垄断与限制竞争行为而调整与竞争有密切联系的社会关系的法律规范的总称。我国反垄断法于第十届全国人民代表大会常务委员会第二十九次会议于2007年8月30日通过，并于2008年8月1日起实施，境外垄断行为对境内市场竞争产生排除、限制影响的，适用《反垄断法》。

反垄断与知识产权保护经营者依照有关知识产权的法律、行政法规规定行使知识产权的行为，不适用本法；但是，经营者滥用知识产权，排除、限制竞争的行为，适用本法。

农业生产者及农村经济组织在农产品生产、加工、销售、运输、储存等经营活动中实施的联合或者协同行为，不适用本法。

（一）反垄断法的特征

1. 反垄断法的内容主要是规制垄断与限制竞争行为

与反不正当竞争行为侧重维护公正、公平与正当、维持竞争秩序与竞争道德不同，反垄断法更强调自由，旨在防止或无或少，或强度减弱。反垄断法的基本内容重在维护竞争活力，以规制垄断和限制竞争为内容。

2. 反垄断法保障企业自由和消费者利益

反垄断法通过规制妨碍自由权利行使的行为并予以打击来保证企业自由地进入或退出某一产业，不受非法排斥；企业间协议固定产品价格或限制产品数量、划分市场等限制竞争行为都会使消费者利益受损，反垄断加以禁止实际上起到保护消费者利益的

作用。

3. 反垄断法提高经济效率

竞争反映效益价值，是一种理想的资源分配机制，以合理方法带来最大收益。

（二）反垄断法规制的对象

（1）垄断协议；（2）滥用市场支配地位；（3）经营者集中；（4）行政性垄断。

第二节　垄断行为的表现形式

一、垄断协议

（一）垄断协议概念

垄断协议是指排除、限制竞争的协议、决议或其他协同行为。这里协议是指两个或者两个以上的经营者通过书面协议或者口头协议的形式，就排除、限制竞争的行为达成一致意见；决议是指企业集团或者其他形式的企业联合体以决议的性质，要求其成员企业共同实施的排除、限制竞争的行为；其他协同行为是指企业之间虽然没有达成书面或者口头协议、决议，但相互进行了沟通，心照不宣地实施了协调的、共同的排除、限制竞争行为。

（二）垄断协议特征

（1）垄断协议的实施主体是两个以上的独立经营者；

（2）垄断协议的表现形式除书面协议或口头协议、决议外，还包括协同一致的行为；

（3）垄断协议具有限制竞争的目的或产生限制竞争的效果。

（三）垄断协议分类

1. 横向垄断协议

横向垄断协议是指在生产或者销售过程中处于同一阶段的经营者之间（如生产商之间、批发商之间、零售商之间）达成的协议。

禁止具有竞争关系的经营者达成下列垄断协议：

（1）固定或者变更商品价格；

（2）限制商品的生产数量或者销售数量；

（3）分割销售市场或者原材料采购市场；

（4）限制购买新技术、新设备或者限制开发新技术、新产品；

（5）联合抵制交易；

（6）国务院反垄断执法机构认定的其他垄断协议。

2. 纵向垄断协议

纵向垄断协议是指在生产或销售过程中处于不同阶段的经营者之间（如生产商和批发商之间、批发商与零售商之间）达成的协议。

禁止经营者与交易相对人达成下列垄断协议：

（1）固定向第三人转售商品的价格；

（2）限定向第三人转售商品的最低价格；

（3）国务院反垄断执法机构认定的其他垄断协议。

（四）垄断协议豁免

1. 垄断协议豁免定义

垄断协议的豁免是指经营者之间的协议、决议或者其他协同行为，虽然有排除、限制竞争的影响，但该类协议在其他方面所带来的好处要大于其对竞争的不利影响，因此法律规定对其豁免，即排除适用《反垄断法》的规定。

2. 豁免类型

经营者能够证明所达成的协议属于下列情形之一的，不适用《反垄断法》第 13 条、第 14 条的规定：（1）为改进技术、研究开发新产品的；（2）为提高产品质量、降低成本、提高效率，统一产品规格、标准或者实行专业化分工的；（3）为提高中小经营者经营效率，增强中小经营者竞争力的；（4）为实现节约能源、保护环境、救灾救助等社会公共利益的；（5）因经济不景气，为缓解销售量严重下降或者生产明显过剩的；（6）为保障对外贸易和对外经济合作中的正当利益的；（7）法律和国务院规定的其他情形。属于上述第 1 项至第 5 项情形，不适用本法第 13 条、第 14 条规定的，经营者还应当证明所达成的协议不会严重限制相关市场的竞争，并且能够使消费者分享由此产生的利益。

3. 法律责任

经营者违反本法规定，达成并实施垄断协议的，由反垄断执法机构责令停止违法行为，没收违法所得，并处上一年度销售额 1%以上 10%以下的罚款；尚未实施所达成的垄断协议的，可以处 50 万元以下的罚款。

经营者主动向反垄断执法机构报告达成垄断协议的有关情况并提供重要证据的，反垄断执法机构可以酌情减轻或者免除对该经营者的处罚。

行业协会违反本法规定，组织本行业的经营者达成垄断协议的，反垄断执法机构可以处 50 万元以下的罚款；情节严重的，社会团体登记管理机关可以依法撤销登记。

二、滥用市场支配地位

（一）市场支配地位的概念

市场支配地位是指经营者在相关市场内具有能够控制商品价格、数量或者其他交易条件，或者能够阻碍、影响其他经营者进入相关市场能力的市场地位。

（二）滥用市场支配地位的概念、特征、具体情形

1. 概念

滥用市场支配地位是指支配企业为维持或者增强其市场支配地位而实施的反竞争的行为。

2. 滥用市场支配地位的特征

（1）行为主体具有特定性，即行为主体是在市场上具有支配地位的企业，而非其他企业；

（2）行为目的具有特定性，实施滥用市场支配地位的目的是维持或增强其市场支配地位；

（3）行为具有反竞争性，即滥用行为是排除、限制竞争的行为。

3. 具体情形

禁止具有市场支配地位的经营者从事下列滥用市场支配地位的行为：

（1）以不公平的高价销售商品或者以不公平的低价购买商品；

（2）没有正当理由，以低于成本的价格销售商品；

（3）没有正当理由，拒绝与交易相对人进行交易；

（4）没有正当理由，限定交易相对人只能与其进行交易或者只能与其指定的经营者进行交易；

（5）没有正当理由搭售商品，或者在交易时附加其他不合理的交易条件；

（6）没有正当理由，对条件相同的交易相对人在交易价格等交易条件上实行差别待遇；

（7）国务院反垄断执法机构认定的其他滥用市场支配地位的行为。

（三）认定具有市场支配地位应当考虑的因素

认定经营者具有市场支配地位，应当依据下列因素：

（1）该经营者在相关市场的市场份额，以及相关市场的竞争状况；

（2）该经营者控制销售市场或者原材料采购市场的能力；

（3）该经营者的财力和技术条件；

（4）其他经营者对该经营者在交易上的依赖程度；

（5）其他经营者进入相关市场的难易程度；

（6）与认定该经营者市场支配地位有关的其他因素。

（四）市场支配地位的推定

有下列情形之一的，可以推定经营者具有市场支配地位：

（1）一个经营者在相关市场的市场份额达到 1/2 的；

（2）两个经营者在相关市场的市场份额合计达到 2/3 的；

（3）三个经营者在相关市场的市场份额合计达到 3/4 的。

有上述第 2 项、第 3 项规定的情形，其中有的经营者市场份额不足 1/10 的，不应当推定该经营者具有市场支配地位。

被推定具有市场支配地位的经营者，有证据证明不具有市场支配地位的，不应当认定其具有市场支配地位。

（五）法律责任

经营者违反规定，滥用市场支配地位的，由反垄断执法机构责令停止违法行为，没收违法所得，并处上一年度销售额 1%以上 10%以下的罚款。

三、经营者集中

（一）经营者集中的情形

（1）经营者合并；

（2）经营者通过取得股权或者资产的方式取得对其他经营者的控制权；

（3）经营者通过合同等方式取得对其他经营者的控制权或者能够对其他经营者施加决定性影响。

（二）申报制度

1. 申报

经营者集中达到国务院规定的申报标准的，经营者应当事先向国务院反垄断执法机构申报，未申报的不得实施集中。

2. 申报豁免

经营者集中有下列情形之一的，可以不向国务院反垄断执法机构申报：

（1）参与集中的一个经营者拥有其他每个经营者 50%以上有表决权的股份或者资产的；

（2）参与集中的每个经营者 50%以上有表决权的股份或者资产被同一个未参与集中的经营者拥有的。

3. 申报提交的文件、资料

经营者向国务院反垄断执法机构申报集中，应当提交下列文件、资料：（1）申报书；（2）集中对相关市场竞争状况影响的说明；（3）集中协议；（4）参与集中的经营者经会计师事务所审计的上一会计年度财务会计报告；（5）国务院反垄断执法机构规定的其他文件、资料。

申报书应当载明参与集中的经营者的名称、住所、经营范围、预定实施集中的日期和国务院反垄断执法机构规定的其他事项。

4. 资料补正

经营者提交的文件、资料不完备的，应当在国务院反垄断执法机构规定的期限内补交文件、资料。经营者逾期未补交文件、资料的，视为未申报。

（三）审查

1. 初步审查

国务院反垄断执法机构应当自收到经营者提交的符合《反垄断法》第 23 条规定的文件、资料之日起 30 日内，对申报的经营者集中进行初步审查，作出是否实施进一步审查的决定，并书面通知经营者。国务院反垄断执法机构作出决定前，经营者不得实施集中。

国务院反垄断执法机构作出不实施进一步审查的决定或者逾期未作出决定的，经营者可以实施集中。

2. 进一步审查

国务院反垄断执法机构决定实施进一步审查的，应当自决定之日起 90 日内审查完毕，作出是否禁止经营者集中的决定，并书面通知经营者。作出禁止经营者集中的决定，应当说明理由。审查期间，经营者不得实施集中。

有下列情形之一的，国务院反垄断执法机构经书面通知经营者，可以延长上述规定的审查期限，但最长不得超过 60 日：经营者同意延长审查期限的；经营者提交的文件、资料不准确，需要进一步核实的；经营者申报后有关情况发生重大变化的。国务院反垄断执法机构逾期未作出决定的，经营者可以实施集中。

3. 审查考虑的因素

审查经营者集中，应当考虑下列因素：

参与集中的经营者在相关市场的市场份额及其对市场的控制力；相关市场的市场集中度；经营者集中对市场进入、技术进步的影响；经营者集中对消费者和其他有关经营者的影响；经营者集中对国民经济发展的影响；国务院反垄断执法机构认为应当考虑的影响市场竞争的其他因素。

4. 禁止及其豁免

经营者集中具有或者可能具有排除、限制竞争效果的，国务院反垄断执法机构应当作出禁止经营者集中的决定。但是，经营者能够证明该集中对竞争产生的有利影响明显大于不利影响，或者符合社会公共利益的，国务院反垄断执法机构可以作出对经营者集中不予禁止的决定。

（四）法律责任

经营者违反本法规定实施集中的，由国务院反垄断执法机构责令停止实施集中、限期处分股份或者资产、限期转让营业以及采取其他必要措施恢复到集中前的状态，可以处50万元以下的罚款。

四、行政垄断

滥用行政权利排除、限制竞争，即通常所说的行政垄断。行为的主体是行政机关和法律、法规授权的具有管理公共事务职能的组织。

（一）行政机关和法律、法规授权

行政机关和法律、法规授权的具有管理公共事务职能的组织不得滥用行政权力，限定或者变相限定单位或者个人经营、购买、使用其指定的经营者提供的商品。

（二）禁止妨碍商品在地区之间自由流通

行政机关和法律、法规授权的具有管理公共事务职能的组织不得滥用行政权力，实施下列行为，妨碍商品在地区之间的自由流通：

（1）对外地商品设定歧视性收费项目、实行歧视性收费标准，或者规定歧视性价格；

（2）对外地商品规定与本地同类商品不同的技术要求、检验标准，或者对外地商品采取重复检验、重复认证等歧视性技术措施，限制外地商品进入本地市场；

（3）采取专门针对外地商品的行政许可，限制外地商品进入本地市场；

（4）设置关卡或者采取其他手段，阻碍外地商品进入或者本地商品运出；

（5）妨碍商品在地区之间自由流通的其他行为。

（三）禁止招标投标活动中的地方保护

行政机关和法律、法规授权的具有管理公共事务职能的组织不得滥用行政权力，以设定歧视性资质要求、评审标准或者不依法发布信息等方式，排斥或者限制外地经营者参加本地的招标投标活动。

（四）禁止排斥或者限制在本地投资或者设立分支机构

行政机关和法律、法规授权的具有管理公共事务职能的组织不得滥用行政权力，采取与本地经营者不不等待遇等方式，排斥或者限制外地经营者在本地投资或者设立分支机构。

（五）禁止强制经营者从事垄断行为

行政机关和法律、法规授权的具有管理公共事务职能的组织不得滥用行政权力，强制经营者从事本法规定的垄断行为。

（六）禁止制定含有排除、限制竞争内容的规定

行政机关不得滥用行政权力，制定含有排除、限制竞争内容的规定。

第三节　法律责任

一、反垄断执法机构

根据我国《反垄断法》第 9 条、第 10 条规定，并结合我国反垄断执法权的实际配置情况看，我国反垄断执法机构主要是国务院反垄断委员会、商务部、国家工商总局以及国家发改委。各执法机构的职权如下：

（一）反垄断委员会职责

国务院反垄断委员会负责组织、协调、指导反垄断工作，履行职责包括：研究拟定有关竞争政策；组织调查、评估市场总体竞争状况，发布评估报告；制定、发布反垄断指南；协调反垄断行政执法工作；国务院规定的其他职责。除此以外，国务院可以根据实际需要，赋予国务院反垄断委员会其他职责，以更好地执行反垄断法。

（二）商务部职责

商务部主要负责对经营者集中行为进行反垄断审查，指导企业在国外的反垄断应诉工作，开展多双边竞争政策交流与合作。另外，商务部承担《反垄断法》规定的国务院反垄断委员会具体工作。

（三）国家工商总局职责

国家工商总局负责垄断协议、滥用市场支配地位、滥用行政权力排除限制竞争方面的反垄断执法工作（依法查处不正当竞争、商业贿赂、走私贩私等经济违法行为）。

（四）国家发改委职责

国家发改委负责组织制定和调整少数由国家管理的重要商品价格和重要收费标准，依法查处价格违法行为和价格垄断行为。

除《反垄断法》规定的上述反垄断指导部门和执法部门外，《反不正当竞争法》还规定可以依法设置其他反垄断监督检查机关。目前依据此项规定设置的机构主要是行业行政管理机构，如证监会、银监会、保监会、邮政局、信息产业部、电监会、民航总局、交通部等。这些部门被授予法定职权，在其主管的行业范围内执行反垄断法。此外，根据《反垄断法》的规定，国务院反垄断执法机构可以根据工作需要授权省、自

治区、直辖市人民政府的相应机构，依照反垄断法的规定负责有关反垄断执法工作。因此，省、自治区、直辖市人民政府的工商行政管理部门、商务主管部门、发展和改革部门，也可以依授权成为反垄断执法机构。

二、调查程序及职权

（一）调查的启动

调查的启动，涉及由何种主体以何种方式启动对涉嫌垄断、限制竞争行为的调查。我国《反垄断法》将此项权利赋予了反垄断执法机构和私人主体，该法第 38 条作了如下规定：第 1 款规定：“反垄断执法机构依法对涉嫌垄断行为进行调查。”第 2 款规定：“对涉嫌垄断行为，任何单位和个人有权向反垄断执法机构举报。”鼓励和保障私人举报涉嫌垄断的行为。同时，还要求反垄断执法机构采取保密措施以保障举报人的权利。第 3 款规定：“举报采用书面形式并提供相关事实和证据的，反垄断执法机构应当进行必要的调查。”

（二）调查措施

调查措施是指反垄断执法机构在对涉嫌垄断行为的调查过程中依法可以采取的措施。根据《反垄断法》第 39 条的规定，反垄断执法机构调查涉嫌垄断行为，可以采取下列措施：

1. 进入有关场所进行检查

检查有关场所指反垄断执法机构的执法人员可以依法进入被调查的经营者的营业场所或者其他有关的场所进行实地搜寻、查看。

2. 询问有关人员

询问有关人员指反垄断执法机构的执法人员可以依法询问被调查的经营者利害关系人或者其他有关单位或者个人，要求其说明有关情况。

3. 查阅、复制有关资料

反垄断执法机构的执法人员可以依法通过查阅、复制或者要求被调查的经营者利害关系人或者其他单位和个人提供等方式，获取有关单证、协议、会计账簿、业务函电、电子数据文件、资料等。

4. 查扣相关证据

查扣相关证据指在行为人存在重大违法嫌疑并具有销毁证据的危险时，反垄断执法机构的执法人员可以依法查封、扣押涉嫌垄断行为的证据材料。

5. 查询经营者的银行账户

查询经营者的银行账户是指反垄断执法机构的执法人员在必要的情况下，可以依法对经营者的银行账户进行查询，以了解其财产状况和赢利情况，判断其是否构成违法。

反垄断执法机构在采取以上的调查措施时必须严格依照有关的程序性规则：采取调查措施应由反垄断执法机构主要负责人书面批准；调查涉嫌垄断行为，执法人员不得少于两人，并应当出示执法证件；执法人员进行询问和调查，应当制作笔录，并由被询问人或者被调查人签字；执法人员在调查过程中应该实行回避制度。

三、法律责任

反垄断执法机构对违法经营者的处罚类型主要有：责令停止违法行为、没收违法所得以及罚款。反垄断执法机构在确定罚款的具体数额时，应当考虑违法行为的性质、程度和持续的时间等因素，以确保处罚的公正性。

经营者违反本法条规定，达成并实施垄断协议的，由反垄断执法机构责令停止违法行为，没收违法所得，并处上一年度销售额1%以上10%以下的罚款；尚未实施所达成的垄断协议的，可以处50万元以下的罚款。

行业协会违反《反垄断法》的规定，组织本行业的经营者达成垄断协议的，反垄断执法机构可以处50万元以下的罚款；情节严重的，社会团体登记管理机关可以依法撤销登记。

经营者违反《反垄断法》的规定，滥用市场支配地位的，由反垄断执法机构责令停止违法行为，没收违法所得，并处上一年度销售额1%以上10%以下的罚款。

经营者实施垄断行为，给他人造成损失的，依法承担民事责任。

对反垄断执法机构依据《反垄断法》第28条、第29条作出的决定不服的，可以先依法申请行政复议；对行政复议决定不服的，可以依法提起行政诉讼。

对反垄断执法机构作出的上述规定以外的决定不服的，可以依法申请行政复议或者提起行政诉讼。

☞【延伸阅读】

美国司法部调查微软垄断案

案件的起因源于1994年4月，微软公司的竞争对手网景公司使全球用户都可以通过其“航行者”浏览器接入互联网。同年7月，美国政府与微软达成一项协议，微软同意不再要求计算机制造商将其视窗操作系统作为必备软件安装。这一协议在1995年获得美国地区法官托马斯·潘菲尔德·杰克逊（Thomas Penfield Jackson）的批准。10月，微软公司开发名为“探索者”的互联网浏览器。1995年5月，微软创始人比尔·盖茨对该公司的互联网战略进行了调整。同年11月，微软推出“探索者”2.0版，该软件据称性能比不上网景公司的“航行者”，但用户可以免费使用。

1997年10月，微软将其浏览器与视窗操作系统进行捆绑出售，这使得美国司法部指控该公司违反了法官托马斯·潘菲尔德·杰克逊于1995年批准的协议。同年12月11日，杰克逊法官发布指令，要求微软停止将“探索者”浏览器与视窗95操作系统或任何更新版本操作系统进行捆绑出售。微软不服并提出上诉。

1998年5月16日，在与微软公司长达11小时的谈判最终以破裂结束后，美国司法部和20个州（南卡罗来纳州后来退出）及哥伦比亚特区代表于5月18日正式联合提出微软公司违反反托拉斯法的诉讼。美国司法部等指控微软公司在1995年与当时最大的浏览器提供商网景公司协商，希望划分浏览器市场，遭到拒绝后要求个人电脑制造商如要安装视窗95操作系统就必须同意在该系统上预先安装上“探索者”浏览器。不仅如此，微软公司又推出视窗98操作系统，该系统含有“探索者”浏览器在内，而且微软公司还通过合同和技术手段限制个人电脑制造商和经销商从视窗操作系统上去掉该浏览器。这使得消费者在购买个人电脑时，在安装操作系统的同时还得到已在系统中的“探索者”浏览器。美国司法部认为这样做属于“捆绑式销售”，消费者因此而不会再去购买其他浏览器，从而破坏了公平的竞争环境，影响了消费者在不受任何干扰的情况下自由选择的权利。而微软公司则声称微软对创造性和推进软件这一创新性产业作出了重要贡献，对其诉讼既损害了微软为消费者创新的权利，也限制了消费者对创新技术和产品的选择自由。比尔·盖茨称美国政府反托拉斯部门试图设计软件来干预美国这一最为成功的产业，这无疑会使走向21世纪的消费者和个人电脑工业倒退，生产力的发展将受到阻碍，纳税人将为此付出高昂的代价。尽管此次诉讼涉及的范围较之于此前针对微软公司的任何其他反托拉斯调查都要广泛，并有史以来第一次提出个人电脑制造商自由安装计算机启动时的首屏，但此次双方诉争的焦点集中在浏览器软件上。

1998年6月23日，上诉法院裁决微软胜诉，驳回地方法院杰克逊法官所作出的勒令微软暂时停止捆绑销售操作系统和“探索者”的临时处分命令。驳回的理由是，在作出该决定时没有给微软辩护的机会。微软公司有权将其浏览器与视窗98操作系统不受1997年12月华盛顿特区地方法院针对视窗95操作系统作出的“预先禁止令”的约束，要如期向厂商及用户发售。6月25日，视窗98操作系统与“探索者”浏览器实现完全的融合。这些显然与司法部等控方的诉讼目的背道而驰。为了不影响视窗98操作系统的发售，比尔·盖茨多次亲自出马到全国各地演讲，反复强调视窗98操作系统是“集成”了而不是“捆绑”了浏览器功能，如果将浏览器从视窗98操作系统中移出，无疑将严重影响其主要功能。而IBM、Compaq、Intel等28家公司总裁和董事长亦在与盖茨磋商后，联名上书司法部，称视窗98操作系统的任何人为拖延都将有害于美国经济的发展。作为竞争对手的Netscape、Sun、Oracle等公司也毫不示弱地成立了“数字时代促进竞争与创新计划”集团。面对微软公司在浏览器问题上的辩护，司法部等控方针锋相对地指出，既然把浏览器集成到视窗98操作系统中可以给消费者带来更好的福利，那么把网景公司的“航行者”浏览器一起集成进去不是可以为消费者增加更多的选择吗？从实际情况来看，在微软采用上述销售手段以前，“航行者”浏览器一度占有80%的市场份额，而微软只有3%~4%；到了1998年初，“探索者”浏览器已达到了50%以上的市场占有率。这样，微软也就难以逃脱企图在浏览器这种应用软件领域滥用其操作系统的市场垄断优势来挤垮对手的嫌疑。

在接下来双方的谈判中，微软曾作出让步，答应在视窗98操作系统中为“航行者”浏览器提供直接链接通路，但联邦和各州司法部态度坚决：要么把“航行者”浏览器装进视窗98操作系统，要么连“探索者”浏览器一起卸除，除此之外别无选择。而这，是微软无论如何也无法接受的。

而司法部能否在这场官司中胜诉，关键在于它能否有足够的证据证明微软公司滥用市场优势，并因此损害了消费者的利益。有民意测验表明，多数美国公众更加倾向于微软公司，认为政府不应该拿微软开刀。甚至美国总统克林顿也在表示充分信任和支持司法部打这场官司的同时透出几分担忧，认为这一诉讼案件“有可能对我们的经济产生重大影响”。

被称为“世纪末审判”的微软案正式开庭审理的时间推迟到1998年10月19日，这一天对于整个计算机和网络产业来说，是决定未来走向的关键之日。双方辩论异常激烈。1999年2月27日，第一阶段的审理结束。3月，微软与美国政府就庭外和解进行协商。8月10日，诉讼双方向法庭提供所有相关证据。

1999年11月5日，美国联邦法官托马斯·杰克逊公布关于微软公司垄断事实的调查报告，初步认定微软公司利用其视窗操作系统垄断市场，从而阻碍了竞争和创新，损害了消费者的利益。杰克逊随后任命芝加哥联邦上诉法院法官理查德·A. 波斯纳（RichardA. Posner）担任司法部和微软公司之间的调解员，希望双方能够达成庭外和解。2000年1月13日，比尔·盖茨辞去微软首席执行官一职，声称他将集中精力进行互联网软件的开发。2月22日，杰克逊法官进一步听取案件辩论。3月24日，微软提交一份包括多项措施在内的“最终”和解建议，但美国司法部方面认为微软的让步还不够。4月1日，波斯纳法官宣布四个多月的调解没有弥补双方的分歧，美国司法部与微软间的商谈未能达成最终协议，调解失败。

2000年4月3日，美国地方法院法官杰克逊宣布微软违反了美国反垄断法。微软公司被认定的事实是：一、通过不正当竞争行为维持对个人电脑操作系统市场的垄断；二、企图垄断浏览器市场；三、将其IE浏览器与操作系统捆绑。在微软公司案违法行为的判决中，杰克逊法官认为，微软公司在个人电脑操作系统市场上滥用其独占地位，严重违反了反托拉斯法。长达43页的裁决书历数了微软公司的违法行为，例如，“微软公司通过反竞争的手段试图独占网络浏览器市场，维持其垄断力量，这些行为违反了《谢尔曼法》第2条；微软公司还在其操作系统上搭售网络浏览器，违反了《谢尔曼法》第1条”。裁决书写道：“法庭认为微软通过采取反竞争手段而巩固了其垄断势力。”2000年6月7日，杰克逊法官对微软公司案作出最终判决，将微软公司分解为两个独立的公司，一个经营电脑操作系统，另一个经营此外的应用软件、“探索者”浏览器其他业务。这份反垄断判决是自1984年分解AT&T以来，美国最大的法庭强令分解公司判决。至此，被称为“世纪末审判”的美国司法部诉微软公司案暂时告一段落。

美国司法部起诉微软公司垄断案启示我们充分的市场竞争才有利于经济的可持续发展、有利于消费者的长远利益。微软公司本来就是这种竞争机制的产物。只要自由竞争机制长存，就会孕育出一系列“微软”。但若有人破坏这种孕育“微软”的市场土壤，就会受到反垄断法的制裁。

第十三章　劳　动　法

☞【学习目标】

1. 理解劳动法的概念和调整对象
2. 熟悉劳动合同种类、劳动合同解除和终止的情形
3. 理解并掌握劳动争议的解决途径，能够运用所学的内容订立劳动合同，解决实际问题

第一节　劳　动　法

一、劳动法概述

（一）劳动法的概念

劳动法是调整劳动关系以及与劳动关系密切联系的其他社会关系的法律规范的总和。

我国劳动法的概念有广义和狭义之分。狭义劳动法一般是指国家最高立法机关制定、颁布的全国性的综合性的劳动法，即法典式的劳动法，主要是指全国人大常委会1994年通过、1995年施行的《中华人民共和国劳动法》（以下简称《劳动法》）。广义上的劳动法，是指调整劳动关系以及与劳动关系有密切联系的其他社会关系的法律规范的总称。

（二）劳动法的调整对象

劳动法的调整对象是指劳动法的作用范围。我国劳动法具有自己特定的调整对象，与其他法律部门的调整对象有着严格的区别。劳动法的调整对象是劳动关系以及与劳动关系有密切联系的其他社会关系。其中，劳动关系是劳动法调整的最基本的社会关系。

（三）劳动关系及相关社会关系

1. 劳动关系

劳动关系，是指人们在劳动过程中发生的社会关系。在我国，劳动关系具体表现为在运用劳动能力、实现劳动过程，劳动者与用人单位之间发生的社会劳动关系。作为劳动法调整对象的劳动关系，具有以下特征：劳动关系的当事人一方固定为劳动力所有者和支出者，称为劳动者；另一方当事人固定为生产资料占有者和劳动力使用者，称为用人单位。这种社会关系与劳动有直接的联系，劳动是其内容。

劳动关系是人身关系属性和财产关系属性相结合的社会关系。

2. 与劳动关系密切联系的其他社会关系

(1) 劳动管理方面的关系。

(2) 处理劳动争议而发生的关系。

(3) 劳动保险方面的关系。

(4) 工会活动方面的关系。

(5) 监督劳动法律执行方面的关系。

(四) 劳动法的适用范围

《劳动法》规定，在中华人民共和国境内的企业、个体经济组织（以下统称用人单位）和与之形成劳动关系的劳动者，适用本法。国家机关、事业组织、社会团体和与之建立劳动合同关系的劳动者，依照本法执行。这表明我国劳动法调整的劳动关系的范围包括：

(1) 企业、个体经济组织的劳动关系都由劳动法调整。其中的“企业”包括各种法律形态、各种所有制形式、各种行业的企业。

(2) 国家机关、事业单位和社会团体的劳动关系中，仅限于劳动合同关系由劳动法调整。就其劳动者范围而言包括国家机关、事业单位和社会团体的工勤人员，实行企业化管理的事业单位的职员，以及其他通过劳动合同（含聘用合同）与国家机关、事业单位和社会团体确立劳动关系的劳动者。国家机关、事业单位和社会团体的非合同劳动关系，由国家公务员法相关法律调整，而不由劳动法调整。

二、劳动者的权利和义务

(一) 劳动者的权利

劳动者的权利，是指劳动者依照法律享有的权利和享受的利益。根据《劳动法》的规定，劳动者享有如下权利：(1) 平等就业和选择职业的权利；(2) 取得劳动报酬的权利；(3) 休息休假的权利；(4) 获得劳动安全卫生保护的权利；(5) 接受职业技能培训的权利；(6) 享受社会保险和福利的权利；(7) 提请劳动争议处理的权利以及法律规定的其他劳动权利。

(二) 劳动者的义务

劳动者的义务，是指劳动者必须履行的责任。根据《劳动法》的规定，劳动者的义务主要包括：(1) 劳动者应当完成劳动任务；(2) 提高职业技能；(3) 执行劳动安全卫生规程；(4) 遵守劳动纪律和职业道德；(5) 保守用人单位的商业秘密、竞业限制，维护用人单位的信誉。

三、用人单位的权利和义务

(一) 用人单位的权利

用人单位的权利一般包括：

1. 录用职工方面的权利

按照国家规定和本单位需要择优录用职工，用人单位可以自主决定招工的时间、条件、人数、用工形式等。

2. 劳动组织方面的权利

按照国家规定和实际需要确定机构、编制和上岗资格条件，任免、聘用管理人员和技术人员，对职工进行内部调配和劳动组合，并对职工的劳动实施指挥和监督。

3. 劳动报酬分配方面的权利

按照国家规定确定工资分配办法，自主决定晋级增薪、降级减薪的条件和时间等。

4. 劳动纪律方面的权利

用人单位有权制定劳动纪律方面的规章制度并予以实施，决定对职工的惩罚。

5. 决定劳动法律关系存续方面的权利

用人单位可以与职工签订、续订、变更或者解除劳动合同，在具备法定或约定条件时，可以单方解除劳动合同。

(二) 用人单位的义务

用人单位的义务一般包括：（1）支付劳动报酬的义务；（2）保护职工的义务；（3）帮助职工的义务；（4）合理使用职工的义务；（5）培训职工的义务；（6）必须执行劳动法规、劳动政策和劳动标准的义务；（7）接受国家劳动计划的指导，服从劳动行政部门以及其他有关国家机关的管理和监督义务。

四、工作时间、休假休息、劳动报酬、劳动保护法律制度

(一) 工作时间制度

工作时间又称法定工作时间，是指劳动者依法必须为用人单位从事生产或工作的时间。工作时间的表现形式主要有两种，即工作日和工作周。我国所有关于工作时间的法律规范的总和，构成我国工作时间制度，简称工时制度。根据法律规定，我国的工时制度可以分为六种，即标准工时制度、缩短工时制度、延长工时制度、综合计算工时制度、不定时工时制度、计件工时制度。

1. 标准工时制度

标准工时制度，是法律规定的用人单位在一般情况下普遍实行的工作时间制度。国家机关、社会团体和企业事业单位等用人单位在没有特殊需要的情况下都应该执行标准工作时间。目前，我国实行的标准工作时间是：职工每日工作 8 小时，每周工作 40 小时。标准工作时间是确定其他工作时间制度的基准。

2. 缩短工时制度

缩短工时制度，是指在特殊条件下从事劳动或有特殊情况时，法律规定在保证完成生产和工作任务的前提下适当缩短工作时间的一种工时制度。根据法律规定，缩短工作时间制度适用于从事矿山井下、高山作业、有毒有害、特别繁重或过度紧张的体力劳动者，从事夜班工作的劳动者，哺乳期内的女职工。

3. 延长工时制度

延长工时制度，是指超过标准工作日长度的工作时间，即超过 8 小时的工作时间制度。延长工时制度适用于从事受自然条件和技术条件限制的突击性或季节性工作以及完成其他紧急任务的职工。忙季工作时间可以超过标准工作时间，但每日最长不得超过 11 小时，闲季工作时间可以适当缩短。对延长工时者应当给予同等时间的补休，确实

无法补休的，可按照规定加发工资。

4. 综合计算工时制度

综合计算工时制度，是针对因工作性质特殊，需连续作业或者受季节及自然条件限制的企业的部分职工，采用的以周、月、季、年等为周期综合计算工作时间的一种工时制度，但其平均日工作时间和平均周工作时间应与法定标准工作时间基本相同。主要是指：交通、铁路、邮电、水运、航空、渔业等行业中因工作性质特殊，需要连续作业的职工；地质、石油及资源勘探、建筑、制盐、制糖、旅游等受季节和自然条件限制的行业的部分职工；亦工亦农或由于受能源、原材料供应等条件限制难以均衡生产的乡镇企业的职工等。另外，对于那些在市场竞争中，由于外界因素影响，生产任务不均衡的企业的部分职工也可以参照综合计算工时制度的办法实施。

5. 不定时工时制度

不定时工时制度，是针对因生产特点、工作特殊需要或职责范围的关系，无法按标准工作时间衡量或需要机动作业职工所采用的一种工时制度。如企业中从事高级管理、推销、货运、装卸、长途运输驾驶、押运、非生产性值班和特殊工作形式的个体工作岗位的职工，出租车驾驶员等，可实行不定时工时制度。

6. 计件工时制度

计件工时制度，是指以劳动者完成一定劳动定额为标准的一种工时制度。对实行计件工作的劳动者，用人单位应当按照国家规定的工时制度合理确定其劳动定额和计件报酬标准。实行计件工作的用人单位，必须以劳动者在一个标准工作日（一昼夜工作 8 小时）和一个标准工作周（一周工作 40 小时，每周工作 5 天）的工作时间内能够完成的计件数量为标准，确定劳动者日或周的劳动定额，超过这个标准就等于延长了职工的工作时间，侵犯了职工的合法权益。由此可见，计件工作时间实际上是标准工作时间的特殊转化形式，但又比标准工作时间具有更大的灵活性。

（二）休息休假制度

休息休假制度，是指劳动者在法定的工作时间以外能够自行支配的时间。我国劳动法律法规对劳动者的休息、休假时间作了规定。

1. 周休息日

用人单位应当保证劳动者每周至少休息 1 日。周休日又称公休假日，是劳动者工作 1 周之后的休息时间。由于有的企业因生产、工作需要，必须连续工作的，企业必须按照规定给予统筹安排，保证劳动者每周至少休息 1 天，即至少有一次 24 小时不间断的休息。有的企业因工作特殊情况，劳动者不能在休息日休息的，企业应当安排轮流工作制度，给予劳动者相等时间的补休。按照国家现行的劳动工时制度，一个工作周为 5 天，即工作 5 天可以休息 2 天。

2. 法定节日

法定节日是指国家法律统一规定的全体公民或部分公民的休息日。根据 2007 年 12 月 14 日《国务院关于修改〈全国年节及纪念日放假办法〉的决定》（以下简称“办法”）的规定，法定节日主要有以下几种：全体公民放假的节日；部分公民放假的节日及纪念日；探亲假；带薪年休假。

(1) 全体公民放假的节日。用人单位在下列节日期间应当依法安排劳动者休假：新年春节、清明节、劳动节、端午节、中秋节、国庆节。

(2) 部分公民放假的节日及纪念日。部分公民放假的节日及纪念日有：妇女节（3月8日，妇女放假半天）；青年节（5月4日，14周岁以上的青年放假半天）；儿童节（6月1日，不满14周岁的少年儿童放假1天）；中国人民解放军建军纪念日（8月1日，现役军人放假半天）。部分公民放假的假日，如果适逢星期六、星期日，则不补假期。

该办法规定，少数民族习惯的节日，由各少数民族聚居地区的地方人民政府，按照各该民族习惯，规定放假日期。二七纪念日、五卅纪念日、七七抗战纪念日、九三抗战胜利纪念日、九一八纪念日、教师节、护士节、记者节、植树节等其他节日、纪念日，均不放假。

(3) 探亲假。为了解决职工同亲属长期远居两地的探亲问题，国家规定了探亲假制度。凡在国家机关、人民团体和全民所有制企业、事业单位工作满1年的固定职工，与配偶不住在一起，又不能在公休假日团聚的，可以享受探望配偶的待遇；与父亲、母亲都不住在一起，又不能在公休假日团聚的，可以享受探望父母的待遇。

(4) 带薪年休假。机关、团体、企业、事业单位、民办非企业单位、有雇工的个体工商户等单位的职工连续工作1年以上的，享受带薪年休假。单位应当保证职工享受年休假。职工在年休假期间享受与正常工作期间相同的工资收入。

（三）劳动报酬

1. 工资制度

(1) 工资支付的项目。一般包括计时工资、计件工资、奖金、津贴和补贴、延长工作时间的工资报酬以及特殊情况下支付的工资。但劳动者的以下劳动收入不属于工资范围：①单位支付给劳动者个人的社会保险福利费用；②劳动保护方面的费用；③按规定未列入工资总额的各种劳动报酬及其他劳动收入。

(2) 工资支付的时间。我国工资支付的法律规章明确规定，工资应当以货币形式按月支付给劳动者本人，不得克扣或者无故拖欠劳动者工资。劳动者在法定休假日和婚丧假期间以及依法参加社会活动期间，用人单位应当依法支付工资。

工资应当按月支付，是指按照用人单位与劳动者约定的日期支付工资。如遇节假日或休息日，则应提前在最近的工作日支付。工资至少每月支付一次，对于实行小时工资制和周工资制的人员，工资也可以按周、日、小时发放。对完成一次性临时劳动或某项具体工作的劳动者，用人单位应按有关协议或合同规定在完成劳动任务后即支付工资。劳动关系双方依法解除或终止劳动合同时，用人单位应在解除或终止劳动合同时一次付清劳动者工资。

(3) 特殊情况下的工资支付。

①依法参加社会活动期间工资的支付。劳动者在法定工作时间内依法参加社会活动期间，用人单位应视同其提供了正常劳动而支付工资。如依法行使选举权或被选举权等。

②按劳动合同规定的标准支付劳动者工资。停工、停产时工资支付。非因劳动者原

因造成单位停工停产在一个工资支付周期内的，用人单位应按劳动合同规定的标准支付劳动者工资。超过一个工资支付周期的，若劳动者提供了正常劳动，则支付给劳动者的劳动报酬不得低于当地的最低工资标准；若劳动者没有提供正常劳动，应按国家有关规定办理。

③加班、加点工资的支付。用人单位在劳动者完成劳动定额或规定的工作任务后，根据实际需要安排劳动者在法定标准工作时间以外工作的，应按以下标准支付工资：用人单位依法安排劳动者在日法定标准工作时间以外延长工作时间的，按照不低于劳动合同规定的劳动者本人小时工资标准的150%支付劳动者工资；用人单位依法安排劳动者在休息日工作，而又不能安排补休的，按照不低于劳动合同规定的劳动者本人日或小时工资标准的200%支付劳动者工资；用人单位依法安排劳动者在法定休假节日工作的，按照不低于劳动合同规定的劳动者本人日或小时工资标准的300%支付劳动者工资。

④用人单位依法破产时工资的支付。用人单位依法破产时，劳动者有权获得其工资。在破产清偿中用人单位应按《企业破产法》规定的清偿顺序，首先支付本单位劳动者工资。

⑤关于特殊人员的工资支付。劳动者受行政处分后仍在原单位工作或受刑事处分后重新就业的，应主要由用人单位根据具体情况自主确定其工资报酬；劳动者受刑事处分期间，其待遇按国家有关规定执行。

2. 工资的保障

工资保障，是为劳动者提供的使其工资足以成为其生活主要来源和维持基本生活的一系列法定措施。

（1）最低工资保障制度。最低工资标准，是指劳动者在法定工作时间或依法签订的劳动合同约定的工作时间内提供了正常劳动的前提下，用人单位支付的最低金额的劳动报酬。劳动者依法享受带薪年休假、探亲假、婚丧假、生育（产）假、节育手术假等国家规定的假期间，以及法定工作时间内依法参加社会活动期间，视为提供了正常劳动。获得最低工资是劳动者劳动报酬权利中最基本的内容，受到国家的法律保障。实行计件工资或提成工资等工资形式的企业，必须进行合理的折算，其相应的折算不得低于按时、日、周、月确定的相应的最低工资率。最低工资的具体标准由省、自治区、直辖市人民政府规定，报国务院备案。

（2）工资支付保障。对劳动者获得的全部应得工资及其所得工资支配权的保障。工资应当以货币形式按月支付给劳动者本人，不得克扣或者无故拖欠。

用人单位有下列侵害劳动者合法权益行为的，由劳动行政部门责令其支付劳动者工资和经济补偿，并可责令其支付赔偿金：克扣或者无故拖欠劳动者工资的；拒不支付劳动者延长工作时间工资的；低于当地最低工资标准支付劳动者工资的。

☞【思考】

2016年7月杨某等20人与甲厂签订劳动合同。合同约定月工资1100元。后杨某等人知悉政府发布的当地最低工资标准为每月1800元。杨某等人向甲厂要求按每月1800元的标准支付其工资，甲厂以合同已有约定为由未同意，遂发生劳动争议。请问：

1. 甲厂与杨某等人签订的劳动合同是否有效？

2. 劳动合同中关于工资的条款是否仍然有效？

3. 杨某等人要求甲厂按每月 1800 元的标准支付工资是否应当得到支持？

4. 甲厂以杨某等人变更劳动合同为由将杨某等人开除是否合法？

（四）劳动保护制度

劳动保护制度，是指国家为了改善劳动条件，保护劳动者在生产过程中的安全与健康制定的有关法律规范。其内容包括劳动安全与卫生、对女工和未成年工的特殊劳动保护等内容。

1. 劳动安全卫生制度

用人单位必须建立、健全劳动安全卫生制度，严格执行国家劳动安全卫生规程和标准，对劳动者进行劳动安全卫生教育、防止劳动过程中的事故，减少职业危害。

实行新建、改建、扩建工程的劳动安全卫生设施与主体工程同时设计、同时施工、同时投入生产和使用的“三同时”制度。

用人单位必须按照国家规定的标准建设劳动安全卫生设施，必须为劳动者提供符合国家规定的劳动安全卫生条件和必要的劳动防护用品，对从事有职业危害作业的劳动者定期进行健康检查。

对从事特种作业的劳动者实行特种作业资格制度。

劳动者在劳动过程中必须严格遵守安全操作规程。劳动者有权拒绝执行用人单位违章指挥、冒险作业的命令，有权对危害生命安全和身体健康的行为提出批评、检举和控告。

建立伤亡事故和职业病统计报告和处理制度。要求县级以上各级人民政府劳动行政部门、有关部门和用人单位，依法对劳动者在劳动过程中发生的伤亡事故和劳动者职业病状况，进行统计、报告和处理。

2. 女职工特殊劳动保护

禁止安排女职工从事矿山井下、国家规定的第四级体力劳动强度的劳动和其他禁忌从事的劳动。

不得安排女职工在经期从事高处、低温、冷水作业和国家规定的第三级体力劳动强度的劳动。

不得安排女职工在怀孕期间从事国家规定的第三级体力劳动强度的劳动和孕期禁忌从事的劳动。对怀孕 5 个月以上的女职工，不得安排其延长工作时间和夜班劳动。

女职工生育享受不少于 90 天的产假。

不得安排女职工在哺乳未满 1 周岁的婴儿期间从事国家规定的第三级体力劳动强度的劳动和哺乳期禁忌从事的其他劳动，不得安排其延长工作时间和夜班劳动。

3. 未成年工特殊劳动保护

未成年工特殊劳动保护，是指根据未成年工生长发育的特点及接受义务教育的需要，对其在劳动法律关系中所应享有特殊权益的保护。未成年工是指年满 16 周岁未满 18 周岁的劳动者。对未成年工的特殊保护包括：

（1）不得安排未成年工从事矿山井下、有毒有害、国家规定的第四级体力劳动强度的劳动和其他禁忌从事的劳动。

（2）用人单位应当对未成年工定期进行健康检查。

（3）国家规定使用未成年工实行登记制度。

第二节　劳动合同法

一、劳动合同概述

（一）劳动合同的概念和特征

1. 劳动合同的概念

劳动合同亦称劳动契约，是劳动者与用人单位之间为确立劳动关系，依法确立双方劳动权利和义务关系的协议。根据协议，劳动者加入某一用人单位，承担某一工作和任务，遵守单位内部的劳动规则和其他规章制度。企业、事业、机关、团体等用人单位有义务按照劳动者的劳动数量和质量支付劳动报酬，并根据劳动法律、法规和双方的协议，提供各种劳动条件，保证劳动者享受本单位成员的各种权利和福利待遇。

2. 劳动合同的特征

（1）劳动合同是建立劳动关系的一种法律形式，以合同形式确立了劳动者与用人单位的权利义务。

（2）劳动合同具有主体特定性。

（3）劳动合同具有单一性，即劳动行为。

（4）劳动合同内容是明确双方当事人在实现劳动过程中的权利义务及法律责任。

（二）劳动合同的种类

1. 固定期限劳动合同

固定期限劳动合同，是指用人单位与劳动者约定合同终止时间的劳动合同。

2. 无固定期限劳动合同

无固定期限劳动合同，是指用人单位与劳动者约定无确定终止时间的劳动合同。用人单位与劳动者协商一致，可以订立无固定期限劳动合同。

有下列情形之一，劳动者提出或者同意续订、订立劳动合同的，除劳动者提出订立固定期限劳动合同外，应当订立无固定期限劳动合同：（1）劳动者在该用人单位连续工作满 10 年的；（2）用人单位初次实行劳动合同制度或者国有企业改制重新订立劳动合同时，劳动者在该用人单位连续工作且距法定退休年龄不足 10 年的；（3）连续订立 2 次固定期限劳动合同的。

订立无固定期限劳动合同不包括以下情形：（1）劳动者严重违反用人单位的规章制度；（2）劳动者患病或者非因工负伤在规定的医疗期满后不能从事原工作，也不能从事由用人单位另行安排的工作；（3）劳动者不能胜任工作，经过培训或者调整工作岗位，仍不能胜任工作。

用人单位自用工之日起满 1 年不与劳动者订立书面劳动合同的，视为用人单位与劳动者已订立无固定期限劳动合同。

3. 以完成一定工作任务为期限的劳动合同

以完成一定工作任务为期限的劳动合同，是指用人单位与劳动者约定以某项工作的完成为合同期限的劳动合同。

（三）劳动合同法的概念及适用范围

1. 劳动合同法的概念

《中华人民共和国劳动合同法》（以下简称《劳动合同法》）在 2007 年 6 月 29 日第十届全国人民代表大会常务委员会第二十八次会议通过，于 2008 年 1 月 1 日起实施。2012 年 12 月 28 日第十一届全国人民代表大会常务委员会第三十次会议通过关于修改《劳动合同法》的决定，自 2013 年 7 月 1 日起施行。《劳动合同法》完善劳动合同制度，明确劳动合同双方当事人的权利和义务，保护劳动者的合法权益，构建和发展和谐稳定的劳动关系。

2. 劳动合同法的适用范围

（1）企业、个体经济组织。企业，是指以营利为目的的经济性组织，包括法人企业和非法人企业。个体经济组织，是指雇工在 7 人以下的个体工商户。

（2）国家机关、事业单位、社会团体。国家机关包括国家权力机关、国家行政机关、司法机关、国家军事机关等，其录用公务员和聘任制公务员适用《公务员法》，不适用《劳动合同法》。国家机关招用的工勤人员，需要签订劳动合同，适用《劳动合同法》。

事业单位适用《劳动合同法》，分为三种情况：①具有管理公共事务职能的组织，如证券监督管理委员会、保险监督管理委员会、银行业监督管理委员会等，其录用工作人员参照《公务员法》。②实行企业化管理的事业单位，这类事业单位与职工签订劳动合同，适用《劳动合同法》的规定。③具有公益性质的事业单位，如医院、学校、科研机构等，劳动者与单位签订的是劳动合同或聘用合同的，除法律、行政法规和国务院另有规定外，适用《劳动合同法》规定。

社会团体的情况比较复杂，有的社会团体比如党派团体，除了工勤人员外，其工作人员是公务员，适用《公务员法》的规定。除此之外的多数社会团体，如果用人单位与劳动者订立劳动合同，适用《劳动合同法》的调整。

3. 劳务派遣和非全日制用工

《劳动合同法》对劳务派遣和非全日制用工均有明确的法律规定。

依法成立的会计师事务所、律师事务所等合伙组织和基金会。会计师事务所、律师事务所等合伙组织和基金会，适用《劳动合同法》的调整。

二、劳动合同的订立

（一）劳动合同订立的原则

订立劳动合同的原则，是指在劳动合同订立过程中双方当事人应当遵循的法律准则。根据《劳动合同法》的规定，订立劳动合同，应当遵循合法、公平、平等自愿、协商一致、诚实信用的原则。

1. 合法原则

合法原则，是指订立劳动合同的行为不得与法律、行政法规相抵触。合法是劳动合同有效并受国家法律保护的前提条件，它的基本内涵是指订立劳动合同的主体、劳动合同的目的、劳动合同的内容、订立劳动合同的程序与形式必须符合法律的规定。

2. 公平原则

公平原则强调劳动合同当事人在订立劳动合同时，对劳动合同内容的约定，双方承担的权利义务中不能要求一方承担不公平的义务。如果双方订立的劳动合同内容显失公平，则违反了《劳动合同法》的规定。

3. 平等自愿原则

平等是指订立劳动合同的双方当事人具有相等的法律地位。在订立劳动合同时，双方当事人是平等的，不存在隶属关系；自愿是指双方当事人在订立劳动合同时，主观出于自愿，任何人不得以强迫、胁迫、欺诈等非法手段强制另一方当事人签订劳动合同。

4. 协商一致原则

协商一致原则，是指当事人双方依法就劳动合同订立的有关事项，应当采取协商的办法达成一致协议。

5. 诚实信用原则

双方当事人在订立与履行劳动合同时，必须真诚、不欺不诈、互相如实具体陈述情况，忠实履行签订的合同。

（二）劳动合同的订立时间

用人单位自用工之日起即与劳动者建立劳动关系。用人单位应当建立职工名册备查。建立劳动关系，应当订立书面劳动合同。已建立劳动关系，未同时订立书面劳动合同的，应当自用工之日起 1 个月内订立书面劳动合同。用人单位与劳动者在用工前订立劳动合同的，劳动关系自用工之日起建立。

☞【思考】

邹某自 2015 年 5 月 1 日起在甲厂上班，但甲厂一直未与邹某签订劳动合同，也未通知邹某，直到 2017 年 6 月 1 日才与甲厂签订了劳动合同。请问：

1. 邹某何时与甲厂建立的劳动关系？

2. 甲厂与邹某的劳动合同应当视为何种类型？

3. 邹某是否可以向甲厂要求经济补偿？如何计算？

（三）劳动合同的内容

劳动合同应当具备以下条款：（1）用人单位的名称、住所和法定代表人或者主要负责人。（2）劳动者的姓名、住址和居民身份证或者其他有效身份证件号码。（3）劳动合同期限。（4）工作内容和工作地点。（5）工作时间和休息休假。（6）劳动报酬。（7）社会保险。（8）劳动保护、劳动条件和职业危害防护。（9）法律、法规规定应当纳入劳动合同的其他事项。

劳动合同对劳动报酬和劳动条件等标准约定不明确，引发争议的，用人单位与劳动者可以重新协商；协商不成的，适用集体合同规定；没有集体合同或者集体合同未规定劳动报酬的，实行同工同酬；没有集体合同或者集体合同未规定劳动条件等标准的，适用国家有关规定。

☞【知识拓展】

劳动合同签订

用人单位应当与劳动者订立书面的劳动合同，双方当事人没有按照法律规定订立劳动合同的，根据《中华人民共和国劳动合同法实施条例》的规定，自用工之日起1个月内，经用人单位书面通知后，劳动者不与用人单位订立书面劳动合同的，用人单位应当书面通知劳动者终止劳动关系，无须向劳动者支付经济补偿，但是应当依法向劳动者支付其实际工作时间的劳动报酬。

用人单位自用工之日起超过1个月不满1年未与劳动者订立书面劳动合同的，应当依照《劳动合同法》的规定向劳动者每月支付2倍的工资，并与劳动者补订书面劳动合同；劳动者不与用人单位订立书面劳动合同的，用人单位应当书面通知劳动者终止劳动关系，并依照《劳动合同法》的规定支付经济补偿。用人单位向劳动者每月支付2倍工资的起算时间为用工之日起满1个月的次日，截止时间为补订书面劳动合同的前一日。

用人单位自用工之日起满1年未与劳动者订立书面劳动合同的，自用工之日起满1个月的次日至满1年的前1日应当依照《劳动合同法》的规定向劳动者每月支付2倍的工资，并视为自用工之日起满1年的当日已经与劳动者订立无固定期限劳动合同，应当立即与劳动者补订书面劳动合同。

（四）劳动合同的效力

1. 劳动合同的生效

劳动合同由用人单位与劳动者协商一致，并经用人单位与劳动者在劳动合同文本上签字或者盖章生效。劳动合同文本由用人单位和劳动者各执一份。

2. 无效的劳动合同

下列劳动合同无效或者部分无效：

（1）以欺诈、胁迫的手段或者乘人之危，使对方在违背真实意思的情况下订立或者变更劳动合同的；

（2）用人单位免除自己的法定责任、排除劳动者权利的；

（3）违反法律、行政法规强制性规定的。

对劳动合同的无效或者部分无效有争议的，由劳动争议仲裁机构或者人民法院确认。劳动合同部分无效，不影响其他部分效力的，其他部分仍然有效。劳动合同被确认无效，劳动者已付出劳动的，用人单位应当向劳动者支付劳动报酬。劳动报酬的数额，参照本单位相同或者相近岗位劳动者的劳动报酬确定。

三、劳动合同的履行、变更、解除和终止

（一）劳动合同的履行

用人单位与劳动者应当按照劳动合同的约定，全面履行各自的义务。用人单位应当按照劳动合同约定和国家规定，向劳动者及时足额支付劳动报酬。用人单位拖欠或者未足额支付劳动报酬的，劳动者可以依法向当地人民法院申请支付令，人民法院应当依法发出支付令。用人单位应当严格执行劳动定额标准，不得强迫或者变相强迫劳动者加班。

用人单位安排加班的，应当按照国家有关规定向劳动者支付加班费。劳动者拒绝用人单位管理人员违章指挥、强令冒险作业的，不视为违反劳动合同。

（二）劳动合同的变更

用人单位与劳动者协商一致，可以变更劳动合同约定的内容。变更劳动合同，应当采用书面形式。变更后的劳动合同文本由用人单位和劳动者各执一份。

（三）劳动合同的解除

1. 协商解除

协商解除，是指用人单位与劳动者在完全自愿的情况下，互相协商，在彼此达成一致意见的基础上提前终止劳动合同的效力。用人单位与劳动者协商一致，可以解除劳动合同。

2. 法定解除

法定解除，是指在履行劳动合同过程中出现法定解除合同情形，当事人有权解除合同。法定解除又分为两种情况：劳动者解除劳动合同和用人单位解除劳动合同。

（1）劳动者解除劳动合同。劳动者提前 30 日以书面形式通知用人单位，可以解除劳动合同。劳动者在试用期内提前 3 日通知用人单位，可以解除劳动合同。

有下列情形之一的，劳动者可以解除劳动合同，并无须提前通知对方：①未按照劳动合同约定提供劳动保护或者劳动条件的；②未及时足额支付劳动报酬的；③未依法为劳动者缴纳社会保险费的；④用人单位的规章制度违反法律、法规的规定，损害劳动者权益的；⑤因用人单位以欺诈、胁迫的手段或者乘人之危，使对方在违背真实意思的情况下订立或者变更劳动合同，致使劳动合同无效的；⑥法律、行政法规规定劳动者可以解除劳动合同的其他情形。用人单位以暴力、威胁或者非法限制人身自由的手段强迫劳动者劳动的，或者用人单位违章指挥、强令冒险作业危及劳动者人身安全的，劳动者可以立即解除劳动合同，无须事先告知用人单位。

（2）用人单位解除劳动合同。有下列情形之一的，用人单位可以解除合同并无须提前通知对方：①在试用期间被证明不符合录用条件的；②严重违反用人单位的规章制度的；③严重失职、营私舞弊，给用人单位造成重大损害的；④劳动者同时与其他用人单位建立劳动关系，对完成本单位的工作任务造成严重影响，或者经用人单位提出，拒不改正的；⑤因劳动者以欺诈、胁迫的手段或者乘人之危，使对方在违背真实意思的情况下订立或者变更劳动合同，致使劳动合同无效的；⑥被依法追究刑事责任的。

有下列情形之一的，用人单位提前 30 日以书面形式通知劳动者本人或者额外支付

劳动者 1 个月工资后，可解除劳动合同：①劳动者患病或者非因工负伤，在规定的医疗期满后不能从事原工作，也不能从事由用人单位另行安排的工作的；②劳动者不能胜任工作，经过培训或者调整工作岗位，仍不能胜任工作的；③劳动合同订立时所依据的客观情况发生重大变化，致使劳动合同无法履行，经用人单位与劳动者协商，未能就变更劳动合同内容达成协议的。

有下列情形之一，需要裁减人员 20 人以上或者裁减不足 20 人但占企业职工总数 10%以上的，用人单位提前 30 日向工会或者全体职工说明情况，听取工会或者职工的意见后，裁减人员方案经向劳动行政部门报告，可以裁减人员：①依照《企业破产法》规定进行重整的；②生产经营发生严重困难的；③企业转产、重大技术革新或者经营方式调整，经变更劳动合同后，仍需裁减人员的；④其他因劳动合同订立时所依据的客观经济情况发生重大变化，致使劳动合同无法履行的。裁减人员时，应当优先留用下列人员：①与本单位订立较长期限的固定期限劳动合同的；②与本单位订立无固定期限劳动合同的；③家庭无其他就业人员，有需要扶养的老人或者未成年人的。用人单位依照上述规定裁减人员，在 6 个月内重新招用人员的，应当通知被裁减的人员，并在同等条件下优先招用被裁减的人员。

3. 不得解除劳动合同的情形

劳动者有下列情形之一的，用人单位不得解除劳动合同：

（1）从事接触职业危害作业的劳动者未进行离岗前职业健康检查，或者疑似职业病病人在诊断或者医学观察期间的；

（2）在本单位患职业病或者因工负伤并被确认丧失或者部分丧失劳动能力的；

（3）患病或者非因工负伤，在规定的医疗期内的；

（4）女职工在孕期、产期、哺乳期的；

（5）在本单位连续工作满 15 年，且距法定退休年龄不足 5 年的；

（6）法律、行政法规规定的其他情形。

☞【思考】

赵某是某电缆公司的职工，她在怀孕期间不能胜任原来的工作，因此要求公司调整，公司以此为借口与赵某解除了劳动合同。请问：

1. 该公司能否解除与赵某的劳动合同？

2. 赵某有无权利要求调整工作岗位？

（四）劳动合同的终止

有下列情形之一的，劳动合同可终止：（1）劳动合同期满的；（2）劳动者开始依法享受基本养老保险待遇的；（3）劳动者死亡，或者被人民法院宣告死亡或者宣告失踪的；（4）用人单位被依法宣告破产的；（5）用人单位被吊销营业执照、责令关闭、撤销或者用人单位决定提前解散的；（6）法律、行政法规规定的其他情形。

用人单位应当在解除或者终止劳动合同时出具解除或者终止劳动合同的证明，并在 15 日内为劳动者办理档案和社会保险关系转移手续。劳动者应当按照双方约定，办理工作交接。用人单位依照劳动法有关规定应当向劳动者支付经济补偿的，在办结工作交接时支付。用人单位对已经解除或者终止的劳动合同的文本，至少保存2年备查。

四、劳动合同的特别规定

(一) 集体合同

企业职工一方与用人单位通过平等协商，可以就劳动报酬、工作时间、休息休假、劳动安全卫生、保险福利等事项订立集体合同。集体合同草案应当提交职工代表大会或者全体职工讨论通过。集体合同由工会代表企业职工一方与用人单位订立；尚未建立工会的用人单位，由上级工会指导劳动者推举的代表与用人单位订立。

集体合同中劳动报酬和劳动条件等标准不得低于当地人民政府规定的最低标准；用人单位与劳动者订立的劳动合同中劳动报酬和劳动条件等标准不得低于集体合同规定的标准。用人单位违反集体合同，侵犯职工劳动权益的，工会可以依法要求用人单位承担责任；因履行集体合同发生争议，以协商解决不成的，工会可以依法申请仲裁、提起诉讼。

☞【思考】

2016年6月，某公司工会代表全体职工与该公司签订了集体合同。合同规定：职工工作时间为每日8小时，周六、周日为休息日；在上午和下午连续工作的4小时期间安排工间操一次，时间为15分钟；职工的工资报酬每月不低于2000元。该集体合同上报所在地劳动行政部门后，劳动行政部门在法定时间内对其未作明确表态。同年9月该公司又与一批新来的劳动者签订劳动合同。其内容在若干方面未达到原集体合同所约定的标准，遂发生劳动争议。请问：

1. 该集体合同是否有效？

2. 如果该集体合同有效，其效力是否对新来的劳动者适用？

(二) 劳务派遣

1. 经营劳务派遣业务的条件

经营劳务派遣业务应当具备下列条件：

(1) 注册资本不得少于人民币200万元；

(2) 有与开展业务相适应的固定的经营场所和设施；

(3) 有符合法律、行政法规规定的劳务派遣管理制度；

(4) 法律、行政法规规定的其他条件。

经营劳务派遣业务，应当向劳动行政部门依法申请行政许可；经许可的，依法办理相应的公司登记。未经许可，任何单位和个人不得经营劳务派遣业务。

2. 被派遣劳动者的权利

被派遣劳动者享有与用工单位的劳动者同工同酬的权利。用工单位应当按照同工同酬原则，对被派遣劳动者与本单位同类岗位的劳动者实行相同的劳动报酬分配办法。用工单位无同类岗位劳动者的，参照用工单位所在地相同或者相近岗位劳动者的劳动报酬确定。

劳务派遣单位与被派遣劳动者订立的劳动合同和与用工单位订立的劳务派遣协议，载明或者约定的向被派遣劳动者支付的劳动报酬应当符合上述规定。

劳动合同用工是我国的企业基本用工形式。劳务派遣用工是补充形式，只能在临时性、辅助性或者替代性的工作岗位上实施。

临时性工作岗位是指存续时间不超过6个月的岗位；辅助性工作岗位是指为主营业务岗位提供服务的非主营业务岗位；替代性工作岗位是指用工单位的劳动者因脱产学习、休假等原因无法工作的一定期间内，可以由其他劳动者替代工作的岗位用工单位应当严格控制劳务派遣用工数量，不得超过其用工总量的一定比例，具体比例由国务院劳动行政部门规定。

3. 违反《劳动法》关于劳务派遣规定的法律责任

未经许可，擅自经营劳务派遣业务的，由劳动行政部门责令停止违法行为，没收违法所得，并处违法所得1倍以上5倍以下的罚款；没有违法所得的，可以处5万元以下的罚款。

劳务派遣单位、用工单位违反有关劳务派遣规定的，由劳动行政部门责令限期改正；逾期不改正的，以每人5000元以上1万元以下的标准处以罚款，对劳务派遣单位，吊销其劳务派遣业务经营许可证。用工单位给被派遣劳动者造成损害的，劳务派遣单位与用工单位承担连带赔偿责任。

（三）非全日制用工

非全日制用工，是指以小时计酬为主，劳动者在同一用人单位一般平均每日工作时间不超过4小时，每周工作时间累计不超过24小时的用工形式。

非全日制用工双方当事人可以订立口头协议。从事非全日制用工的劳动者可以与一个或者一个以上用人单位订立劳动合同；但是，后订立的劳动合同不得影响先订立的劳动合同的履行。非全日制用工双方当事人不得约定试用期，当事人任何一方都可以随时通知对方终止用工；终止用工，用人单位不向劳动者支付经济补偿。非全日制用工小时计酬标准不得低于用人单位所在地人民政府规定的最低小时工资标准，劳动报酬结算支付周期最长不得超过15日。

第三节 劳动争议调解仲裁法

一、劳动争议调解仲裁法的概述

劳动争议也称劳动纠纷，是指用人单位与劳动者之间因劳动权利和劳动义务所发生的争议。劳动争议主要有协商、调解、仲裁、诉讼四种方式处理。即为发生劳动争议，劳动者可以与用人单位协商，也可以请工会或者第三方共同与用人单位协商，达成和解协议。发生劳动争议，当事人不愿协商、协商不成或者达成和解协议后不履行的，可以向调解组织申请调解；不愿调解、调解不成或者达成调解协议后不履行的，可以向劳动争议仲裁委员会申请仲裁；对仲裁裁决不服的，除《劳动合同法》另有规定的外，可以向人民法院提起诉讼。

鉴于调解和仲裁在劳动争议处理中的重要性，2007年12月29日第十届全国人民代表大会常务委员会第三十一次会议通过《中华人民共和国劳动争议调解仲裁法》（以下简称《劳动争议调解仲裁法》，并于2008年5月1日起施行。

（一）劳动争议调解仲裁法的适用范围

《劳动争议调解仲裁法》适用于中华人民共和国境内的用人单位与劳动者发生的下列劳动争议：（1）因确认劳动关系发生的争议；（2）因订立、履行、变更、解除和终止劳动合同发生的争议；（3）因除名、辞退和辞职、离职发生的争议；（4）因工作时间、休息休假、社会保险、福利、培训以及劳动保护发生的争议；（5）因劳动报酬、工伤医疗费、经济补偿或者赔偿金等发生的争议；（6）法律、法规规定的其他劳动争议。

（二）劳动争议处理过程中的举证责任

根据《劳动争议调解仲裁法》的规定，发生劳动争议，当事人对自己提出的主张，有责任提供证据。与争议事项有关的证据属于用人单位掌握管理的，用人单位应当提供；用人单位不提供的，应当承担不利后果。此外，劳动者无法提供由用人单位掌握管理的与仲裁请求有关的证据，仲裁庭可以要求用人单位在指定期限内提供。用人单位在指定期限内不提供的，应当承担不利后果。

二、协商

协商，是指发生劳动争议的双方当事人，通过双方平等对话、互谅互让并作出妥协而达成和解的处理方式。是否通过协商解决，取决于双方的自愿，一方不能强迫另一方，任何其他人或机构也不能硬性要求双方协商。协商解决不是劳动争议处理的必经程序。根据《劳动争议调解仲裁法》的规定，发生劳动争议，劳动者可以与用人单位协商，也可以请工会或者第三方共同与用人单位协商，达成和解协议。

三、调解

调解，是指在第三人的参与下，通过说服、劝导促成争议双方达成和解。是否通过调解解决劳动争议，取决于当事人的申请。调解也不是劳动争议处理的必经程序。

（一）劳动争议调解的主体

发生劳动争议，当事人可以到下列调解组织申请调解：（1）企业劳动争议调解委员会；（2）依法设立的基层人民调解组织；（3）在乡镇、街道设立的具有劳动争议调解职能的组织。

企业劳动争议调解委员会由职工代表和企业代表组成。职工代表由工会成员担任或者由全体职工推举产生，企业代表由企业负责人指定。企业劳动争议调解委员会主任由工会成员或者双方推举的人员担任。

（二）劳动争议调解的方式

当事人申请劳动争议调解可以书面申请，也可以口头申请。口头申请的，调解组织应当场记录申请人基本情况、申请调解的争议事项、理由和时间。调解劳动争议，应当充分听取双方当事人对事实和理由的陈述，耐心疏导，帮助其达成协议。

经调解达成协议的，应当制作调解协议书。调解协议书由双方当事人签名或者盖章，经调解员签名并加盖调解组织印章后生效，对双方当事人具有约束力，当事人应当履行。自劳动争议调解组织收到调解申请之日起 15 日内未达成调解协议的，当事人可以依法申请仲裁。

因支付拖欠劳动报酬、工伤医疗费、经济补偿或者赔偿金事项达成调解协议，用人单位在协议约定期限内不履行的，劳动者可以持调解协议书依法向人民法院申请支付令，人民法院应当依法发出支付令。

四、劳动仲裁

劳动仲裁是指由劳动争议仲裁委员会对当事人申请仲裁的劳动争议居中公断与裁决。在我国，劳动仲裁是劳动争议当事人向人民法院提起诉讼的必经程序。按照《劳动争议调解仲裁法》规定，提起劳动仲裁的一方应在劳动争议发生之日起 1 年内向劳动争议仲裁委员会提出书面申请。除非当事人是因不可抗力或有其他正当理由，否则超过法律规定的申请仲裁时效的，仲裁委员会不予受理。

（一）劳动仲裁的优势

1. 快捷经济

用仲裁的方法解决争议，程序简便，审理的期限比较短。相对于直接进行诉讼，仲裁的费用较低。

2. 专业性更强

参加仲裁的仲裁员是来自劳动和法律方面的专家，具有处理劳动争议的丰富经验，有利于提高仲裁办案质量。但是，仲裁裁决书发生法律效力后，当事人不履行仲裁裁决的，仲裁机构不能强制执行，只能由当事人申请人民法院强制执行。

3. 无须仲裁协议

一般经济纠纷的仲裁，要求双方当事人在事先或事后达成仲裁协议，然后才能据此向仲裁机构提出仲裁申请；而劳动争议的仲裁，则不要求当事人事先或事后达成仲裁协议，只要当事人一方提出申请，有关的仲裁机构即可受理。

4. 保密性强

仲裁以不公开审理为原则。不公开审理包括：案件开庭不允许除仲裁参与人以外的其他人旁听；仲裁案件的审理及结果，不允许其他人打听、采访、报导。在这种情况下当事人的商业贸易活动不会因此而泄露。一般不会产生因在法庭对簿公堂所引起的激烈对抗，容易通过调解或合解较好地解决纠纷。

（二）劳动仲裁的提出

当事人申请劳动争议仲裁，应根据级别管辖和地域管辖的规定向相应的仲裁委员会申请仲裁。

级别管辖是指不同级别的劳动争议仲裁委员会受理案件的分工。县、市、直辖市普遍设立了劳动争议仲裁委员会。部分省、自治区也相应地设立了劳动争议仲裁委员会。

在现阶段，劳动争议案件大部分都由当地县级劳动争议仲裁委员会受理，法律、法规、规章另有规定的除外。

地域管辖是指不同地区同级劳动争议仲裁委员会在受理案件方面的分工。如果发生争议的用人单位与劳动者不在同一个仲裁委员会管辖地区的，由职工当事人工资关系所在地（即向职工发放工资的单位所在地）的仲裁委员受理。

（三）劳动仲裁的效力

仲裁法规定一般经济纠纷的仲裁，“实行一裁终局制度”，即仲裁裁决作出后，当事人就同一纠纷再申请仲裁或者向人民法院起诉的，仲裁委员会或者人民法院不予受理；劳动争议仲裁，当事人对裁决不服的，除劳动争议调解仲裁法规定的几类特殊劳动争议外，可以向人民法院起诉。由此可见，劳动争议的裁决一般不是终局的，法律规定仲裁这一程序，主要是考虑到这类纠纷的处理专业性较强，由一些熟悉这方面业务的人员来处理效果比较好，有利于快速、高效地解决纠纷，同时也在一定程度上减轻了法院的诉讼压力，节约了审判资源。

第十四章　仲　裁　法

☞【学习目标】

1. 理解了解仲裁法的基本原则
2. 掌握关于仲裁协议的法律规定
3. 掌握仲裁的基本程序

第一节　仲裁法概述

一、仲裁与仲裁法

（一）仲裁

仲裁，是指经济纠纷当事人在自愿的基础上达成协议，将纠纷提交非司法机构的三方审理，第三方就纠纷居中评判是非，并作出对争议各方有拘束力的裁决的一种解决纠纷的制度、方法或方式。

（二）仲裁法

仲裁法是调整仲裁关系的法律规范。《中华人民共和国仲裁法》（以下简称《仲裁法》）于 1994 年 8 月 31 日由第八届全国人民代表大会常务委员会第九次会议通过，自 1995 年 9 月 1 日起施行。《仲裁法》规定，平等主体的公民、法人和其他经济组织之间发生的合同纠纷和其他财产权益纠纷，可以仲裁。同时，《仲裁法》还规定下列纠纷不能仲裁：一是婚姻、收养、监护、扶养、继承纠纷；二是依法应当由行政机关处理的行政争议。另外，劳动争议和农业集体经济组织内部的承包合同纠纷的仲裁，另行规定，不属于《仲裁法》的调整范围。

☞【思考】

某房屋所有者房强与前妻生有一女房菲。前妻去世后，房强又与杜青登记结婚，生有儿子房刚。房强去世后未留遗嘱，杜青和房菲、房刚继续在该房屋中居住。此后房刚拟将该房屋中的一间作为婚房，受到了房菲的阻挠，房刚遂向某仲裁委员会申请仲裁。请问：

1. 仲裁委员会是否应当受理房刚的申请？
2. 房菲是否可以向法院起诉要求分割其父遗产？
3. 假如房菲向法院起诉要求分割其父遗产应如何分配？

二、仲裁法的基本原则

（一）自愿仲裁原则

仲裁机构对案件行使仲裁权，依据的是当事人的自愿申请，即当事人双方在纠纷发生前或发生后自愿达成仲裁协议，一旦纠纷发生，由当事人提出仲裁申请，仲裁机构依申请对纠纷行使仲裁权。自愿原则主要体现在：双方当事人（1）自愿决定是否将他们之间发生的纠纷提交仲裁机构仲裁；（2）自愿约定将哪些争议事项提交仲裁机构仲裁；（3）自主决定选择仲裁机构和仲裁员；（4）自主决定仲裁的审理方式、开庭方式等有关程序事项。

（二）一裁终局原则

仲裁是双方当事人自愿选择的解决经济纠纷的途径，仲裁裁决结果具有法律效力，双方当事人必须履行；裁决一经作出，当事人就同一纠纷再申请仲裁或向人民法院提起诉讼的，仲裁委员会或人民法院不予受理。实行仲裁一裁终局制，有利于更及时、迅速地化解民间纠纷，消除因民间纠纷带来的消极影响。

（三）独立公正仲裁原则

《仲裁法》明确规定仲裁应依法独立进行，不受行政机关、社会团体和个人的干涉。独立仲裁原则体现在仲裁与行政脱钩，仲裁委员会独立于行政机关，与行政机关没有隶属关系，仲裁委员会之间也没有隶属关系。同时，仲裁庭独立裁决案件，仲裁委员会以及其他机关、社会团体和个人不得干预。

（四）公正及时原则

《仲裁法》强调公正、及时地仲裁经济纠纷。仲裁应当以事实为根据，以法律为准绳，公平合理、及时迅速地解决财产争议。仲裁在不违反法律的前提下，可以按照当事人的意愿，灵活地解决双方争端。

（五）法院监督原则

人民法院既对仲裁裁决予以执行，又对仲裁进行必要的监督。人民法院对仲裁的监督实行事后原则，裁决作出后方可进入监督程序。法院的监督表现在两个方面：一是撤销仲裁裁决；二是对仲裁裁决不予执行。通过这种监督，对仲裁作必要的制约。

三、仲裁协议

（一）仲裁协议的概念

仲裁协议，是双方当事人自愿将其发生的或可能发生的争议提交仲裁解决的共同意思表示。仲裁协议是民商事仲裁的前提。仲裁协议应当具备下列内容：

1. 请求仲裁的意思表示

当事人在订立合同时，在“合同纠纷的解决方式”条款中，如欲选择仲裁途径解决争议，必须确切写明通过仲裁解决纠纷。当事人在表达请求仲裁的意思表示需要注意四个问题：

（1）仲裁协议中当事人请求仲裁的意思表达要明确。请求仲裁的意思表示不明确的仲裁协议无法判断当事人的真实意思，仲裁机构也无法受理当事人的仲裁申请。申请仲裁的意思表示明确，最主要是要求通过该意思表示，可以得出当事人排除司法管辖而选择仲裁解决争议的结论。对这个要求，英国早在1856年斯科特诉艾费里案中就确立了这项判例规则，也就是这个案件的判词所说的：仲裁协议中必须包含有当事人不寻求通过诉讼解决纠纷的意图。那么根据这个要求，人们平常所看得到的一些约定，比如约定“因本合同引起的争议由双方协商解决，协商不成的，提交某仲裁机构仲裁或者向法院起诉”等，这样一些约定就是请求仲裁的意思表示不明确的约定。

（2）请求仲裁的意思表达必须是双方当事人共同的意思表示，而不是一方当事人的意思表示。不能证明是双方当事人的意思表示的仲裁协议是无效的。

（3）请求仲裁的意思表达必须是双方当事人的真实意思表示，即不存在当事人被胁迫、欺诈等而订立仲裁协议的情况，否则仲裁协议无效。

（4）请求仲裁的意思表达必须是双方当事人自己的意思表示，而不是任何其他人的意思表示。如上级主管部门不能代替当事人订立仲裁协议。

2. 仲裁事项

无论是合同中的仲裁条款，还是事后双方达成的仲裁协议，必须对提请仲裁的事项予以明确约定，否则有可能导致仲裁协议无效。

3. 选定的仲裁委员会

当事人在仲裁协议中必须约定向何地、何仲裁机关申请仲裁。

（二）仲裁协议的效力

仲裁协议的效力，是指一项有效的仲裁协议对有关当事人和机构在法律上的约束力。只有仲裁协议有效，才能排斥法院对当事人纠纷的管辖权。因此，一份有效的仲裁协议必须具备下列要件：（1）仲裁的事项属法定的仲裁范围。（2）仲裁协议必须由完全民事行为能力人订立。法人订立仲裁协议，须由法人的法定代表人或其授权的代理人签订。（3）仲裁协议必须是当事人真实的意思表示，任何在被强制、被胁迫或被利诱的情况下签订的仲裁协议均为无效的仲裁协议。（4）仲裁协议不得违反法律和社会公共利益，涉外仲裁不得违背国际公共秩序。（5）仲裁协议要符合法定形式，即书面形式。

根据《仲裁法》的规定，有下列情形之一的，仲裁协议无效：（1）约定的仲裁事项超出法律规定的仲裁范围的；（2）无民事行为能力人或者限制民事行为能力人订立的仲裁协议；（3）一方采取胁迫手段，迫使对方订立仲裁协议的。仲裁协议对仲裁事项或者仲裁委员会没有约定或者约定不明确的，当事人可以补充协议；达不成补充协议的，仲裁协议无效。

第二节　仲裁机构

一、仲裁委员会

仲裁委员会，是指依法设立，依据仲裁协议行使一定范围内的民商事纠纷仲裁权的机构。仲裁委员会由设立地区的人民政府组织有关部门和商会统一组建。仲裁委员会独立于行政机关，与行政机关没有隶属关系，属民间性质的社会团体法人。仲裁委员会设立必须具备法定的条件：有自己的名称、住所和章程；有必要的财产；有法定的组成人员；有聘任的仲裁员。仲裁委员会由主任 1 人，副主任 2~4 人和委员 7~11 人组成。仲裁委员会的主任、副主任和委员必须由法律、经济贸易专家和有实际工作经验的人员担任。其中，法律、经济贸易专家不得少 2/3。

二、仲裁协会

仲裁协会是仲裁机构为共同发展和维护仲裁事业而组成的自我管理、自我教育和自我服务的社会团体。中国仲裁协会是社会团体法人。中国仲裁协会的章程由全国会员大会制定。中国仲裁协会是仲裁委员会的自律性组织，仲裁委员会是中国仲裁协会的会员。中国仲裁协会依照《仲裁法》和《民事诉讼法》的有关规定制定仲裁规则。根据章程对仲裁委员会及其组成人员、仲裁员的违纪行为进行监督。

三、仲裁员与仲裁庭

（一）仲裁员

仲裁委员会应当从公道正派的人员中聘任仲裁员。这些人员还应当同时符合下列条件之一：（1）从事仲裁工作满 8 年的；（2）从事律师工作满 8 年的；（3）曾任审判员满 8 年的；（4）从事法律研究、教学工作并具有高级职称的；（5）具有法律知识、从事经济贸易等专业工作并具有高级职称或者具有同等专业水平的。

（二）仲裁庭

具体仲裁案件的审理并不直接由仲裁委员会承担，而是由仲裁委员会中的仲裁员组成的仲裁庭来进行审理。仲裁庭是对某一争议案件进行具体审理的组织，但不是常设机构。它分为合议制和独任制两种形式，前者由 3 名仲裁员组成，后者由 1 名仲裁员独立组成。

第三节 仲裁程序

一、申请与受理

（一）仲裁的申请

仲裁程序由当事人申请仲裁开始，提出申请是仲裁程序开始的必要条件。《仲裁法》规定，当事人申请仲裁应当符合下列条件：（1）有仲裁协议；（2）有具体的仲裁请求和事实、理由；（3）属于仲裁委员会的受理范围。

当事人申请仲裁，应当向仲裁委员会递交仲裁协议、仲裁申请书及副本。仲裁申请书是指申请仲裁的一方当事人向仲裁委员会提出请求，请求对争议的事项进行仲裁审理的书面材料。仲裁申请书应载明下列事项：当事人的姓名、性别、年龄、职业、工作单位和住所，法人或者其他组织的名称、住所和法定代表人或者主要负责人的姓名、职务；仲裁请求和所根据的事实、理由；证据和证据来源、证人姓名和住所。

（二）仲裁的受理

仲裁委员会收到仲裁申请书之日起 5 日内，认为符合受理条件的，应当受理，并通知当事人；认为不符合受理条件的，应当书面通知当事人不予受理，并说明理由。

仲裁委员会受理仲裁申请后，应当在仲裁规则规定的期限内将仲裁规则和仲裁员名册送达申请人，并将仲裁申请书副本和仲裁规则、仲裁员名册送达被申请人。被申请人收到仲裁申请书副本后，应当在仲裁规则规定的期限内向仲裁委员会提交答辩书。仲裁委员会收到答辩书后，应当在仲裁规则规定的期限内将答辩书副本送达申请人。被申请人未提交答辩书的，不影响仲裁程序的进行。

当事人达成仲裁协议，一方向人民法院起诉未声明有仲裁协议，人民法院受理后，另一方，在首次开庭前提交仲裁协议的，人民法院应当驳回起诉，但仲裁协议无效的除外。另一方在首次开庭前未对人民法院受理该案提出异议的，视为放弃仲裁协议，人民法院应当继续审理。

二、仲裁庭的组成

仲裁庭，是指由当事人选定或者由仲裁委员会主任指定的仲裁员组成的，对当事人申请仲裁的案件按照仲裁程序进行审理并作出裁决的组织形式。仲裁庭有两种组成形式，一是合议制仲裁庭；二是独任制仲裁庭。

（一）合议制仲裁庭

合议制仲裁庭由 3 名仲裁员组成，设首席仲裁员 1 名。双方当事人各自在仲裁机构的仲裁员名册中指定或者委托仲裁委员会主任指定 1 名仲裁员，第 3 名仲裁员由双方共同指定或共同委托仲裁委员会主任指定。首席仲裁员由第 3 名仲裁员担任，与另外 2 名仲裁员组成仲裁庭共同审理案件。如果申请人和被申请人未在规定的期限内指定仲裁员，则由仲裁委员会主任指定。

（二）独任制仲裁庭

独任制仲裁庭由 1 名仲裁员组成，由双方当事人在仲裁员名册中共同指定或者共同委托仲裁委员会主任指定 1 名仲裁员为独任仲裁员，单独审理。

☞【知识拓展】

仲裁员的回避

仲裁员具有法定的可能影响案件公正裁决的情况时，应依法回避。仲裁员有下列情形之一的，必须回避，当事人有权提出回避申请：（1）是本案当事人或者当事人、代理人的近亲属的；（2）与本案有利害关系的；（3）与本案当事人、代理人有其他关系，可能影响公正仲裁的；（4）私自会见当事人、代理人，或者接受当事人、代理人请客送礼的。

仲裁员是否回避由仲裁委员会主任决定；仲裁委员会主任担任仲裁员时，由仲裁委员会集体决定。仲裁员因回避或者其他原因不能履行职责的，应当依照《仲裁法》规定重新选定或者指定仲裁员。

三、审理和裁决

（一）仲裁审理的原则

1. 开庭原则

开庭审理，是指在当事人和其他仲裁参与人的参加下由仲裁庭主持对案件进行审理的活动。仲裁应该开庭进行。当事人协议不开庭的，仲裁庭可以根据仲裁申请书、答辩书以及其他材料作出裁决。

2. 不公开原则

对于仲裁案件，不公开进行为原则，公开进行为例外；只有当事人协议公开的，才可以公开进行，但涉及国家秘密的除外。

（二）和解与调解

当事人申请仲裁后，可以自行和解。达成和解协议的，可以请求仲裁庭根据和解协议作出裁决书，也可以撤回仲裁申请。当事人达成和解协议，撤回仲裁协议申请后反悔的，可以根据原仲裁协议或重新约定的仲裁协议申请仲裁。但是，仲裁庭根据和解协议已作出裁决书的则不能反悔。

在仲裁裁决作出前，当事人可以先行调解，调解达成协议的，仲裁庭应当制作调解书。调解书与裁决书具有同等的法律效力。调解书经双方当事人签收后，即发生法律效力。调解不成的，或者在调解书签收前当事人反悔的，仲裁庭应当及时作出裁决。

（三）裁决

仲裁裁决应当按照多数仲裁员的意见作出，仲裁庭不能形成多数意见时，裁决应当按照首席仲裁员的意见作出。独任仲裁庭仲裁的案件，裁决按照独任仲裁员的意思作出。裁决书由仲裁员签名、加盖仲裁委员会印章。裁决书自作出之日起发生法律效力。仲裁程序实行一裁终局，仲裁案件经过一次仲裁作出仲裁裁决即告终结。除非仲裁裁决被依法撤销或不予执行，当事人不能申请再次仲裁，也不能起诉、上诉。

☞【思考】

天平湖公司与顶峰公司签订了买卖2000斤泰山茶的合同，合同中规定了仲裁条款。顶峰公司收到茶叶后发现茶叶含有树叶、茅草等杂质较多。于是要求天平湖公司重新发货或者退款，双方为此发生争议。顶峰公司遂于3月15日向仲裁委员会申请仲裁，仲裁委员会于3月25日受理此案。天平湖公司选择2名仲裁员，顶峰公司选择1名仲裁员作为首席仲裁员。3名仲裁员组成仲裁庭公开审理了此案。请问：

1. 仲裁委员会受理此案的时限是否合法？

2. 仲裁员的选择是否符合法律规定？

3. 仲裁庭公开审理是否合法？

四、申请撤销仲裁裁决

（一）申请撤销仲裁裁决的理由

仲裁庭作出仲裁裁决后，任何一方当事人均可以依据特定的事由，向法院提出撤销仲裁裁决的申请。仲裁委员会申请撤销仲裁裁决是指对符合法定应予撤销情形的仲裁裁决，经当事人提出申请，人民法院组成合议庭审查核实，裁定撤销仲裁裁决的行为。

《仲裁法》规定，当事人提出证据证明裁决有下列情形之一的，可以向仲裁委员会所在地的中级人民法院申请撤销裁决：（1）没有仲裁协议的；（2）裁决的事项不属于仲裁协议的范围或者仲裁委员会无权仲裁的；（3）仲裁庭的组成或者仲裁的程序违反法定程序的；（4）裁决所依据的证据是伪造的；（5）对方当事人隐瞒了足以影响公正裁决的证据的；（6）仲裁员在仲裁该案时有索贿受贿，徇私舞弊，枉法裁决行为的。

（二）法院对撤销仲裁裁决申请的处理及其法律后果

人民法院在受理当事人提出的撤销仲裁裁决的申请后，必须组成合议庭对当事人的申请及仲裁裁决进行审查。经审查，人民法院可以根据不同的情况作出不同的处理。

1. 撤销仲裁裁决

人民法院受理当事人提出的撤销仲裁裁决的申请后，经审查核实，认定当事人提出的申请所依据的理由成立，即应当在 2 个月内裁定撤销该仲裁裁决。

仲裁裁决被人民法院依法撤销后，当事人之间的纠纷并未解决，当事人可以重新寻求解决纠纷的方法。由于原来的仲裁协议或者本身并不存在，或者无效，当事人想要再通过仲裁方式解决其纠纷，必须重新签订仲裁协议，根据重新签订的仲裁协议再申请仲裁。如果当事人不能重新达成仲裁协议，或者根本就不想再采用仲裁方式解决纠纷，任何一方当事人均可向有管辖权的人民法院提起诉讼。

2. 驳回撤销仲裁裁决的申请

人民法院经过审查未发现仲裁裁决具有法定可撤销的理由的，应在受理撤销仲裁裁决申请之日起 2 个月内作出驳回申请的裁定。对人民法院依法作出的驳回当事人申请的裁定，当事人无权上诉。

撤销仲裁裁决的申请被驳回后，双方当事人必须按照仲裁裁决所确定的权利义务自动履行。如果不自动履行仲裁裁决，权利方当事人可以向法院申请强制执行。

3. 通知仲裁庭重新仲裁

根据《仲裁法》的规定，人民法院受理当事人撤销仲裁裁决的申请后，如果认为可以由仲裁庭重新仲裁的，可以通知仲裁庭在一定期限内重新仲裁，并裁定中止撤销程序。仲裁庭拒绝重新仲裁的，人民法院应当裁定恢复撤销程序。

重新仲裁是人民法院认为仲裁裁决的瑕疵可以通过仲裁庭重新仲裁的方式给予补救时，给予仲裁庭自我弥补程序缺陷，从而保持仲裁裁决效力的一种程序。对重新仲裁应当注意两点：第一，根据《仲裁法》有关规定的精神，重新仲裁无须另行组成仲裁庭，因为仲裁庭的组成方式和仲裁员本身就是由当事人直接选定或委托指定的，体现了当事人的自由意志。由原仲裁庭重新仲裁，既尊重了当事人的意愿，也给了仲裁庭一个自我纠正错误的机会，从而有利于仲裁庭作出公正裁决。第二，对法院重新仲裁的通知，是否采纳，由仲裁庭决定。仲裁庭既可以决定重新仲裁，也可以拒绝重新仲裁。仲裁庭拒绝重新仲裁的，人民法院应当裁定恢复撤销程序，进而决定是否撤销仲裁裁决。

第四节　仲裁裁决的执行

一、仲裁裁决的执行

通常情况下，当事人协商一致将纠纷提交仲裁，都会自觉履行仲裁裁决。但实际上，由于种种原因，当事人不自动履行仲裁裁决的情况并不少见，在这种情况下，另一方当事人即可请求人民法院强制执行仲裁裁决。仲裁裁决的执行，是指人民法院经当事人的申请，采取强制措施将仲裁裁决书中的内容付诸实现的行为和程序。

仲裁裁决的执行，必须符合下列条件：

（一）必须有当事人的申请

一方当事人不履行仲裁裁决时，另一方当事人须向人民法院提出执行申请，人民法院才能启动执行程序。是否向人民法院申请执行，是当事人的权利，人民法院没有主动采取执行措施，对仲裁裁决予以执行的职权。

（二）当事人必须在法定期限内提出申请

仲裁当事人在提出执行申请时，应当遵守法定期限，及时行使自己的权利。超过法定期限再提出申请执行时人民法院不予受理。申请执行的期间为2年。

（三）当事人必须向有管辖权的人民法院提出申请

当事人申请执行仲裁裁决，必须向有管辖权的人民法院提出。有管辖权的人民法院是被执行人住所地或者被执行人财产所在地的人民法院。

二、仲裁裁决的不予执行

人民法院接到当事人的执行申请后，应当及时按照仲裁裁决予以执行。但是，如果被申请执行人提出证据证明仲裁裁决有法定不应执行的情形的，可以请求人民法院不予执行该仲裁裁决；人民法院组成合议庭审查核实后，裁定不予执行。

当事人在合同中没有制定仲裁条款或者事后没有达成书面仲裁协议的；裁决的事项不属于仲裁协议的范围或仲裁机构无权仲裁的；仲裁庭的组成或者仲裁的程序违反法定程序的；认定事实的主要证据不足的；适用法律确有错误的；仲裁员在仲裁该案时有贪污受贿、徇私舞弊、枉法裁决行为的。

仲裁裁决被人民法院依法裁定不予执行的，当事人不能申请人民法院再审。就该纠纷双方当事人可以重新达成仲裁协议，并依据该仲裁协议申请仲裁，也可以向人民法院提起诉讼。

三、仲裁裁决的中止执行

中止执行，是指在执行仲裁裁决的过程中，由于出现某种特定的原因，而使执行程序暂时停止，待情况消除后再继续执行。一方当事人申请执行裁决，另一方当事人申请撤销仲裁裁决的，人民法院应当裁定中止执行。

按照《民事诉讼法》的规定，有下列情形之一的，人民法院应当裁定中止执行：（1）申请人表示可以延期执行的；（2）案外人对执行标的提出了确有理由的异议的；（3）作为一方当事人的公民死亡，需要等待继承人继承权利或者承担义务的；（4）作为一方当事人的法人或者其他组织终止，尚未确定权利义务承受人的；人民法院认为应当中止执行的其他情形。

四、仲裁裁决的终结执行

（一）仲裁裁决的终结执行

仲裁裁决的终结执行，是指在执行程序开始后，由于出现特定的事由，使执行程序无法再进行或者已经没有进行的必要，因而结束执行程序的制度。根据《仲裁法》的规定，人民法院裁定撤销仲裁裁决的，应当裁定终结执行。

依照《民事诉讼法》的规定，下列情形也将导致仲裁裁决的终结执行：（1）申请人申请撤销的；（2）据以执行的法律文书被撤销的；（3）作为被执行人的公民死亡，无遗产可供执行，又无义务承担人的；（4）追索赡养费、扶养费、抚育费案件的权利人死亡的；（5）作为被执行人的公民因生活困难无力偿还借款，无收入来源，又丧失劳动能力的；（6）人民法院认为应当终结执行的其他情形的。

（二）仲裁裁决的恢复执行

仲裁裁决的恢复执行，是指已中止执行的程序，由于中止原因消失而继续进行的制度。

根据《仲裁法》的规定，撤销仲裁裁决的申请被裁定驳回的，人民法院应当裁定恢复执行。依照《民事诉讼法》的规定，当导致中止执行的原因消失后，人民法院也应当裁定恢复对仲裁裁决的执行。

☞【思考】

甲公司与乙公司签订了一份买卖500台电动车的合同，后因电动车的质量问题双方发生纠纷。乙公司于2017年3月向某仲裁委员会申请仲裁。该仲裁委员会于2017年5月作出裁决，由甲公司赔偿乙公司经济损失20万元。裁决生效后，甲公司拒不向乙公司给付赔偿款。乙公司向人民法院申请强制执行。执行程序开始后，甲公司提出该厂与乙公司签订的买卖合同中没有订立仲裁条款，事后也没有达成书面仲裁协议。经管辖法院组成合议庭审查，认定被执行人所述的情况属实。请问：

1. 该仲裁裁决是否合法有效？

2. 假如人民法院作出不予执行仲裁裁决后处理后，当事人的纠纷如何解决？

第十五章　民事诉讼法

☞【学习目标】

1. 掌握民事诉讼法的概念、任务和受案范围

2. 掌握民事诉讼当事人、民事诉讼管辖等有关法律规定

3. 掌握民事诉讼的审判程序以及执行程序的基本内容，能够较好地处理与程序有关的实际问题

第一节　民事诉讼法概述

一、民事诉讼的概念及特征

（一）民事诉讼的概念

民事诉讼，是指人民法院在当事人和其他诉讼参与人的参与下，审理和解决民事案件的各种诉讼活动以及由此所产生的诉讼关系的总和。

诉讼活动，既包括人民法院的审判活动，如案件受理、调查取证，适用强制措施、作出裁判等；又包括诉讼参与人的诉讼活动，如原告起诉、被告提出答辩或反诉等。诉讼活动必须是法院和诉讼参与人在诉讼过程中所进行的能够发生诉讼关系的活动。

诉讼关系，是指人民法院和一切诉讼参与人之间，在诉讼过程中所形成的诉讼权利义务关系。

（二）民事诉讼的基本特征

1. 双方当事人在诉讼上具有平等性和对等性

民事诉讼是在国家审判机关主持下进行，对民事纠纷按司法程序进行解决。

2. 民事诉讼具有严格的规范性

民事诉讼活动要严格依照法定的诉讼程序和诉讼制度进行。

3. 民事诉讼具有连续性与明显的阶段性

民事诉讼活动不是一蹴而就的，整个过程由若干个诉讼阶段组成。我国现行的民事诉讼程序可以分为审判程序和执行程序两大诉讼程序，每个程序内部、程序与程序之间又由若干诉讼阶段构成。每个诉讼阶段前后连接，各有自己的中心任务，只有在完成前一阶段任务的基础上，才能将诉讼推移到下一个阶段。

4. 纠纷解决的强制性和最终性

民事诉讼解决纠纷方式不以双方的合意为前提条件，只要争议一方起诉符合条件即

可启动，法院所做的生效裁判，具有法律约束力，当事人不予履行的，法院可依法强制义务人履行义务。

☞【知识拓展】

诉讼的种类

诉讼是在法院主持下按照法定程序和方式解决纠纷的活动。社会主体有多种纠纷解决方式，诉讼是最终的、具有权威性的“公力救济”方式。按照解决争议的内容和性质不同诉讼可以分为刑事诉讼、民事诉讼和行政诉讼。民事诉讼法与刑事诉讼法、行政诉讼法都属于程序法，具有诉讼活动的共同规律，有一些相同或者相近的规定，但由于三部程序法的目的任务和调整对象不同，因而又存在许多差异。

二、民事诉讼法

（一）民事诉讼法的概念

民事诉讼法，是由国家制定的规范人民法院与所有诉讼参与人的诉讼活动和诉讼关系的法律规范的总称。民事诉讼法是调整诉讼活动和诉讼关系的法律规范，民事诉讼是民事诉讼法调整的对象。

（二）民事诉讼法的性质

民事诉讼法的性质有：（1）民事诉讼法是基本法。（2）民事诉讼法是程序法。民事诉讼法是关于民事诉讼活动时应遵守的法律规定。主要内容是民事诉讼主体的诉讼权利和诉讼义务，以及保障民事诉讼主体诉讼权利和落实诉讼义务的规定。（3）民事诉讼法是部门法。它调整的是民事诉讼关系和民事诉讼活动，这种调整对象是特定的，是其他部门法无法调整的。

（三）民事诉讼法的任务

民事诉讼法的任务有：（1）保护当事人行使诉讼权利。（2）保证人民法院查明事实，分清是非，正确适用法律，及时审理民事案件。（3）确认民事权利义务关系，制裁民事违法行为，保护当事人的合法权益。（4）教育公民自觉遵守法律，维护社会秩序、经济秩序。

（四）民事诉讼的受案范围

人民法院受理公民之间、法人之间、其他组织之间以及他们相互之间因财产关系和人身关系提起的民事诉讼，适用民事诉讼法的规定。根据民事诉讼法和其他有关法律的规定，法院适用民事诉讼法审理的案件有以下几类：

（1）由民法调整的平等民事主体之间因财产关系和人身关系发生的纠纷案件；

（2）由婚姻法、继承法等调整的平等主体之间因婚姻家庭关系发生的纠纷案件；

（3）法律、法规规定属于法院适用民事诉讼法审理的经济案件；

（4）由劳动法调整的用人单位与劳动者之间因劳动关系发生的纠纷案件；

（5）依照民事诉讼法审理的由其他法律调整的社会关系发生争议的案件；

（6）按照民事诉讼法中的特别程序、督促程序、公示催告程序审理的案件。

（五）民事诉讼基本制度

1. 合议制度

人民法院审理第一审民事案件，由审判员、陪审员共同组成合议庭或者由审判员组成合议庭。合议庭的成员人数，必须是单数。适用简易程序审理的民事案件，由审判员1人独任审理。陪审员在执行陪审职务时，与审判员有同等的权利义务。

人民法院审理第二审民事案件，由审判员组成合议庭。合议庭的成员人数，必须是单数。审理再审案件，原来是第一审的，按照第一审程序另行组成合议庭；原来是第二审的或者是上级人民法院提审的，按照第二审程序另行组成合议庭。合议庭的审判长由院长或者庭长指定审判员1人担任；院长或者庭长参加审判的，由院长或者庭长担任。合议庭评议案件，实行少数服从多数的原则。评议应当制作笔录，由合议庭成员签名。评议中的不同意见，必须如实记入笔录。

2. 回避制度

适用回避的法定情形有：（1）是本案当事人或者当事人、诉讼代理人近亲属的；（2）与本案有利害关系的；（3）与本案当事人、诉讼代理人有其他关系，可能影响对案件公正审理的。同时，《民事诉讼法》规定，审判人员接受当事人、诉讼代理人请客送礼，或者违反规定会见当事人、诉讼代理人的，当事人有权要求他们回避。

适用回避的对象有：审判人员、书记员、翻译人员、鉴定人、勘验人。回避的方式包括当事人申请和有关人员自行回避。

当事人提出回避申请，应当在案件开始审理时提出，回避事由在案件开始审理后知道的，也可以在法庭辩论终结前提出。院长担任审判长时的回避，由审判委员会决定；审判人员的回避，由院长决定；其他人员的回避，由审判长决定。被申请回避的人员在人民法院作出是否回避的决定前，应当暂停参与本案的工作，但案件需要采取紧急措施的除外。申请人对决定不服的，可以申请复议一次，复议期间，被申请回避的人员不停止参与本案的工作，对复议申请，应当在3日内作出复议决定，并通知复议申请人。

3. 公开审判制度

人民法院审理民事案件，除涉及国家机密、个人隐私或者法律另有规定的以外，应当公开进行。离婚案件，涉及商业秘密的案件，当事人申请不公开审理的，可以不公开审理。不论是否公开审理的案件，人民法院一律公开宣告判决。该制度的内容包括以下几个方面：

（1）审判主体应当公开；

（2）公开的对象包括向当事人公开和向社会公开两个方面；

（3）从公开的程序阶段来说，公开审判不仅是指法庭审判的公开，也包括其他程序阶段的公开，即公开审判是指除合议庭评议案件阶段之外的审判全过程的公开；

（4）公开审判不仅是指形式上的公开，更重要的是要贯彻实质的公开。

4. 两审终审制度

当事人不服一审人民法院对民事案件所作的判决、裁定，可上诉至二审人民法院，二审所作裁判为终审裁判，当事人不得再提起上诉。但最高人民法院所作一审裁判是终审裁判，依照特别程序审理的案件也是一审终审，当事人不得上诉。

5. 陪审制度

陪审制度，是指审判机关吸收法官以外的公民参与案件审判活动的制度。有利于更好地实现司法民主和诉讼民主，更好地实现普通民众对司法的监督，维护司法权的健康运行。根据《陪审决定》的规定，公民担任人民陪审员应当具备下列条件：（1）拥护中华人民共和国宪法；（2）年满23周岁；（3）品行良好、公道正派；（4）身体健康；（5）一般应当具有大学专科以上文化程度。

☞【思考】

甲公司经销部副经理陶某，合同未到期即提出辞职，遂即跳槽至丙公司担任市场经理，陶某利用其在甲公司所掌握的商业秘密、技术资料、客户信息等与甲公司展开竞争，甲公司遭受严重损失，于是甲公司向人民法院起诉要求陶某和丙公司承担连带赔偿责任，并申请不公开审理，以避免泄露商业秘密。该案审判员刘某是丙公司总经理的哥哥。请问：

1. 当事人申请不公开审理的请求法院是否应当支持？
2. 审判员刘某是丙公司总经理的哥哥，是否应当申请回避？
3. 丙公司是否应当承担连带赔偿责任？

第二节　民事诉讼的参加人和管辖

一、民事诉讼的参加人

（一）民事诉讼当事人概述

当事人，是指因民事权益发生争议或受到侵害，以自己的名义进行诉讼，与案件有利害关系并受法院裁判约束的人。民事诉讼当事人的特征有：（1）以自己的名义进行诉讼实施诉讼行为；（2）与案件有利害关系；（3）受法院裁判的约束。

（二）共同诉讼

共同诉讼，是指当事人一方或者双方为两人以上，其诉讼标的是共同的，或者诉讼标的是同一种类、人民法院认为可以合并审理并经当事人同意的，为共同诉讼。共同诉讼分为必要共同诉讼和普通共同诉讼两种类型。

1. 必要共同诉讼

必要共同诉讼，是指一个案件当事人的一方或双方为两人以上，诉讼标的是同一的，所有当事人必须共同参加，人民法院必须同一审理的诉讼。具有共同权利或共同义务的同一方当事人为必要的共同诉讼人。必要共同诉讼具有以下特征：

（1）同一方当事人为两人以上。这是共同诉讼的基本要求；

（2）诉讼标的具有同一性；

（3）必须共同参加同一诉讼；

（4）共同诉讼的一方当事人对诉讼标的有共同权利义务的，其中一人的诉讼行为经其他共同诉讼人承认，对其他共同诉讼人发生效力。

2. 普通共同诉讼

普通共同诉讼，是指当事人一方或双方为两人以上，诉讼标的属同一种类，经当事人同意、法院许可合并审理的诉讼。普通共同诉讼具有以下特征：

（1）同一方当事人为两人以上。这是共同诉讼的基本要求；

（2）有两个以上同一种类的诉讼标的；

（3）普通共同诉讼是可分之诉；

（4）普通共同诉讼的成立须由法院决定并经当事人同意。

普通共同诉讼人对诉讼标的没有共同权利义务，各自与对方具有独立的诉讼标的，其中一人的诉讼行为对其他共同诉讼人不发生效力。

（三）诉讼第三人

1. 诉讼第三人概述

诉讼第三人，是指对当事人双方的诉讼标的认为有独立请求权，或者虽然没有独立的请求权但与案件的处理结果有法律上的利害关系，因而参加到他人已经开始的诉讼中，成为原被告以外的第三方当事人。根据参加诉讼的原因和诉讼地位不同，诉讼第三人分为有独立请求权的诉讼第三人和无独立请求权的第三人。诉讼第三人有如下特征：

（1）维护自己的民事权益；

（2）参加到他人已经开始但尚未结束的诉讼中；

（3）法院确定是否合并审理。对当事人双方的诉讼标的认为有独立请求权，或者与案件的处理结果有法律上的利害关系。

2. 有独立请求权的诉讼第三人

有独立请求权的诉讼第三人，是指对他人之间的诉讼标的有独立的请求权，因而参加到他人已经开始的诉讼中的除本诉原告和被告以外的当事人。除具有第三人的共同特征之外，还具有以下特征：

（1）对他人之间未决争议的诉讼标的提出独立的请求权；

（2）法律地位相当于原告，既反对本诉原告又反对本诉的被告。

3. 无独立请求权的诉讼第三人

无独立请求权的第三人，是指对当事人双方的诉讼标的没有独立请求权，但与案件处理结果有法律上的利害关系，因而参加到他人已经开始的诉讼中的第三方的当事人。除具有第三人的共同特征之外，还具有以下特征：

（1）本诉的审理结果与其有法律上的利害关系。

（2）诉讼权利受一定的限制，处于准当事人地位。无独立请求权的第三人有当事人的诉讼权利义务，判决承担民事责任的无独立请求权的第三人有权提出上诉。但该第三人在一审中无权对案件的管辖权提出异议，无权放弃、变更诉讼请求或者申请撤诉。

（3）通常由法院通知被动参加诉讼。

（四）诉讼代表人

1. 代表人诉讼概述

代表人诉讼，是指一方或者双方当事人人数众多时，由众多的当事人推选或法院指定的代表人进行诉讼，法院裁判效力对全体当事人发生效力的制度。我国的诉讼代表人制度，是以共同诉讼制度为基础，并吸收了诉讼代理制度的机能。以共同诉讼制度为基础，是指诉讼代表人所进行的诉讼应当符合共同诉讼基本条件，如果所代表的当事人不能作为共同诉讼人，也就不能在诉讼中推选代表人代为实施诉讼行为。

代表人诉讼的特征：

（1）当事人一方人数众多。人数众多，是指一方当事人在10人以上。

（2）由代表人实施诉讼行为。代表人为2~5人，代表人的诉讼行为对其所代表的当事人发生效力，但代表人变更、放弃诉讼请求或者承认对方当事人的诉讼请求，进行和解，必须经被代表的当事人同意。

（3）裁判效力及于所有当事人。

2. 人数确定的代表人诉讼

人数确定的代表人诉讼，是指人数众多的一方当事人具有共同或同一种类的诉讼标的，共同参加同一诉讼，法院合并审理的诉讼形式。人数确定的代表人诉讼有以下特征：

（1）众多当事人一方的诉讼标的是相同的或者是同一种类；

（2）人数众多一方当事人的人数是明确的；

（3）当事人推选代表人进行诉讼。

3. 人数不确定的代表人诉讼

人数不确定的代表人诉讼，是指诉讼标的是同一种类、当事人一方人数众多在起诉时人数尚未确定，在一定条件下裁判效力适用于未同期参加诉讼的当事人的诉讼形式。人民法院可以发出公告，说明案件情况和诉讼请求，通知权利人在一定期间向人民法院登记。人数不确定的代表人诉讼有如下特征：

（1）人数众多一方的诉讼标的必须是同一种类；

（2）人数众多一方的人数不确定；

（3）诉讼代表人由当事人推选或法院指定；

（4）法院裁判对参加登记的全体权利人发生效力，未参加登记的权利人在诉讼时效期间提起诉讼的，适用该裁判。

（五）诉讼代理人

1. 民事诉讼代理人

民事诉讼代理人，是指根据法律规定或者当事人的授权，以当事人的名义并为其民事权益，代替或协助当事人进行民事诉讼的人。诉讼代理人具有以下法律特征：

（1）维护被代理人的利益；

（2）以被代理人名义进行诉讼；

（3）在代理权限范围内进行诉讼活动；

（4）代理后果由被代理人承担。

2. 法定诉讼代理人

法定诉讼代理人，是指基于法律规定行使诉讼代理权，代理无诉讼行为能力的当事人进行民事诉讼活动的人。根据《民法通则》第16条的规定，未成年人的父母是未成年人的监护人。父母双亡或者父母没有监护能力的，由下列人员中有监护能力者担任监护人：（1）祖父母、外祖父母；（2）兄、姐；（3）关系密切的其他亲属、朋友愿意承担监护责任，经未成年人父母的所在单位或者未成年人住所地的居民委员会、村民委员会同意的。没有上述监护人的，由未成年人的父、母的所在单位或者未成年人所在地的居民委员会、村民委员会或者民政部门担任监护人。

根据《民法通则》第17条的规定，无民事行为能力或者限制民事行为能力的精神病人，由下列人员担任监护人：（1）配偶；（2）父母；（3）成年子女；（4）其他近亲属；（5）关系密切的其他亲属、朋友愿意承担监护责任，经精神病人的所在单位或者住所地的居民委员会、村民委员会同意的。没有上述规定的监护人的，由精神病人的所在单位或者住所地的居民委员会、村民委员会或者民政部门担任监护人。

无诉讼行为能力人由他的监护人作为法定代理人代为诉讼。法定代理人之间互相推诿代理责任的，由人民法院指定其中一人代为诉讼。法定诉讼代理人可以实施一切诉讼行为，包括对被代理人程序权利和实体权利的处分。

法定诉讼代理人的诉讼代理权因一定情况出现而消灭，包括被代理人取得或恢复诉讼行为能力、法定诉讼代理人死亡或丧失行为能力、法定诉讼代理人丧失监护权等。

法定诉讼代理权产生的基础是实体法上的监护权，没有实体法上的监护权，也就没有诉讼中的法定诉讼代理权。作为实体法上的监护权，是先于被代理人的纠纷存在的，因此法定诉讼代理权也是先于被代理人的纠纷存在的。

由于法定诉讼代理权的有无，对诉讼行为是否有效有决定性影响，因此在诉讼中，法院应对法定诉讼代理人的身份进行调查核实，必要时还应要求法定诉讼代理人进行证明。

法定诉讼代理权消灭的原因在于监护权的消灭，具体情况有以下几种：（1）无诉讼行为能力的被代理人具有或恢复了诉讼行为能力；（2）法定诉讼代理人本人丧失了诉讼行为能力；（3）基于收养或婚姻关系而发生的监护权，因收养或婚姻关系被解除，而导致法定诉讼代理权消灭；（4）法定诉讼代理人或被代理人死亡；（5）诉讼结束；（6）其他导致法定诉讼代理权消灭的情况。

在诉讼过程中，如果法定诉讼代理人的监护权消灭，应当及时将法定诉讼代理权消灭的事实告知法院，并退出诉讼。

3. 委托诉讼代理人

委托诉讼代理人，是指受当事人、法定诉讼代理人的委托，在授权范围内为当事人的利益进行诉讼活动的人。

当事人、法定代理人可以委托1~2人作为诉讼代理人。下列人员可以被委托为诉讼代理人：律师、基层法律服务工作者；当事人的近亲属或者工作人员；当事人所在社区、单位以及有关社会团体推荐的公民。

委托他人代为诉讼，必须向人民法院提交由委托人签名或者盖章的授权委托书。授权委托书必须记明委托事项和权限。诉讼代理人代为承认、放弃、变更诉讼请求，进行和解，提起反诉或者上诉，必须有委托人的特别授权。诉讼代理人的权限如果变更或者解除，当事人应当书面告知人民法院，并由人民法院通知对方当事人。代理诉讼的律师和其他诉讼代理人有权调查收集证据，可以查阅本案有关材料。查阅本案有关材料的范围和办法由最高人民法院规定。

委托诉讼代理人在授权范围内的诉讼行为，对被代理人产生法律效力。离婚案件有诉讼代理人的，本人除不能表达意思的以外，仍应出庭；确因特殊情况无法出庭的，必须向人民法院提交书面意见。

委托诉讼代理权因下列原因而消灭：诉讼终结、代理人死亡或者丧失诉讼行为能力、代理人辞去委托或者委托人解除委托等。

☞【思考】

刘某与丈夫秦某在法院进行离婚诉讼，刘某因不愿意在法庭见到秦某，向法院申请不出庭，于是委托律师单某作为代理人进行诉讼。庭审中秦某同意离婚但要求分得全部夫妻财产，单某便代理刘某放弃了分割夫妻共同财产的诉讼请求，并与秦某达成了离婚的调解协议。请问：

1. 刘某向法院申请不出庭是否应得到支持？

2. 单某代理刘某放弃了分割夫妻共同财产的诉讼请求是否有效？

3. 法院该次审理活动是否合法？应如何办理？

二、管辖

（一）管辖概述

1. 管辖的概念

管辖，是指各级人民法院之间、同级人民法院之间受理第一审案件的分工和权限。管辖分为级别管辖、地域管辖、裁定管辖等。

2. 划分管辖的原则

（1）便于当事人诉讼，避免投诉无门或滥诉；

（2）规范法院行使审判权，避免相互推诿；

（3）均衡各级法院的工作任务；

（4）原则与灵活相结合。

（二）级别管辖

1. 级别管辖的概念

级别管辖，是指上下级法院之间受理第一审案件的分工和权限。我国法院组织体分为基层人民法院、中级人民法院、高级人民法院和最高人民法院。各级人民法院分工的依据主要是案件的性质、案件争议标的金额的大小、案情的复杂程度和案件的影响范围等。

2. 基层人民法院

基层人民法院（指县级、不设区的市级、市辖区的法院）管辖第一审民事案件，法律另有规定的除外。这就是说，一般民事案件都由基层法院管辖，或者除了法律规定由中级人民法院、高级人民法院、最高人民法院管辖的第一审民事案件外，其余一切民事案件都由基层法院管辖。

3. 中级人民法院

中级人民法院管辖下列第一审民事案件：

第一，重大涉外案件（包括涉港、澳、台地区的案件）。所谓涉外案件，是指具有外国因素的民事案件，如原告或被告是外国人、涉及的财产在外国等。所谓重大涉外案件，是指争议标的额大、案情复杂，或者居住在国外的当事人人数众多或当事人分属多国国籍的涉外案件。

第二，在本辖区有重大影响的案件。所谓在本辖区有重大影响的案件一般是指在政治上或经济上有重大影响的案件。在政治上有重大影响的案件，主要是指诉讼当事人或诉讼标的及标的物涉及的人或事在政治上有重大影响，如当事人是党、政、军界要员或人大代表等。在经济上有重大影响的案件，主要是指诉讼标的额较大、争议的法律关系涉及国家经济政策的贯彻等类案件。

第三，最高人民法院确定由中级人民法院管辖的案件。目前这类案件主要有海事和海商案件、专利纠纷案件、商标侵权案件。海事、海商案件只能由海事法院管辖（海事法院与普通中级人民法院同级），其他法院不能管辖；专利纠纷案件只能由省级政府所在地的中级人民法院以及青岛、大连和各经济特区的中级人民法院管辖，其他法院没有管辖权。

4. 高级人民法院

高级人民法院管辖的案件是在本辖区内有重大影响的第一审民事案件。

5. 最高人民法院

最高人民法院管辖在全国范围内有重大影响的案件以及它认为应当由自己审理的案件。所谓在全国有重大影响的案件，是指在全国范围内案件性质比较严重、案情特别复杂、影响重大的案件，这类案件为数极少；所谓最高人民法院认为应当由本院审理的案件，是指只要最高人民法院认为某一案件应当由其审理，不论该案件属于哪一级、哪一个法院管辖，它都有权将案件提上来自己审判，从而取得对案件的管辖权。这是法律赋予最高审判机关在管辖上的特殊权力。但应明确的是，由最高人民法院作为第一审管辖的民事案件实行一审终审，不能上诉。

（三）地域管辖

1. 地域管辖的概念

地域管辖，是指同级人民法院之间受理第一审民事案件的分工和权限。

2. 地域管辖的分类

（1）一般地域管辖

一般地域管辖又可称“普通管辖”或“一般管辖”，它是以诉讼当事人住所所在地为标准来确定管辖的。

（2）特殊地域管辖

特殊地域管辖是指民事案件以作为诉讼的特定法律关系或者标的物所在地为标准而确定的管辖。

（3）专属管辖

专属管辖是指某些民事案件依照法律规定必须由特定的人民法院管辖。

（4）协议管辖

协议管辖是指当事人可就第一审民事案件，在争议发生前或发生后，通过协议，选择在某一人民法院进行诉讼而产生的管辖。

（5）选择管辖

我国《民事诉讼法》第 22 条关于一般地域管辖的第 3 款中规定，同一诉讼的几个被告的住所地、经常居住地在两个以上人民法院管辖区内，各该人民法院均有管辖权。第 23~33 条在特殊地域管辖中常给有关案件规定了两个甚至两个以上的有管辖权的人民法院；这样一来，就往往发生对同一案件，两个或两个以上人民法院都有管辖权的情况，《民事诉讼法》规定，遇有这种情况，原告可以向其中任何一个人民法院起诉。如原告同时向两个有管辖权的人民法院起诉的，由最先立案的人民法院行使管辖权。这就是所谓的选择管辖。

（6）共同管辖

共同管辖是指两个以上的法院对同一个诉讼案件都有合法的管辖权的情况。

（7）合并管辖

合并管辖，又称牵连管辖，是指对某个案件有管辖权的人民法院可以一并审理与该案有牵连的其他案件。合并管辖是因为对某个案件有管辖权的法院，基于另外案件与该案件存在某种牵连关系，有必要进行合并审理而获得对该另外案件管辖权的管辖。例如原告增加诉讼请求，被告提出反诉，第三人提出与本案有关的诉讼请求时，人民法院应当适用合并管辖。

（四）管辖权异议

1. 管辖权异议的概念

管辖权异议，是指当事人认为受诉法院或受诉法院向其移送案件的法院对案件无管辖权时，而向受诉法院或受移送案件的法院提出的不服管辖的意见或主张。

2. 管辖权异议的条件

提出管辖权异议的主体必须是本案的当事人。在我国民事诉讼法中，当事人的概念外延包括原告、被告、共同诉讼人、第三人。在民事诉讼实务中，提出管辖权异议的往往是被告，被告享有管辖权异议之主体地位在法理上和实务中已得到一致肯定，分歧在于原告、参加诉讼的共同原告和第三人是否享有管辖异议权。多数观点认为只有被告才享有提出管辖权异议的权利。

管辖权异议的客体是第一审民事案件的管辖权。

提出管辖权异议的时间须在提交答辩状期间。管辖权异议的时间，必须在法院受理案件之后，并且在提交答辩状期间提出，否则异议无效。超过法定期间，人民法院不再受理。当事人在此期间提出异议后又要求撤回的，法院应予允许。

在案件审理过程中，出现有独立请求权的第三人或追加了案件当事人，他们的管辖异议权不受“提交答辩状期间”的限制。适用简易程序审理的案件，原告可以口头起诉，被告因未收到起诉状，不能书写答辩状，因此管辖异议不受答辩期间的限制。适用特别程序审理的案件，因不存在争议的双方，所以，不存在“提交答辩状期间”，管辖权异议也不受限制。无独立请求权的第三人，在人民法院裁定其承担民事责任的情况下，如对一审管辖权有异议，在二审期间可以根据《民事诉讼法》第38条的规定对管辖权提出异议，这种异议不应受“提交答辩状期间”的限制。

3. 人民法院对管辖权异议的处理

受诉法院收到当事人提出的管辖权异议后，应当认真进行书面审查，必要时需召集双方当事人听证。对当事人所提出的管辖权异议，区别情况作出不同的处理：当事人就地域管辖权提出异议，经审查，异议成立的，受诉法院依照我国《民事诉讼法》第38条的规定，裁定将案件移送有管辖权的法院处理；异议不成立的，裁定驳回。当事人对裁定不服的，可以在裁定书送达之日起5日内向上一级法院提出上诉。当事人未提出上诉或者上诉被驳回的，受诉法院应通知双方当事人参加诉讼。当事人对管辖权问题申诉的，不影响受诉法院对该案件的审理。

当事人就级别管辖权提出异议。级别管辖是上下级法院之间就一审案件审理方面的分工。受诉法院审查后认为确无管辖权的，应将案件移送有管辖权的法院告知双方当事人，但不作裁定。受诉法院拒不移送，当事人向上级法院反映并就此提出异议的，如情况属实确有必要移送的，上级法院应当通知受诉法院将案件移送有管辖权的法院；对受诉法院拒不移送且作出实体判决的，上级法院应当以程序违法为由撤销受诉法院的判决，并将案件移送有管辖权的法院审理。

（五）裁定管辖

1. 裁定管辖的概念

人民法院以裁定的方式确定案件的管辖，称为裁定管辖。裁定管辖是对法定管辖的补充和变通，它既可以弥补法定管辖的不足，又可以解决因管辖问题发生的争议，以便适应司法实践中复杂多变的情况。《民事诉讼法》规定的移送管辖、指定管辖、管辖权的转移，都是通过裁定的方式来确定管辖法院的，都属于裁定管辖的范畴。

2. 裁定管辖的分类

（1）移送管辖。移送管辖，是指人民法院受理民事案件后，发现自己对案件无管辖权，依法将案件移送给有管辖权的人民法院审理的制度。

移送管辖需要符合以下条件：移送法院已经受理案件；移送法院对案件无管辖权；受移送法院对案件有管辖权。

（2）指定管辖。指定管辖，是指上级人民法院以裁定的形式指定下级人民法院对某一案件行使管辖权。关于指定管辖，应当重点掌握指定管辖所发生的情况以及应由哪个法院行使指定管辖权。具体包括：

①受移送人民法院认为自己对移送的案件无管辖权时，可以报请自己的上级人民法院指定管辖。

②有管辖权的人民法院由于特殊原因，不能行使管辖权的，由自己的上级人民法院指定管辖。

③人民法院因管辖权发生争议协商不成时，由共同上级人民法院指定管辖。

（3）管辖权转移。管辖权转移，是指经上级人民法院决定或者同意，将案件的管辖权由上级人民法院转交给下级人民法院，或者由下级人民法院转交给上级人民法院。与移送管辖不同，管辖权转移是上、下级人民法院之间进行的一种管辖权的转移。包括两种情况：

①自下而上的转移。自下而上的转移有两种：一是报请上级人民法院管辖，即下级人民法院认为案件不适合由自己管辖时，可以经上级人民法院同意而报请上级人民法院管辖；二是上级人民法院提审案件，即对于下级人民法院审理的案件，上级人民法院认为自己审理更合适时，上级人民法院可以直接决定提审。

②自上而下的转移。自上而下的转移，即上级人民法院将自己管辖的一审民事案件交给下级人民法院审理。

管辖权转移与移送管辖虽然都属于裁定管辖，但是，管辖权转移主要是在具有隶属关系的上下级人民法院之间进行管辖权的协调，以补充级别管辖；而移送管辖则是为了保证管辖权行使的正确性，以补充地域管辖。

☞【思考】

2015年8月，甲市云溪经贸有限责任公司采购员与乙县农业发展有限责任公司法定代表人魏某在丙县签订了一份买卖大蒜的合同。按合同规定，云溪经贸有限责任公司当即交付定金5万元，乙县农业发展有限责任公司必须于同年11月发货。合同约定，验收地为乙县火车站，到站地为甲市临近之县丁县，然后由供货方以汽车运输至甲市，交货地点为甲市；一旦双方发生争议，由合同签订地和原告或被告住所地人民法院管辖。后因合同履行发生争议，云溪经贸有限责任公司准备向人民法院起诉。请问：

1. 云溪经贸有限责任公司与农业发展有限责任公司合同协议管辖的内容是否有效？

2. 该案的合同履行地应如何确定？

3. 云溪经贸有限责任公司应当向哪个人民法院起诉？

第三节　民事诉讼的审判程序

一、第一审程序

（一）第一审普通程序

第一审普通程序是人民法院审理第一审民事案件通常所适用的诉讼程序，它是民事案件审判中最基本的程序，在民事诉讼法中规定得最完整，适用范围最为广泛。

1. 起诉和受理

起诉，是指公民、法人或其他组织认为自己的民事权益受到侵害或发生争议，以自己名义向法院提起诉讼，请求法院予以解决的一种诉讼行为。起诉必须符合下列条件：

（1）原告是与本案有直接利害关系的公民、法人和其他组织；

（2）有明确的被告；

（3）有具体的诉讼请求和事实、理由；

（4）属于人民法院受理民事诉讼的范围和受诉人民法院管辖。

起诉应当向人民法院递交起诉状，并按照被告人数提出副本。书写起诉状确有困难的，可以口头起诉，由人民法院记入笔录，并告知对方当事人。

2. 受理

受理，是人民法院对符合起诉法定条件的案件予以立案审理的诉讼行为。人民法院应当保障当事人依照法律规定享有的起诉权利。对符合起诉条件的，必须受理。符合起诉条件的，应当在5日内立案，并通知当事人；不符合起诉条件的，应当在7日内作出裁定书，不予受理；原告对裁定不服的，可以提起上诉。

人民法院对下列起诉，分别情形予以处理：

（1）依照行政诉讼法的规定，属于行政诉讼受案范围的，告知原告提起行政诉讼。

（2）依照法律规定，双方当事人达成书面仲裁协议申请仲裁、不得向人民法院起诉的，告知原告向仲裁机构申请仲裁。

（3）依照法律规定，应当由其他机关处理的争议，告知原告向有关机关申请解决。

（4）对不属于本院管辖的案件，告知原告向有管辖权的人民法院起诉。

（5）对判决、裁定、调解书已经发生法律效力的案件，当事人又起诉的，告知原告申请再审，但人民法院准许撤诉的裁定除外。

（6）依照法律规定，在一定期限内不得起诉的案件，在不得起诉的期限内起诉的，不予受理。

（7）判决不准离婚和调解和好的离婚案件，判决、调解维持收养关系的案件，没有新情况、新理由，原告在6个月内又起诉的，不予受理。

3. 先行调解

当事人起诉到人民法院的民事纠纷，适宜调解的，先行调解，但当事人拒绝调解的除外。

4. 审理前的准备

（1）送达起诉状副本、被告提交答辩状。人民法院应当在立案之日起5日内将起诉状副本发送被告，被告应当在收到之日起15日内提出答辩状。人民法院应当在收到答辩状之日起5日内将答辩状副本发送原告。被告不提出答辩状的，不影响人民法院审理。

（2）人民法院对决定受理的案件，应当在受理案件通知书和应诉通知书中向当事人告知有关的诉讼权利义务，或者口头告知。

（3）人民法院受理案件后，当事人对管辖权有异议的，应当在提交答辩状期间提出。人民法院对当事人提出的异议，应当审查。异议成立的，裁定将案件移送有管辖权的人民法院；异议不成立的，裁定驳回。

（4）合议庭组成人员确定后，应当在3日内告知当事人。

（5）审判人员审核诉讼材料，调查收集必要的证据。法院派出人员进行调查时，应当向被调查人出示证件。法院在必要时可以委托外地人民法院调查。

（6）必须共同进行诉讼的当事人没有参加诉讼的，人民法院应当通知其参加诉讼。

（7）组织交换证据。

5. 开庭审理

开庭审理，是人民法院在当事人及其他诉讼参与人的参加下，在法庭上对案件进行审理的诉讼活动。

（1）庭审准备。人民法院审理民事案件，应当在开庭3日前通知当事人和其他诉讼参与人。公开审理的，应当公告当事人姓名、案由和开庭的时间、地点。

书记员应当查明当事人和其他诉讼参与人是否到庭，宣布法庭纪律。

审判长核对当事人，宣布案由，审判人员、书记员名单，告知当事人有关的诉讼权利义务，询问当事人是否提出回避申请。

（2）法庭调查。按照下列顺序进行：①当事人陈述；②告知证人的权利义务，证人作证，宣读未到庭的证人证言；③出示书证、物证、视听资料和电子数据；④宣读鉴定意见；⑤宣读勘验笔录。当事人在法庭上可以提出新的证据。当事人经法庭许可，可以向证人、鉴定人、勘验人发问。当事人要求重新进行调查、鉴定或者勘验的，是否准许，由人民法院决定。

（3）法庭辩论。按照下列顺序进行：①原告及其诉讼代理人发言；②被告及其诉讼代理人答辩；③第三人及其诉讼代理人发言或者答辩；④互相辩论。法庭辩论终结，由审判长按照原告、被告、第三人的先后顺序征询各方最后意见。

（4）合议庭评议及裁判

法庭辩论终结，应当依法作出判决。判决前能够调解的，还可以进行调解，调解不成的，应当及时判决。合议庭评议暂时休庭，评议不公开进行，实行少数服从多数的原则。

（5）宣告判决

人民法院对公开审理或者不公开审理的案件，一律公开宣告判决。当庭宣判的，应当在10日内发送判决书；定期宣判的，宣判后立即发给判决书。宣告判决时，必须告知当事人上诉权利、上诉期限和上诉的法院。宣告离婚判决，必须告知当事人在判决发生法律效力前不得另行结婚。

人民法院适用普通程序审理的案件，应当在立案之日起6个月内审结。有特殊情况需要延长的，由本院院长批准，可以延长6个月；还需要延长的，报请上级人民法院批准。

（二）简易程序

1. 简易程序的概念

简易程序，是指基层人民法院和它派出的法庭审理简单的民事案件所适用的一种民事诉讼程序。简易程序是简化了的第一审程序，节约诉讼成本，提高审判效率，方便当事人诉讼。

2. 简易程序的适用范围

基层人民法院和它派出的法庭审理事实清楚、权利义务关系明确、争议不大的简单的民事案件，适用简易程序。基层人民法院和它派出的法庭审理上述以外的民事案件，当事人双方也可以约定适用简易程序。

人民法院在审理过程中，发现案件不宜适用简易程序的，裁定转为普通程序。

但是，下列案件不适用简易程序：（1）起诉时被告下落不明的；（2）发回重审的；（3）当事人一方人数众多的；（4）适用审判监督程序的；（5）涉及国家利益、社会公共利益的；（6）第三人起诉请求改变或者撤销生效判决、裁定、调解书的；（7）其他不宜适用简易程序的案件。

3. 简易程序的特点

（1）起诉方式简易。对简单的民事案件，原告可以口头起诉。依据《民事诉讼法》有关规定，适用第一审普通程序审理的案件，原则上应采取书写起诉状的方式，口头起诉仅仅是例外。适用简易程序审理的简单的民事案件，法律明确规定可以口头起诉，省去了原告人因准备诉状而花费的时间。

（2）受理程序简易。当事人双方可以同时到基层人民法院或者它派出的法庭，请求解决纠纷。基层人民法院或者它派出的法庭可以当即审理，也可以另定日期审理。

（3）传唤当事人方式简易。基层人民法院和它派出的法庭审理简单的民事案件，可以用简便方式传唤当事人和证人、送达诉讼文书、审理案件，但应当保障当事人陈述意见的权利。

（4）审判组织和审理期限简易。人民法院适用简易程序审理案件，由审判员一人独任审理，应当在立案之日起3个月内审结。

4. 小额诉讼程序

基层人民法院和它派出的法庭在审理事实清楚、权利义务关系明确、争议不大的简单的民事案件，标的额为各省、自治区、直辖市上年度就业人员年平均工资30%以下的，实行一审终审。其适用条件为：

第一，必须是简单的民事案件。小额诉讼程序仅适用于事实清楚、权利义务关系明确、争议不大的简单的民事案件。根据《最高人民法院关于适用〈中华人民共和国民事诉讼法〉若干问题的意见》第168条之规定，“事实清楚”，是指当事人双方对争议的事实陈述基本一致，并能提供可靠的证据，无须法院调查收集证据即可判明事实、分清是非；“权利义务关系明确”，是指谁是责任的承担者，谁是权利的享有者，关系明确；“争议不大”是指当事人对案件的是非、责任以及诉讼标的争执无原则分歧。

第二，案件标的额必须符合法律规定的标准。借鉴各国的立法经验，我国也以案件标的额作为小额诉讼程序的适用条件。立法机关考虑到我国目前各地区经济社会发展仍不均衡，城乡之间、东西部地区之间仍存有差异，故而此次修改民事诉讼法并未采用全国“一刀切”的方式，而是以标的额为各省、自治区、直辖市上年度就业人员年平均工资30%以下作为参考。

第三，小额诉讼适用于买卖合同、租赁合同、服务合同等，涉及人身关系、财产权属关系、知识产权纠纷以及当事人提起反诉的，不适用小额诉讼。

二、第二审程序

（一）第二审程序的概念

第二审程序，是指当事人对第一审人民法院未发生法律效力的裁判不服而提起上诉，第二审人民法院对案件依法审理的审判程序。

（二）上诉的提起

人民法院审判民事案件，实行两审终审制。当事人不服地方人民法院第一审判决的，有权在判决书送达之日起15日内向上一级人民法院提起上诉。当事人不服地方人民法院第一审裁定的，有权在裁定书送达之日起10日内向上一级人民法院提起上诉。上诉应当递交上诉状，通过原审人民法院提出，并按照对方当事人或者代表人的人数提出副本。当事人直接向第二审人民法院上诉的，第二审人民法院应当在5日内将上诉状移交原审人民法院。

☞【思考】

原告范某诉被告王某名誉侵权一案，一审法院认为被告侵犯了原告的名誉权，应承担侵权的民事责任，法院依法判决被告在判决生效后10日内以书面形式公开向原告赔礼道歉并赔偿精神损害抚慰金10000元。被告当场表示不服，提出要上诉，但判决书送达被告15天后却仍没有递交上诉状，法院根据原告的申请开始执行判决。被告认为他已经口头提出上诉，要等法院的二审判决结果。请问：

1. 一审判决是否终审判决？
2. 被告口头提出上诉是否合法有效？
3. 通常情况下被告应如何行使上诉权？

（三）上诉案件的审理

1. 审判组织形式和审理方式

应当由审判员组成合议庭，开庭审理。经过阅卷、调查和询问当事人，对没有提出新的事实、证据或者理由，合议庭认为不需要开庭审理的，可以不开庭审理。

2. 审判范围

第二审人民法院应当对上诉请求的有关事实和适用法律进行审查。

（四）上诉案件的裁判与调解

第二审人民法院对上诉案件，经过审理，按照下列情形，分别处理：

（1）判决、裁定认定事实清楚，适用法律正确的，以判决、裁定方式驳回上诉，维持原判决、裁定。

（2）原判决、裁定认定事实错误或者适用法律错误的，以判决、裁定方式依法改判、撤销或者变更。

（3）原判决认定基本事实不清的，裁定撤销原判决，发回原审人民法院重审，或者查清事实后改判。

（4）原判决遗漏当事人或者违法缺席判决等严重违反法定程序的，裁定撤销原判决，发回原审人民法院重审。

第二审人民法院审理上诉案件，可以进行调解。调解达成协议，应当制作调解书，由审判人员、书记员署名，加盖人民法院印章。调解书送达后，原审人民法院的判决即视为撤销。

人民法院审理对判决的上诉案件，应当在第二审立案之日起 3 个月内审结。有特殊情况需要延长的，由本院院长批准。人民法院审理对裁定的上诉案件，应当在第二审立案之日起 30 日内作出终审裁定。第二审人民法院的判决、裁定，是终审的判决、裁定。

裁定是指人民法院审理民事案件时对所发生的程序上应当解决的事项作出的判定。裁定适用于下列范围：（1）不予受理；（2）对管辖权有异议的；（3）驳回起诉；（4）保全和先予执行；（5）准许或者不准许撤诉；（6）中止或者终结诉讼；（7）补正判决书中的笔误；（8）中止或者终结执行；（9）撤销或者不予执行仲裁裁决；（10）不予执行公证机关赋予强制执行效力的债权文书；（11）其他需要裁定解决的事项。其中，对不予受理、管辖权异议、驳回起诉三项裁定可以上诉。

三、审判监督程序

（一）审判监督程序的概念

审判监督程序又称再审程序，是指人民法院对于已经发生法律效力的判决、裁定或调解书发现确有错误，依照法定程序对案件再次进行审理的程序。

（二）审判监督程序的特点

（1）审判监督程序是对已经发生法律效力的裁判进行再审的程序，它不是第一、第二审程序的继续和发展，不是民事诉讼的必经程序。

（2）审判监督程序的提起，只能是特定的机关和人员。有权提起再审的主体，或者是各级人民法院院长、上级人民法院、最高人民法院依法定的方式提起再审；或者是有审判监督权的人民检察院提起抗诉；或者是当事人依照法定的条件申请再审。

（3）提起审判监督程序，必须是案件的裁判在认定事实或适用法律上确有错误，否则，不可能引起再审。

（4）审判监督程序的提起有特定的时间要求。人民法院基于审判监督权提起再审以及人民检察院基于检察监督权提起抗诉，不受时间的限制，只要有权提起再审的人民法院发现生效裁判确有错误或者原生效裁判存在法定的抗诉事实和理由，人民法院和人民检察院随时都可以提起再审程序。当事人申请再审，应当在判决、裁定发生法律效力后 2 年内提出。

（5）审判监督程序的审理对象只能是已经发生法律效力的有错误的裁判。

（6）人民法院审理再审案件适用的程序取决于生效裁判的情况。如果生效裁判是由第一审法院作出的，按照第一审程序审理；如果生效裁判是由第二审法院作出的，按照第二审程序审理。同时，依照再审程序审理案件的法院，不仅包括原审法院，而且包括原审法院的上级人民法院和最高人民法院。

（7）按照审判监督程序再审的案件，应当裁定中止原裁决的执行。

（三）基于审判监督权的再审

人民法院发现已经发生法律效力的判决、裁定确有错误，基于审判监督权应当决定对案件再行审理。提起再审的程序根据《民事诉讼法》的规定，对民事案件基于审判监督权提起再审的人或机关是：各级人民法院院长及审判委员会、上级人民法院及最高人民法院。提起再审的机关和公职人员不同，相应地，提起的具体程序也就不尽相同。

1. 该院院长及审判委员会提起再审

人民法院对民事案件作出判决，一经宣告或送达，就具有约束力，不得随意撤销、变更。如果裁判确有错误，则只能通过再审程序进行纠正。在该院行使审判监督权的是该院院长和审判委员会，他们对该院审判人员和合议庭的审判工作进行监督。因此，该院院长发现已发生法律效力的判决、裁定，认为确有错误需要再审的，应当提交审判委员会讨论决定。决定再审的，应当裁定中止原判决、裁定的执行。

2. 最高人民法院提起再审

根据我国《民事诉讼法》的规定，最高人民法院对地方各级人民法院已经发生法律效力的判决、裁定，发现确有错误的，有权提审或者指令下级人民法院再审。

最高人民法院提审的，应通知下级法院，调取案卷进行审理；指令下级法院再审的，指令到达法院之时，为再审提起之日。下级法院接到指令后，再审的审理即应开始，审理后作出的裁判，应报送最高人民法院。

最高人民法院提审的案件，由最高人民法院自己作出裁定，中止原裁判的执行；指令下级法院再审的案件，由下级法院作出裁定，进行再审。至于哪些案件适用提审，哪些案件适用指令下级法院再审，《民事诉讼法》未做规定的，由最高人民法院根据具体情况选择适用。

3. 上级人民法院提起再审

根据我国《民事诉讼法》的规定，上级人民法院对下级人民法院已经发生法律效力的判决，发现确有错误的，有权提审或者指令下级人民法院再审。

上级法院决定提审的，通过下级法院，提取全部案件材料，作出裁定，由自己进行再审；指令下级法院再审的，说明情况指出理由，并告知下级法院。下级法院接到上级法院的通知后，应根据通知进行再审，并将再审结果上报发出指令的上级法院。

（四）当事人申请再审

当事人对已经发生法律效力的判决、裁定，认为有错误的，可以向上一级人民法院申请再审当事人一方人数众多或者当事人双方为公民的案件，也可以向原审人民法院申请的申请符合下列情形之一的，人民法院应当再审：

（1）证据足以推翻原判决、裁定的；

（2）原判决、裁定认定的基本事实缺乏证据证明的；

（3）原判决、裁定认定事实的主要证据是伪造的；

（4）判决、裁定认定事实的主要证据未经质证的；

（5）对审理案件需要的主要证据，当事人因客观原因不能自行收集，书面申请人民法院调查收集，人民法院未调查收集的；

（6）原判决、裁定适用法律确有错误的；

（7）审判组织的组成不合法或者依法应当回避的审判人员没有回避的；

（8）无诉讼行为能力人未经法定代理人代为诉讼或者应当参加诉讼的当事人，因不能归责于本人或者其诉讼代理人的事由，未参加诉讼的；

（9）违反法律规定，剥夺当事人辩论权利的；

（10）未经传票传唤，缺席判决的；

（11）原判决、裁定遗漏或者超出诉讼请求的；

（12）违反法律规定，剥夺当事人辩论权利的；

（13）原判决、裁定遗漏或者超出诉讼请求的；

（14）据以作出原判决、裁定的法律文书被撤销或者变更的；

（15）审判人员审理该案件时有贪污受贿，徇私舞弊，枉法裁判行为的；

（16）当事人对已经发生法律效力的调解书，提出证据证明调解违反自愿原则或者调解协议的内容违反法律的，可以申请再审。经人民法院审查属实的，应当再审。

当事人申请再审，应当在判决、裁定发生法律效力后6个月内提出；有上述（1）、（3）、（12）、（13）规定情形的，自知道或者应当知道之日起6个月内提出。

（五）人民检察院引起再审

1. 人民检察院是我国的法律监督机关

《民事诉讼法》规定，人民检察院有权对人民法院的民事审判活动实行法律监督，具体的监督方式主要是人民检察院对人民法院发生法律效力的裁判，认为确有错误，依照法定的程序和方式，提请人民法院进行再审，即通过抗诉行使检察监督权。

2. 民事审判监督程序抗诉的事实和理由

根据《民事诉讼法》的规定，对于下列情形，人民检察院可以提出抗诉：原判决、裁定认定事实的主要证据不足的；原判决、裁定适用法律确有错误的；人民法院违反法定程序，可能影响案件正确判决、裁定的；审判人员在审理该案件时有贪污受贿、徇私舞弊、枉法裁判行为的。人民检察院提起抗诉的理由，不仅局限于原裁判在内容上确有错误，而且涉及裁判活动的违法性。

3. 民事审判监督程序

人民检察院是我国的法律监督机关。《民事诉讼法》规定，人民检察院有权对人民法院的民事审判活动实行法律监督，具体的监督方式主要是人民检察院对人民法院发生法律效力的裁判，认为确有错误，依照法定的程序和方式，提请人民法院进行再审，即通过抗诉行使检察监督权。

（1）抗诉的提出。抗诉的提出是指哪一级别的人民检察院对哪一级别的人民法院已经发生法律效力的判决、裁定，可以向哪一级别的人民法院提出的抗诉。根据我国《民事诉讼法》的规定，最高人民检察院对各级人民法院已经发生法律效力的判决、裁定，上级人民检察院对下级人民法院已经发生法律效力的判决、裁定，可以提出抗诉；地方各级人民检察院对同级人民法院已发生法律效力的判决、裁定，不得直接提出抗诉，只能提请上级人民检察院提出抗诉。

（2）抗诉的方式。抗诉的方式是指人民检察院对人民法院的生效裁判提出抗诉采取的方式。人民检察院决定对人民法院的生效裁判提出抗诉的，应当制作抗诉书。抗诉书是人民检察院对人民法院的生效裁判提出抗诉的法律文书，也是人民检察院行使检察监督权引起对抗诉案件再行审理的法律文书。抗诉书中应载明：提出抗诉的人民检察院和接受抗诉的人民法院；抗诉案件的原审法院对案件的编号及其发生法律效力的判决、裁定；抗诉的事实和理由；提出抗诉的时间。有证据的，人民检察院向人民法院提交抗诉书的同时，可以向人民法院提供证据，或者提供证据来源。

人民检察院提出抗诉的案件，人民法院应当再审，即只要人民检察院提出抗诉，人民法院就应当直接进行再审，并不需要院长提交审判委员会讨论。

4. 民事审判监督程序对抗诉案件的再审

（1）接受抗诉及对案件再审时的法院的审级。再审程序是一种补救程序，它不是每一案件都必经的诉讼程序，也不是一审程序、二审程序之外的三审程序，因此人民法院对抗诉案件进行再审不是增加了审级。人民法院接受抗诉及对案件再审时的法院的审级，主要是指人民检察院按照再审程序向哪级人民法院提出抗诉，由哪级人民法院接受抗诉并对抗诉案件进行再审。

（2）人民检察院派员出庭。根据《民事诉讼法》的规定，人民检察院提出抗诉的案件，人民法院应当再审，并应当通知人民检察院派员出席法庭人民检察院提出抗诉的案件，人民法院再审时，有责任通知人民检察院派员出席法庭，以监督人民法院对案件的处理。同时，由于案件是基于抗诉而进行再审的，因此，人民检察院也应当派员出席法庭，使检察监督权得以完整地实现。

（六）再审案件的审理

1. 审判组织

人民法院审理再审案件，应当另行组成合议庭。

2. 对原裁判的处理

按照审判监督程序决定再审的案件，裁定中止原判决、裁定、调解书的执行，但追索赡养费、扶养费、抚育费、抚恤金、医疗费用、劳动报酬等案件，可以不中止执行。

3. 审理程序

人民法院按照审判监督程序再审的案件，发生法律效力的判决、裁定是由第一审法院作出的，按照第一审程序审理，所作的判决、裁定，当事人可以上诉；发生法律效力的判决、裁定是由第二审法院作出的，按照第二审程序审理，所作的判决、裁定，是发生法律效力的判决、裁定；上级人民法院按照审判监督程序提审的，按照第二审程序审理，所作的判决、裁定是发生法律效力的判决、裁定。

四、特别程序

《民事诉讼法》还规定了特别程序、督促程序和公示催告程序。

（一）特别程序

特别程序用来审理某些非民事权益争议案件和选民资格案件，具体包括选民资格案件、宣告失踪或者宣告死亡案件、认定公民无民事行为能力或者限制民事行为能力案件、认定财产无主案件、确认调解协议案件和实现担保物权案件。特别程序原则上采用独任制审理，一律一审终审，不得申请再审，如果需要撤销原判决，可以通过作出新判决、撤销原判决的方式。

（二）督促程序

督促程序是人民法院根据债权人的申请，向债务人发出支付令，责令债务人限期履行给付金钱、有价证券义务的程序。《民事诉讼法》规定，督促程序分为申请、审理、提出异议和执行四个阶段。

1. 申请

根据《民事诉讼法》的规定，督促程序由债权人向人民法院申请支付令而开始。《民事诉讼法》规定申请支付令应当符合下列条件：

（1）债权人与债务人没有其他债务纠纷的。

（2）支付令能够送达到债务人的。债务人不在我国领域内，或者债务人下落不明需要公告送达，都属于不能送达。

2. 审理

债权人提出申请后，人民法院应当在 5 日内通知债权人是否受理。对符合《民事诉讼法》规定的申请条件的，人民法院都应当受理。为迅速解决债务争议，人民法院受理申请后，仅审查债权人提供的事实和证据，不需要询问债务人及开庭审理。人民法院经审查，认为债权债务关系明确、合法，应当在受理之日起 15 日内直接向债务人发出支付令；申请不成立的，应当裁定予以驳回。申请不成立包括债权债务关系不明确及债权债务不合法等。

3. 异议的提出

人民法院发布支付令前仅审查了申请人提出的事实和证据，没有接触被申请人，没有让被申请人对申请人的请求答辩，为了平等地保护当事人双方的合法权益，《民事诉讼法》规定债务人自收到支付令之日起 15 日内可以提出书面异议。人民法院收到债务人提出的书面异议后应当裁定终结督促程序，支付令自行失效。

4. 执行

债务人收到人民法院的支付令后，如果认为债权债务关系存在，没有异议，应当自收到支付令之日起 15 日内向债权人清偿债务；如果债务人自收到支付令之日起 15 日内既不履行支付令又不提出异议的，申请人可以申请人民法院强制执行。

（三）公示催告程序

公示催告程序是人民法院根据申请，通过公示方式，催告可能存在的不明利害关系人限期申报权利，如逾期无人申报权利，依法作出除权判决，宣告原票据无效、恢复失票人权利的程序。两者都采用一审终审，不得申请再审。

第四节　民事诉讼的执行程序

一、执行程序概述

（一）执行程序的概念

执行程序，是指人民法院为实现生效法律文书确定的权利义务，依法强制义务人履行义务的程序。

人民法院根据需要可以设立执行机构，执行工作由执行员进行。发生法律效力的民事判决、裁定以及刑事判决、裁定中的财产部分，由第一审人民法院或者与第一审人民法院同级的被执行的财产所在地人民法院执行。法律规定由人民法院执行的其他法律文书，由被执行人住所地或者被执行的财产所在地人民法院执行。

（二）执行的申请和移送

发生法律效力的民事判决、裁定，一方拒绝履行的，对方当事人可以向人民法院申请执行，也可以由审判员移送执行员执行。调解书和其他应当由人民法院执行的法律文书，一方拒绝履行的，对方当事人可以向人民法院申请执行。

当事人对依法设立的仲裁机构的裁决不履行的，对方当事人可以向有管辖权的人民法院申请执行，受申请的人民法院应当执行。当事人不履行公证机关依法赋予强制执行效力的债权文书，对方当事人可以向有管辖权的人民法院申请执行，受申请的人民法院应当执行。

申请执行的期间为2年，从法律文书规定履行期间的最后一日起计算。申请执行时效的中止、中断，适用法律有关诉讼时效中止、中断的规定。执行员接到申请执行书或者移交执行书，应当向被执行人发出执行通知，并可以立即采取强制执行措施。

（三）执行根据

以下都可作为执行根据：（1）人民法院制作的生效判决、裁定、调解书、支付令；（2）其他机关制作的发生法律效力的法律文书；（3）仲裁机关制作的依法由人民法院执行的裁决书；（4）公证机关制作的依法赋予强制执行效力的债权文书；（5）法律规定由人民法院执行的其他法律文书。

二、执行措施

（一）查询、扣押、冻结、划拨、变价被执行人的存款、债券、股票、基金份额等财产

被执行人未按执行通知履行法律文书确定的义务，人民法院有权向有关单位查询被执行人的存款、债券、股票、基金份额等财产情况。人民法院有权根据不同情形扣押、冻结、划拨、变价被执行人的财产。人民法院查询、扣押、冻结、划拨、变价的财产不得超出被执行人应当履行义务的范围。人民法院决定扣押、冻结、划拨、变价财产，应当作出裁定，并发出协助执行通知书，有关单位必须办理。

（二）扣留、提取被执行人的收入

被执行人未按执行通知履行法律文书确定的义务，人民法院有权扣留、提取被执行人应当履行义务部分的收入，但应当保留被执行人及其所扶养家属的生活必需费用。人民法院扣留、提取收入时，应当作出裁定，并发出协助执行通知书，被执行人所在单位、银行、信用合作社和其他有储蓄业务的单位必须办理。

（三）查封、扣押、冻结、拍卖、变卖被执行人应履行义务的财产

被执行人未按执行通知履行法律文书确定的义务，人民法院有权查封、扣押、冻结、拍卖、变卖被执行人应当履行义务部分的财产，但应当保留被执行人及其所扶养家属的生活必需品。

人民法院查封、扣押财产时，被执行人是公民的，应当通知被执行人或者他的成年家属到场；被执行人是法人或者其他组织的，应当通知其法定代表人或者主要负责人到场。拒不到场的，不影响执行。被执行人是公民的，其工作单位或者财产所在地的基层

组织应当派人参加。对被查封、扣押的财产，执行员必须造具清单，由在场人签名或者盖章后，交被执行人一份。被执行人是公民的，也可以交他的成年家属一份。

财产被查封、扣押后，执行员应当责令被执行人在指定期间履行法律文书确定的义务。被执行人逾期不履行的，人民法院应当拍卖被查封、扣押的财产；不适于拍卖或者当事人双方同意不进行拍卖的，人民法院可以委托有关单位变卖或者自行变卖。国家禁止自由买卖的物品，交有关单位按照国家规定的价格收购。

（四）搜查债务人的财产

被执行人不履行法律文书确定的义务，并隐匿财产的，人民法院有权发出搜查令，对被执行人及其住所或者财产隐匿地进行搜查，由院长签发搜查令。

（五）实现交付财物或者票证请求权

法律文书指定交付的财物或者票证，由执行员传唤双方当事人当面交付，或者由执行员转交，并由被交付人签收。有关单位持有该项财物或者票证的，应当根据人民法院的协助执行通知书转交，并由被交付人签收。有关公民持有该项财物或者票证的，人民法院通知其交出。拒不交出的，强制执行。

（六）强制被申请执行人迁出房屋或退出土地

强制迁出房屋或者强制退出土地，由院长签发公告，责令被执行人在指定期限履行。被执行人逾期不履行的，由执行员强制执行。强制执行时，被执行人是公民的，应当通知被执行人或者他的成年家属到场；被执行人是法人或者其他组织的，应当通知其法定代表人或者主要负责人到场。拒不到场的不影响执行。被执行人是公民的其工作单位或者房屋、土地所在地的基层组织应派人参加。执行员应当将强制执行情况记入笔录，由在场人签名或者盖章。

强制迁出房屋被搬出的财物，由人民法院派人运至指定处所，交给被执行人。被执行人是公民的，也可以交给他的成年家属。因拒绝接收而造成的损失，由被执行人承担。

（七）对可替代行为的执行

对判决、裁定和其他法律文书指定的行为，被执行人未按执行通知履行的，人民法院可以强制执行或者委托有关单位或者其他人完成，费用由被执行人承担。

（八）支付迟延履行期间债务利息

被执行人未按判决、裁定和其他法律文书指定的期限履行给付金钱义务的，应当加倍支付迟延履行期限的债务利息。

（九）支付迟延履行金

被执行人未按判决、裁定和其他法律文书指定的期限履行其他义务的，应当支付迟延履行金。

（十）继续执行

根据《民事诉讼法》的规定，人民法院采取第242条、第243条、第244条规定的执行措施后，被执行人仍不能偿还债务的，应当继续履行义务。债权人发现被执行人有其他财产的，可以随时请求人民法院执行。

（十一）限制出境、征信系统记录、媒体公布不履行义务信息

被执行人不履行法律文书确定义务的，人民法院可以对其采取或者通知有关单位协助采取限制出境，在征信系统记录、通过媒体公布不履行义务信息以及法律规定的其他措施。

三、执行阻却和执行回转

（一）执行异议

执行过程中，案外人对执行标的提出书面异议的，人民法院应当自收到书面异议之日起 15 日内审查，理由成立的，裁定中止对该标的的执行；理由不成立的，裁定驳回。案外人、当事人对裁定不服，认为原判决、裁定错误的，依照审判监督程序办理；与原判决、裁定无关的，可以自裁定送达之日起 15 日内向人民法院提起诉讼。

（二）执行和解

在执行中，双方当事人自行和解达成协议的，执行员应当将协议内容记入笔录，由双方当事人签名或者盖章。申请执行人因受欺诈、胁迫与被执行人达成和解协议，或者当事人不履行和解协议的，人民法院可以根据当事人的申请，恢复对原生效法律文书的执行。

（三）执行担保

在执行中，被执行人向人民法院提供担保，并经申请执行人同意的，人民法院可以决定暂缓执行及暂缓执行的期限。被执行人逾期仍不履行的，人民法院有权执行被执行人的担保财产或者担保人的财产。

（四）中止执行

有下列情形之一的，人民法院应当裁定中止执行：（1）申请人表示可以延期执行的；（2）案外人对执行标的提出确有理由的异议的；（3）作为一方当事人的公民死亡，需要等待继承人继承权利或者承担义务的；（4）作为一方当事人的法人或者其他组织终止，尚未确定权利义务承受人的；（5）人民法院认为应当中止执行的其他情形。中止的情形消失后，恢复执行。

（五）终结执行

有下列情形之一的，人民法院裁定终结执行：（1）申请人撤销申请的；（2）据以执行的法律文书被撤销的；（3）作为被执行人的公民死亡，无遗产可供执行，又无义务承担人的；（4）追索赡养费、扶养费、抚育费案件的权利人死亡的；（5）作为被执行人的公民因生活困难无力偿还借款，无收入来源，又丧失劳动能力的；（6）人民法院认为应当终结执行的其他情形。

（六）执行回转

执行完毕后，据以执行的判决、裁定和其他法律文书确有错误，被人民法院撤销的，对已被执行的财产，人民法院应当作出裁定，责令取得财产的人返还；拒不返还的，强制执行。